# 예수
# 최후의
# 날

The Day
Christ Died

Jim Bishop

# 예수
# 최후의
# 날

기원 삼십년 사월 육일과
칠일의 기록

짐 비숍 | 박근용 옮김

열화당

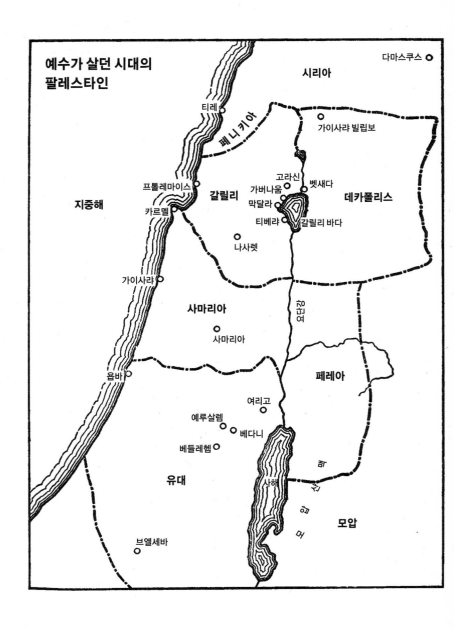

예수가 살던 시대의
팔레스타인

다마스쿠스 ○

시리아

페니키아

티레 ○

가이사랴 빌립보 ○

고라신 ○    벳새다 ○
가버나움 ○
프톨레마이스 ○    갈릴리    막달라 ○    데카폴리스

지중해    카르멜 ○    티베랴 ○ 갈릴리 바다

나사렛 ○

가이사랴 ○

사마리아

여단강

사마리아 ○

욥바 ○    페레아

여리고 ○

예루살렘 ○    베다니 ○
베들레헴 ○

유대    사해    모압

브엘세바 ○

# 머리말

이 글은 세계 역사상 가장 극적인 날, 나사렛의 예수 최후의 날의 기록이다. 이날은 히브리력[譯]의 첫날인 오후 여섯시에 시작된다. 예수는 열 제자를 데리고 올리브 산과 범죄산 사잇길로 예루살렘에서 최후의 만찬을 갖기 위해 걸어간다. 종말은 이튿날 오후 네시로서, 그때 예수는 십자가에서 내려졌다.

이 책은, 내가 지금까지 관계한 어떤 책보다도 다른 사람들의 지혜를 더 많이 빌렸다. 그 기본적인 연구는, 옛날에 네 명의 저널리스트인 마태, 마가, 누가, 요한의 손으로 이루어졌다. 게다가 역사에 불멸의 문자를 남기고 있는 수많은 이들에 의해 조금씩 제이의적[第二義的]인 지식이 첨가되었다. 이들을 열거하면, 예루살렘의 시릴[Cyril], 플라비우스 요세푸스[Flavius Josephus], 에더쉐임[A. Edersheim], 가말리엘[Gamaliel], 댄비[H. Danby], 윌리엄[F. M. William], 리치오티[G. Ricciotti], 라그랑주[P. Lagrange], 리처드 쿠겔먼[Richard Kugelman], 시드니 회닉[Sidney B. Hoenig], 피에르 브노아[Pierre Benoit], 바벳[P. Barbet], 구디어[A. A. Goodier], 프랫[F. Prat] 등이다. 이 책에는 이상의 사람들과 그 밖의 다른 이들로부터 얻은 지식을 짜넣은 것이다.

이 책은 그날의 사건을 실제적인 면에서 바라본, 즉 신학적인 것이 아니라 오히려 저널리스트적인 것이다. 특히 나는 예수가 인간으로서 고난을 받으려고 했던 이 시기만큼은 그를 인간으로서 바라보고자 한다. (나는 여기서 일반 관습과는 달리 예수를 '그'라고 부

5

르기로 한다. 예수를 주로 인간적인 면에서 서술해 보고자 하기 때문이다. 그를 신격화한 표현은 눈에 거슬릴뿐더러, 이 책을 써 가는 데도 방해가 된다.) 나는 그가 보통사람들과 더불어 행동하는 모습을 그려 보려고 했다. 하느님의 아들로서 믿고 사랑하여 따르던 사람들과의 경우도 있고, 그를 사기꾼이라고 비웃던 몇몇 성전聖殿 사람들과의 경우도 그대로 묘사하려 했다. 아울러 예수가 자신의 복음을 세계에 전파하기 위해 택한 열두 제자 이야기도 되도록 상세히 써 가고 싶다. 또한 그를 따라 고원지대를 돌아다녔던 수천 사람들의 이야기도. 나는 안나스 노인과 젊은 가야바가 왜 갈릴리인을 필사적으로 죽이려 했던가를 캐내고 싶다. 또한 가능하다면, 인간으로서 이 세상에 온 예수가 스스로에게 부과한 한계점을 밝히고 싶다. 그리고 그聖子와 아버지聖父와 성령聖靈과의 관계를 알아내고자 한다.

이 책의 각 장章은 한 시간씩으로 구분되어 있고, 중간중간에 배경을 나타낸 장이 셋 끼여 있다. 하나는 「유대인의 세계」라는 제목으로 되어 있으며, 하나는 「예수」라는 제목으로 그와 그의 가족의 환경을 살펴보고 있다. 다른 또 하나는 「로마의 세계」라는 제목이 붙어 있다.(이 장은 다른 두 장에 비해 상대적으로 중요하지 않아, 이 번역본에서는 생략했다.─역자) 이 중에서 가장 중요한 것은 「유대인의 세계」이다. 독자가 이천 년 전의 팔레스타인의 사정과 그 사람들을 알지 못한다면, 이날의 의미를 이해할 수 없기 때문이다. 이는, 당시 예수를 믿는 유대인이 워낙 많았으므로, 결국 교회 장로들이 그의 목숨을 노리게 된 것이라는 사실에서 명확해진다. 만약 그냥 둔다면, 그들이 말했듯이 '그가 민중을 현혹시켜 버릴 것이기' 때문이었다.

이날은 인간의 마음에 사랑과 미움을 심어 주었고, 오늘날까지 그것은 계속되어 오고 있다. 이날은 인류의 역사를 바꾸어 놓았다. 역사상의 여러 나라를 표면으로 부상浮上시키고, 혹은 영원한 바다 밑으로 가라앉혀 버리기도 했다. 이날은 많은 민족에게 행복과 파멸을 가져다 주었고, 몇 억의 사람들의 생애에 깊은 영향을 끼쳤다. 그럼에도 친지들이 예수를 십자가에서 끌어내렸을 때, 세계는, 아니 팔레스타인 한 나라조차도 이것이 중요한 사건이라고는 전혀 생각지 않았던 것이다.

예수를 메시아라고 믿고 따랐던 예루살렘, 갈릴리, 또 이 나라 방방곡곡에 사는 많은 사람들은 낙심했다. 그들의 생각으로는, 예수가 천군천사千軍天使를 불러들여서 그에게 사형을 선고한 로마인이나 예루살렘의 대제사장을 쳐부숴 버려야 했던 것이다. 그리고 제자들을 거느리고 구름 위에 정좌하여 온 세계에 신정포고新政布告를 해야 옳았던 것이다. 그런데 그가 이와는 반대로 인간의 죄를 보상하려고 죽음을 택했다는 것은, 그들 생각으로서는 실패의 증거였다. 십자가의 죽음은 정녕 부끄러운 죽음의 길이라고 여겼으므로, 제자들마저도 이후 얼마 동안은 거기에 대한 이야기조차 하기 싫어했다.

내가 무엇보다도 분명히 하고자 하는 것은 이날의 사건을 정확히 밝히는 일이다. 이 막중한 일을 시도하는 나의 무기는, 첫째는 예수가 하나님이며 삼위일체의 두번째라는 사실, 그리고 둘째는 아무리 버리려고 애써도 버릴 수 없는 강한 호기심, 셋째는 예수가 진실로 모든 인간을 사랑하고 그것을 입증했다는 신념이다.

이를 조사하면서 나는 도처에서 기로岐路에 부딪쳐야 했으며, 그럴 때마다 자유롭게 왼쪽 또는 오른쪽 길을 갔다. 이를테면, 로마 총독 본디오 빌라도는 그날 안토니아 성에 있었을까, 혹은 시市 반대편의 헤롯 왕궁에 있었을까. 아마도 이런 것은 사소한 일일 터이나, 이두 견해를 지지하는 증거가 저마다 있는 것이다. 어떤 경우든 나는 증거를 조사해서 내 자신이 합리적이라고 믿게 되는 길을 택했다.

이 책의 어떤 부분도 성경과 모순되는 곳은 없다. 복음서의 진리를 나처럼 믿는 사람일지라도 객관성이 결여되어 있다고 말할 것이다. 그러나 동시에 나는 저널리스트이기를 바란다. 나는 우선 나의 일을 편견에 얽매이지 않는 입장에서 시작해야 한다고 다짐했다. 이 책의 자료를 조사하는 동안 나는 열두 살 된 딸 게일을 데리고 예루살렘으로 여행했다. 그칠 줄 모르는 이야기를 나누고 순진한 질문을 던지며, 여행 중 내내 나에게 자상한 마음을 써 준 딸에게 감사한다.

서구인의 눈에는 아름답게만 보이는 낡은 성벽에 둘러싸인 도시 예루살렘에서는 오늘도 십자가의 고행길을 걷고 겟세마네에 무릎을 꿇으며 올리브 산 정상에 서서 옛 그대로의 성도聖都를 내려다보고, 십자가가 서 있던 지점을 거쳐서 북으로 백사십 미터 떨어진 그를 매장했던 장소에도 갈 수가 있다. 책을 쓰려는 이는 내가 한 것처럼 몇몇 다른 신앙을 가진 고고학자들을 만날 수가 있다. 가톨릭, 유대교, 성공회, 침례교, 감리교, 루터교 등에 속하는 이들 헌신적인 사람들은 모두 열심히 나를 도와주어, 이 초상화, 즉 이 책에 일필을 가해 주었다.

예루살렘의 희고 뜨거운 태양 아래서, 수염이 긴 시몬 보나벤처

Simon Bonaventure 신부는 푸른 그늘이 드리운 좁은 거리를 안내해 주며 "여기서, 빌라도는 멈춰 서서 '이 사람을 보라' 고 했지요. ···이 모퉁이에서 그는 넘어지고··· 여기서 예루살렘의 여인이 울었소"라고 말해 주었다. 예루살렘 박물관에서는 회교도의 관리인인 요셉 사드 Joseph Saad가 친절하게도 터키 커피와 기원 일세기경 유대인의 생활을 소개하는 전시품 관람의 호의를 베풀어 주었다. 스푼, 납골당, 예수 시대의 도시생활의 유품 등. 예루살렘의 성경학원의 피에르 브노아 선생은 예수 최후의 날을 세세한 점에 이르기까지, 마치 영화 장면을 보여주듯 잇달아 전개하여 재현시켜 갔다.

또 노트르담 드 시온 수녀회 원장은, 예수가 매를 맞았던 '돌의 뜰' 이며 본디오 빌라도가 안토니아 성을 위해 물을 저장했던 깊은 굴창고를 보여주었다.

나의 외유 중, 다른 종파의 위대한 학자가 귀국 후 읽을 책의 리스트를 만들어 두었다가 준 일은, 우리가 사는 문명시대의 고마움을 새삼 나에게 일깨워 주었다. 한 분은 『더 사인The Sign』지의 편집자인 랄프 고먼Ralph Gorman 신부이며, 또 한 분은 예시바 대학 교수로서, 내가 이 책에 쓴 사실을 전적으로 승복할 수 없다는 유대대학 학자 회닉 박사이다. 두 분은 내가 헛되이 조사 범위를 넓히지 않도록 충고하여 주었고, 내가 예수와 그 시대의 이해에 필요한 서적을 결정하는 일을 도와주었다. 덕분에 얼마나 많은 시간의 낭비를 줄이게 되었는지 모른다.

이 일을 계속하는 동안, 내가 쓰려는 시대의 권위자인 리처드 쿠겔먼 신부는 중병으로 시달리고 있는 중에도 "틀렸다" "단순한 상상이다" 라는 핀잔부터 "로마군이 아니라, 시리아 군사다" 라는 지적에 이르기까지, 많은 준엄한 비판을 내려 주실 정도로 체력을 잃지 않았다. 이는, 나에게 또한 다행한 일이었다.

로마의 교황 피오 십이세께서 이 책이 집필 중임을 알고 있다고 말씀하시기에, 내가 이 책은 학술적인 것이 아니라 일반 독자를 위한 간단한 책자라고 여쭌즉, 교황은 미소지으시며, "그것은 참 좋군, 매우 좋은 일이야" 하고 말씀하셨다. 의기가 매우 소침해져서, 과연 나에게 구세주의 생애를 탐구할 자격이 있을까 하고 자문하며 괴로워하고 있을 때, 이런 말씀은 특히 큰 힘이 되었다. 또한 내가 잠시 일을 중단하고 잡지 일로 아이젠하워 대통령을 면접했을 때, 대통령이 다음과 같은 질문을 해주어 기쁘기 그지없었다. "성도聖都에서는 모든 것이 아주 작다는 느낌, 그러니까 예상했던 것보다 훨씬 좁은 인상을 받진 않으셨소?" 나는 꼭 그대로 느끼고 있었다. 수 주일 동안이나 나는 나의 인상이 틀린 것이 아닌가 하고 걱정하고 있었던 것이다. 더구나 성벽에 둘러싸인 예루살렘, 올리브 산, 베들레헴, 겟세마네, 나사로가 죽은 자 가운데서 부활한 베다니, 골고다의 언덕, 이 모든 것은 팔 킬로미터 이내의 지점에 있다. 몸소 그곳에 갔던 아이젠하워는 나와 똑같은 인상을 받았던 것이다.

지금 나에게는 이 책의 자료를 수집한 일천이백 쪽에 이르는 노트가 있는데, 이것은 모두 다른 이들이 애를 써 준 것이며, 복사하는 일조차도 나는 거든 일이 없다. 이 일은 매사추세츠 주 퀸시의 미리암 린치Miriam Lynch, 뉴저지 주 티넥의 제인 길리랜드Jane Gilliland, 같은 주 럼선의 플로라나 월터Floranna Walter, 역시 같은 주 웨스트 잉글우드의 버지니아 리 프레체트Virginia Lee Frechette 등의 힘으로 이루어졌다. 노트마다 고유번호가 매겨져 있어, 원전이나, 필요에 따라 권 번호, 페이지까지도 알 수 있게 되어 있다. 애초에 나는 어떤 인용부분을 확인하거나 나아가 이를 더 알아보고자 하는 독자를 위해 이 번호체계를 적용할 생각이었다.

그러나 글의 흐름을 방해하지 않게 하기 위해 포기하였다. 대체로 이 노트는 많은 종파의 주요한 성직자들이 쓴 평론이었다.

이 책은 애초에 내가 마음먹었던 것과는 상당히 달라지고 말았다. 그 당시에 일어났던 많은 일들은 이미 오랜 옛날에 잊혀져 버렸으므로, 이 책이 완전한 사실을 전하는 것이라고 말하기는 어렵다. 그러나 이야기의 이음새나 줄거리를 무리 없이 꾸려 가기 위해, 또는 여러 가지 점으로 미루어 그렇게 하지 않으면 안 된다 싶은 사소한 경우 이외에는 사실과 공상을 혼동하는 일은 하지 않았다. 불가피하게 그렇게 된 예가 둘 있는데, 하나는 가롯 유다가 대제사장大祭司長 가야바와 처음 만나는 장면이고, 또 하나는 최후의 만찬이 베풀어진 집을 성전의 파수꾼과 로마인들이 습격하는 장면이다. 그 첫 장면에 관해서는 「마태복음」과 「누가복음」 속에 두세 군데 언급되어 있으며, 둘째 장면에 대해서는, 겟세마네에 젊은 마가가 잠옷 바람으로 나타난 것은, 다름 아닌 최후의 만찬이 베풀어진 마가의 아버지 집이 그 직전에 습격되었음을 말해 주는 것으로서 논의의 여지가 없다고 생각한다.

만일 이 책으로 말미암아 예수 그리스도를 조금이라도 더 잘 이해하고 그 사명을 깨닫게 되는 이가 한 사람이라도 있다면 내가 애쓴 보람을 거둔 셈이 될 것이다.

나는 수많은 학자와 신학자의 서적과 충고를 활용했다. 그 중에서도 제임스 클라이스트James A. Kleist, 조셉 릴리Joseph L. Lilly 공역의 『신약성경』(밀워키의 브루스 출판사)의 도움을 입은 사실을 특기하지 않을 수 없다. 권위있는 성경의 인용이 필요할 때는 거의 모두 이 새로운 문체의 번역판에 따랐기 때문이다. 초종파적超宗派的으로, 오늘의 독자에게 역사상 가장 극적인 날을 이야기하려는 나의 목적에 합당한 문체를 내게 제공한 것은 정평 있는 신약 번역서 중에서 오직 이 책뿐이었다.

끊임없는 격려를 아끼지 않으신 이는 내 어머니였다. 이는 단순한 개인적 감사의 말이 아니다. 예수의 이야기, 즉 그 전능하심, 인간을 용서하는 힘, 사랑, 특히 예수를 경외하는 일 등을, 어머니는 우리가 세 살쯤 될 무렵부터 말씀하시기 시작했던 것이다. 우리가 혼배성사婚配聖事를 받아 그 곁을 떠날 때까지 어머니는 계속 가르쳐 주셨다. 이 책이야말로 어머니께 칭찬받을 만도 한데, 애석하게도 어머니는 이 책이 미처 출간되기 전에 그만 시력을 잃어버리셨다.

뉴저지 주 시브라이트에서
짐 비숍

# 차례

머리말 · 5

# 기원 삼십년 사월 육일

**April 6, A.D. 30**

# 오후 여섯시 예루살렘으로

그들은 끝나가는 여행길을 아쉬워하는 사람들처럼 길을 따라 천천히 걸어가고 있다. 그들 열한 사람은 몸에 흰 옷을 걸치고 있다. 그들의 샌들은 길바닥에 널려 있는 분필 같은 푸석돌로 말미암아 보얀 가루를 뒤집어썼으며, 옷자락은 먼지와 때에 절어 거무스름하고, 얼굴에는 어딘가 근심스러운 빛이 감돌고 있다. 그들은 유월절 逾越節(이집트의 억압에서 해방됨을 기념하는 유대교의 축일—역자) 축제를 위하여 성벽으로 둘러싸인 예루살렘으로 길을 재촉하는 인파 속의 마지막 한 무리였다.

유대력 삼천칠백구십년 니산 달의 열나흗날 오후 여섯시(로마시 건설 기원 칠백팔십사년, 그리스도 기원 삼십년 사월 육일 목요일 저녁 무렵)의 일이었다. 거리에는 몇 분 전에 해가 이미 졌으나, 올리브 산과 범죄 산 사이의 고개에는 달걀노른자 같은 샛노란 저녁 해가 아직도 대성전의 뾰족한 금빛 첨탑 사이에 걸려 있는 것이 보였다.

고개 위에서 일행 중의 누구보다도 키가 큰, 무리의 지휘자는 걸음을 멈추었다. 그가 무슨 중요한 것을 말하려는가 하고 모두들 그의 주위에 다가섰다. 그는 아무 말도 하지 않았다. 그는 작은 골짜기를 이윽히 바라보았다. 그의 갈색 눈에 아름다운 예루살렘의 풍경이 비쳤다. 도시는 갈색 벽 사이에서 눈부시게 빛나는 하얀 보석과도 같이 펼쳐져 있다. 그것은 나 보라는 듯이 푸른 골짜기이며, 지금은 삼십만 순례의 천막이 얼룩무늬를 수놓은 언덕보다도 더 높이 솟아 있었다.

예수는 이 거리를 애정과 동경이 어린 눈으로 바라보았다. 그는 긍휼히 여기는 심정에서 이 성을 찾아왔으나, 예루살렘은 그를 조소하고 그의 성실성을 의심하였다. 그리하여 지금 예루살렘은, 적어도 그 일부는 그를 두려워하고 그의 생명을 노리고 있었다. 저녁 바람이 옷자락을 흔들며 스쳐간다. 열 사람의 제자는 그의 얼굴을 올려다보며 거기에 나타난 표정을 읽으려 하였다. 애경愛敬이 깃든 얼굴은 아니었다. 옛날 장로들은, 메시아의 얼굴은 믿음을 가지지 않은 자에게는 추하게 보이고, 믿음을 가진 자에게는 아름답게 보인다고 기록했다. 그의 얼굴 모습에 대해서는 아무 것도 알려진 바가 없으나, 어머니를 닮았다고 생각해도 좋을 것이다.

그는 기드론 골짜기로 통하는 길을 내려가기 시작했다. 일행 열 사람도 그의 느릿느릿한 큰 발걸음을 뒤따라 내려갔다. 많은 천막 사이를 누비고 내려가니, 아이들의 우는 소리며 아람 말로 지껄이는 사나이들의 낮은 음성이 들려오고, 고기 굽는 냄새가 코를 찔렀다. 그들은 실로암의, 언덕이 많은 길을 걸었다. 어떤 자는 그를 보고 외면하고, 어떤 자는 손가락질하고는 손으로 입을 가리고 수군거렸으나, 눈은 역시 그를 외면하고 있었다. 유대인은 모르는 사람을 빤히 바라보는 것을 천박스럽게 생각하고 있었기 때문이다.

예수는 종교적인 명사名士였다. 그는 병든 자를 고치고, 죽은 자를 살려 내고, 눈먼 자를 보게 하고, 사람의 왕국을 설교하였다. 팔레스타인에는 삼백만의 유대인이 살고 있었다. 많은 사람은 그를 본 일이 없었으나, 그들은 이해하기 어려운 정열을 가지고 수세기 동안 그들의 메시아, 구세주를 기다려 오고 있었다. 예수는 보는 사람에 따라서 예언자로, 사기꾼으로, 메시아로, 마법사로, 악마의 왕자로, 종교적 변인變人 등으로 받아들여졌다. 약 팔천 명 정도만이, 예수를 하느님이요 하느님의 아들 즉 메시아라고 믿고 있었을 것이다.

그는 기드론 내川의 돌다리를 건너 '샘의 문'을 통하여 예루살렘에 들어섰다. 거기서 이들 작은 무리의 일행은, 성전에서 세번째 희생의식犧牲儀式에 참례한 뒤 성 밖의 순례자 천막으로 밀어닥치는 인파와 부딪쳤다. 그들은 죽은 어린 양을, 마치 붉은 모피 목도리처럼 목에 걸고 있기도 하고, 혹은 다리를 늘어뜨려 들기도 했다.

예수는 못가에서부터 도성都城의 가장 높은 곳으로 통하는 희고 널찍한 로마의 돌계단 길을 오르기 시작했다. 그는 걸으면서 옆 사람에게 두세 마디 말을 건네는데, 그 엄숙한 태도가 평시와는 달리 한층 심각한 듯이 느껴졌다. 그때 예수는 갈릴리 사투리가 약간 섞인 보통 아람 말로 말하였으나, 때로는 당시 학자들만이 쓰던 히브리 말이나 또는 교육받은 사람들이 쓰던 그리스 말을 쓰기도 하였다.

그는 로마의 길을 걸어갔다. 큰 키의 후리후리한 체격, 굽슬굽슬한 머리카락은 남자답게 가운데에서 갈라 젖혀 두 어깨에 늘어뜨려 있었다. 머리카락을 장식하거나 귀가 드러나도록 자르거나 가꾸어 깎는 따위는 허영의 증거라고 예수는 생각했다.

저녁 무렵에 걷는 길은 기분이 좋았다. 사삼絲杉나무가 언덕 위에 높이 곧게 솟아 있고, 다래다래 핀 꽃송이가, 먼지를 하얗게 뒤집어쓴 언덕의 들포도나무에 노랗고 빨간 무늬를 수놓고 있었다. 훨씬 아래쪽에서는 개미집을 드나드는 개미떼처럼 순례의 무리가 '샘의 문'에 떼지어 모여 있는 것을 제자들은 볼 수 있었다. 순례자 외에 문 밖에 나서 있는 사람들은 거의 없었다. 안식일이나 성일聖日의 저녁 무렵에, 이 민족은 항상 일몰을 위해 준비하는 것이 관습으로 되어 있다. 예루살렘의 한낮은, 조용한 흥분으로 가득 차 있게 된다. 지금 막 성벽 안팎에서는 오십만이나 되는 사람이 무사히 이집트의 노예 신세로부터 구출된 민족적 영광에 대해 여호아께 감사를 드리는 축제 준비에 분주했다. 오직 여호아께서 모세에게 지시하여 이들 선민選民을 고통스러운 노예 신세에서 구해, 홍해를 넘어 그들을 약속된 땅에 인도하게 하셨던 것이다. 그리고 그 도중에 하느님은 모세를 통하여 하느님의 율법을 지키도록 이 백성에게 약속시키셨던 것이다. 오늘 밤부터 한 주일 동안 그들은 그 고난의 유월逾越을 축하하는 것이다.

언덕 마루로부터 이 작은 무리의 일행은 해질 무렵 도성의 거리를 걸어 나가고 있었다. 그들은 예루살렘의 남부지역을 동에서 서쪽으로 걸어갔다. 부유한 계급은 이 지역 남서부에 살고 있었다. 예수가 좁은 자갈길을 걸어갈 때 하인들이 뜰에 램프를 켜고 있는 것이 보였다.

팔레스타인에서는 일몰 후엔 집 안에 있는 것이 관습이었으므로, 집 밖에는 가로등이라고 할 만한 것이 별로 없었다. 그들은 밤길을 두려워했으며 게다가 강도떼의 출몰이 이 공포심을 더욱 부채질했다. 그래서 장사꾼들은 집에서 삼사 킬로미터 정도밖에 안 되는 가까운 곳까지 와 있어도, 날이 저물면, 갈 길을 멈추고 여인숙을 찾는 수가 많았다.

예루살렘에는 북쪽에서 남쪽을 향해 어금니의 뿌리 모양을 한 작은 골짜기가 있는데, 예수 일행은 이제 막 이 골짜기를 지나서 서쪽 성벽을 향한 조그마한 언덕을 올랐다. 그 중 몇 사람인가는 걸음을 멈추고 뒤를 돌아보았다. 이 높이의 지점에서는 새들의 배설물을 피하기 위해 장치한 성전 꼭대기의 정침頂針을 볼 수 있었다. 하루의 마지막 햇살이 예루살렘의 모든 집들의 지붕을 부드럽게 비추고 있었고, 훨씬 왼편에 자리한 헤롯 왕의 궁전이 순백으로 빛나고 있었다.

아름다운 대리석 성전 안에서는 대제사장이 「출애굽기」의 십이 장을 읽고 있었다. 대제사장 가야바는, 태양의 붉은 혀끝이 사라지는 순간에, 마지막 구절 "이스라엘의 온 회중會衆은 그것을 죽이지 않으면 안 된다"를 읽게 되도록 시간을 조절하였다. 그가 "죽인다"라고 읽었을 때, 세 마리의 양 앞에 버티고 선 세 사람의 레위인이 작은 동물의 턱을 들어 올려 예리한 칼로 그 목을 순식간에 잘랐다. 원래 이 의식은 단칼에 죽여 희생물에게 비명을 지를 여유를 주지 않도록 되어 있다.

그날 최후의 희생이 끝나면 성전의 바깥뜰에서는 밤번 파수꾼이 번을 든다. 가장 높은 탑 위에 서 있는 제사祭司가 "동쪽에 세 개의 별이 보였다"고 외치면 세 개의 나팔이 저녁 하늘에 울려 퍼진다. 이스라엘 사람들에게 이것은 하루의 시작이었다. 이백삼십 명의 레위인은 새로운 파수자리에 선다. 성전에는 스물네 곳의 문과 초소가 있고, 각 초소에는 열 사람씩의 파수꾼이 밤새도록 배치되어 있다. 성전 경비대장은 끊임없이 초소를 순회하면서 이상이 있는

지를 확인하였다. 파수꾼이 번을 들면 커다란 성전 안의 유일한 빛은 제단에서 타고 있는 희생물의 붉은 불빛뿐이다.

나팔소리를 듣고 제자들은 유월절의 축제가 시작된 것을 비로소 알았다. 그것은 장엄하고도 기쁜 축제였다. 왜냐하면, 유대는 지금 로마의 세력 하에 있기는 하지만 유대인에겐 자기들이 좋을 대로 여호아를 숭배해도 좋다는 신앙의 자유가 주어져 있었고, 또 그들은 로마 제국의 이익을 손상치 않는 한 자기들의 법을 따르는 자유도 주어져 있었기 때문이다.

설사 제자들이 일반 사람들과 함께 축제를 즐기고 싶다고 생각했다 하더라도, 그 기분은 베다니를 떠나온 이후 예수의 침묵 때문에 사라지고 말았을 것이다. 예수는 걸으면서도 무언가 생각하고 있는 듯했다. 그날 오전 베다니에서, 어머니며, 유숙한 집 주인 마르다와 마리아 자매, 그리고 에브라임에서 그를 따라온 사람들을 향해, 열두 제자를 데리고 예루살렘으로 간다고 말하던 때의 그는 꽤 생기에 차 보였다. 그 말은 그들이 들은 바로나 예수 자신의 의도로 보나, 다른 사람들은 따라오지 말고 남아 있으라는 뜻이었다. 예수는 자신이 죽은 뒤 자기의 가르침을 온 세계에 전파하게 될 자들 하고만 만찬에 임하고자 하였던 것이다. 그의 어머니는 그가 끊임없이 열두 제자와 가까이하고 있는 그 의미를 알고 있었다. 때때로 예수는 그들이 제자가 되기 위해 알아야 할 진리를 끊임없이 가르치고 있기도 했다. 성모聖母는 그가 오늘밤 넉 잔의 포도주로 그와 함께 축하하지 못함을 못내 서운하게 여겼을 것이나, 하직인사를 드리는 아들의 정답고 부드러운 태도로 말미암아 얼마쯤 슬픔을 달랠 수 있었다.

아침 나절 예수는 베드로와 요한에게 연회의 준비를 위해 예루살렘으로 가라고 분부했다. 두 사람은 '샘의 문'을 통하여 저자로 들어가고, 안에 들어가서는 물을 길어 나르는 한 사나이를 찾도록 분부받았다. 이 사나이를 따라가면 그는 두 사람을 널찍한 다락방으로 인도할 것이다. 둘은 방에 연회석을 마련하고, 시장에서 어린 양을 사서 성전에 희생물로 바치러 가지 않으면 안 되었다.

그 임무는 간단했다. 허리에 로마의 광검廣劍을 찬 열렬한 사나이 베드로는 요한과 함께 예루살렘까지 사 킬로미터의 길을 단숨에 걸었다. '샘의 문' 안에서 그들은 예의 그 사나이를 쉽게 발견할 수 있었다. 유대인 남자들은 물을 길어 나르는 일이 별로 없었기 때문이다. 매일 길쭉하고 좁다란 물통을 머리에 이고 샘가에 가서 물을 길어 집으로 나르는 일은 주로 여자들이 하는 일이었다. 예수는 그 사나이의 이름은 말하지 않았지만, 두 사람은 그가 예수의 젊은 제자 마가의 돈 많은 부친임을 곧 알아차렸다.

그는 두 사람을 인도해서 커다란 로마의 계단을 올라 자기 집으로 데리고 갔다. 그리고 바깥 계단을 올라 단칸 다락방으로 그들을 안내했다. 거기에는 고기를 굽는 가마가 있었고 열세 사람분의 식사에 필요한 준비가 이미 갖추어져 있었다.

둘은 밖으로 나와 어린 양이며, 약초, 향료, 빵 등을 샀다. 그런 다음 성전으로 가서 제물을 바쳤다. 도성 안은 지방 각처에서 몰려온 유대인으로 매우 혼잡했다. 유대인은 해마다 대성전에서 유월절의 순례를 하는 것이 관습으로 되어 있었기 때문에, 예루살렘의 성전까지 걸어서 구십 일 이상 걸리는 먼 지역에 살아서는 안 된다는 법률까지도 마련되어 있었다. 유대인이면 누구나, 하느님의 옥좌는 대성전의 가장 깊숙한 곳에 있다고 믿고 있었다. 혹 멀리 외국에 가 있는 이들은 안티오키아나 로마나 알렉산드리아 등 그곳의 유대 교회의 의식에 참례해서 유월절을 보낼 수도 있었으나, 그럴 경우 예루살렘의 하느님 밑에 있지 못한 공허감은 달랠 수가 없었다.

베드로와 요한은 가장 가까운 지름길을 택하여 성전의 서쪽으로부터 다락방으로 돌아왔다. 그들은 커다란 로마의 경기장 옆을 지나며, 많은 선량한 유대인과 마찬가지로 머리를 숙이고 눈을 딴 데로 돌렸다. 이것은 백오십 년 전 안티오쿠스가 건설한 것으로, 로마 사람들은 여기서 스포츠며 잔혹한 놀이나 목욕을 즐겼다. 그러나 유대인들은 벌거벗은 나체를 보기 싫어했고 그들의 놀이나 경기도 재미있는 것으로 여기지 않았다.

이번 주일에는 많은 로마 병사들이 거리에 붐볐다. 총독은 성일聖日에는 해안지방으로부터 필요 이상의 군대를 불러들였다. 유대인이 저항을 꾀하고, 정복자에 대하여 데모라도 벌이고자 한다면, 때마침 축제일이라 성전의 이교도 광장에서 일을 벌일 수도 있기 때문이었다.

총독은 예루살렘에 있었다. 그의 관저는 지중해 연안 가이사랴에 있었으나, 이런 때에는 예루살렘에 있을 필요가 있었다. 본디오 빌라도는 총독으로서 항상 격식을 차렸고 위엄을 부렸다. 그는 지적인 인간으로서, 독설이나 잔혹한 행위를 아무 거리낌 없이 행하고, 기회만 있으면 부하들이 기를 못 펴도록 욕설을 퍼붓고 윽박지르고 매질까지 하였다.

예루살렘에 온 빌라도는 마음에 드는 장소를 찾아내 제 마음대로 자기의 주거로 삼았다. 대개는 도성의 서문 가까이에 있는 혜롯의 궁전에서 지냈다. 크고 여유가 있으며, 정원은 지의地衣(헝겊으로 가장자리를 꾸미고 여러 개를 마주 이어 만든 큰 돗자리—역자)와 석고로 아름답게 장식되어 있었기 때문이다. 이곳은 대제사장 가야바의 호화저택이 가까이 있는, 예루살렘에서는 가장 동떨어진 지대였다. 가야바는 같은 대제사장 안나스의 사위였다.

그 무렵에도 빌라도 부부는 혜롯의 궁전에서 살고 있었다.

베드로와 요한은 저녁 무렵 군중 속에 섞여 걷고 있었다. 성벽 안은 시민이나 여행자들로 가득 차 붐볐다. 너절한 옷차림의 시골 유대인, 느릿느릿한 말투의 갈릴리 출신 사람들, 돈 많은 여행자 차림의 고상하고 멋부리는 이교도 그리스인, 북쪽에서 대상隊商의 일이나 로마 군대에 입대하려고 온 건장한 시리아인, 눈같이 새하얀 복장에 자색 옷단을 단 이집트에서 온 부자 유대인 등등.

예루살렘의 유대인은 위선적이어서, 겉으로는 아주 진지한 체한다. 그것은 딴 민족에 대해서뿐만 아니라, 같은 유대인 사이에서도 그러했다. 그들은 율법을 엄격히 지키지도 않으면서 항상 불결한 유대인을 '암하렛(시골놈)'이라고 불렀는데, 그것은 보통 '바보'라는 뜻이었다. '암하렛'이라고 불리는 것은 체면 깎이는 일이었다. 이와는 반대로 율법을 엄수하는 자는 '하베림(동지)'이라고 불렀다.

두 제자는 거리가 예년처럼 혼잡스러운 것을 보았다. 울퉁불퉁한 길은 겨울 우기雨期—베드로나 요한도 좀처럼 이 도성에서 눈을 본 일이 없었다—가 끝나고 나서 다시 포장되고, 돌다리는 더욱 튼튼하게 보수되어 있다. 묘지는 정화되었고, 집 앞은 물론, 때론 방으로 들어가는 어귀까지 널려져 있는 동물의 배설물도 말끔히 청소되어 있었다. 성전은 전과 다름없이 언제나 번들번들 빛나고 있었다. 매일 칠천 명이나 되는 제사들과 수백 명의 레위인이 동원되어 손질하는데, 동쪽 벽에 새겨 놓은 금 포도송이의 부조<sup>浮彫</sup>에 앉은 먼지까지도 그대로 두는 일이 없었다.

두 사람이 다락방으로 돌아왔을 때는, 오후의 해가 이미 기울어져, 늘어선 집들 저쪽 언덕 위에 걸려 있었다. 그들은 급히 불을 피워 어린 양을 구웠다. 어린 양은, 완전하며 분열할 줄 모르는 민족을 상징하므로, 뼈를 하나라도 부러뜨려서는 안 되었다. 베드로와 요한은 일을 분담했다. 베드로 쪽이 경험이 많았으므로 그가 어린 양의 허리에다 꼬챙이를 꿰어서, 벽돌과 돌로 된 가마 속에 넣어 가죽이 가마에 닿지 않도록 하고 있는 동안에, 요한은 둥글고 얇은, 누룩을 넣지 않은 빵을 빚고 있었다. 이것은 의식용으로 만드는 빵으로, 유대인이 모세를 좇아 여행하고, 그에 의하여 하느님의 사랑하는 백성이 되었을 때 이 빵을 먹었던 일에서 유래하는 이름이었다. 이것은 '고난의 빵'이라고도 불리었다. 이스라엘 사람이 이집트를 탈출할 때, 급히 서둘러야 했으므로, 여자들이 미처 빵에다 누룩을 넣어 발효시킬 시간적 여유가 없었기 때문이다.

그들은 또 다섯 가지 쓴 야채 중의 하나로 샐러드를 만들었다. 이것은 이집트에서의 쓰라렸던 노예생활을 만찬에 참석하는 사람들에게 상기시켜 주기 위해서였다. 두 사람은 주발에 식초를 넣었다. 그러고는 여기에다 쓴 야채잎을 넣는 것이다. 붉은 포도주도 준비되었다. 가난한 사람들도 이것을 시가보다 싸게 성전에서 살 수 있었다. 이것은 나중에 저녁식사를 내는 주인이 포도주 넷과 물 하나의 비율로 혼합하기로 되어 있었다. 마지막으로 베드로와 요한은 살구, 무화과, 대추야자, 포도주, 패주貝柱(조개껍데기에 조갯살이 붙어 있게 하는 단단한 근육—역자)따위로 만든, 차로세스라고 하는 요리를 만들었다. 만들어 놓은 차로세스는 벽돌색깔을 띠고 있었다.

예수가 다락방에 들어왔을 때 아직 준비는 되어 있지 않았다. 인사가 끝나고, 예수는 방안을 주의깊게 둘러보았다. 그에게는 중요한 방이요 중요한 밤이었다. 그는 자기의 감정을 드러내지 않았다. 제자들 눈에는 그가 평상시와 달리 어떤 상념에 유난히 골똘해 있는 듯이 보였다. 그들은 절망적인 것이든 희망적인 것이든 간에 어떠한 함축성 있는 그 무엇을 기대했다. 이러한 암시가 있음으로 해서 그들은 자기 감정의 색깔을 분명히 할 수 있었을 것이다. 그것은 마치 번개치고 뇌성이 일 때 양들은 하늘을 보지 않고 목자를 쳐다보는 것과 흡사한 일이다.

열두 제자는 생각에 골똘해 있는 듯했다. 실내에는 긴장이 감돌았다. 작은 목소리로 인사말들이 오갔다. 삼십 세 전후의, 수염을 기른 사나이들의 무리, 다양한 크기, 다양한 피부색을 가진 단순한 사나이들, 그들은 때로 자신들이 하느님의 아들 앞에 있다는 사실을 믿었으며, 또 어떤 때는 겁을 먹고 믿음이 흔들리기도 했다. 예수에 대한 그들의 믿음은 무거운 부담이 안 될 정도로 유지되고 있었다. 그들은 과거의 모든 시련에 견디어 왔음에도 정작 지금은 숨이 막히는 것 같았다.

그들은 예수가 절박해 오는 죽음의 슬픔을 숨김없이 말하는 것을 들어 왔다. 그들 누구나가 묻고 싶은 말이 있었으나, 막상 그 질문을 던지기가 두려웠다. "당신께서는 당신의 아버지의 천사를 불러, 이 도시와 세계를 파괴하고, 오늘 우리들을 거느리고 모든 사람의 영혼을 심판할 수는 없습니까?" 하고 묻고 싶었다. 그러나 아무도 그런 말을 꺼낼 수는 없었다.

그들은 지붕을 떠받친 기둥 옆에 두세 사람씩 서서는, 예수를 바라보며 수군거리면서 의심하고 걱정하였다.

마가의 아버지는 유월절 만찬의 시중을 들기 위한 사환으로 두 사람의 남자하인을 보내 왔다. 구워지기 시작한 어린 양에서 풍기는 수증기 같은 연기는 그들 머리 위에 푸르스름하게 서려 있고, 그것은 사람들이 움직일 때마다 가볍게 흔들렸다.

하인들은 방안의 한가운데에 테이블을 준비했다. 그것은 U자형을 한 삼십 센티미터 높이의 탁자였다. U자형의 한쪽 끝은 계단을 다 올라와 보이는 방 입구에 가까웠다. 주인격인 예수는 그 중앙부에 천천히 자리잡게 된다.

몇 세기에 걸쳐 유대인은 식사에 일정한 형식을 가지지 않았다. 그러나 그리스인은 자유인만이 앉아서 식사를 하고 노예는 서서 식사를 해야 한다고 주장하기 시작했다. 유대인은 정복자인 로마인을 통해서 그 관습을 받아들였다.

예수와 열두 제자가 앉아 식사하게 될 의자는 트리클리니아라 불리는 긴 의자였다. 모양은 여러 가지로, 길이는 이 미터에서 삼 미터 육십 센티미터 정도였다. 유대인 사회에서는 U자의 구부러진 부분은 상좌로 생각되었고, 거기에 삼인분의 좌석이 마련되었다. 주인인 예수는 중앙에 정좌한다. 다음 상좌는 예수의 왼편이다. 베드로가 거기에 앉게 된다. 유대 풍습의 식사 예법으로 주인의 오른

편보다는 왼편이 최상급자에게 주어지는 상석이라고 생각되었다. 또 그것은 베드로처럼 주인의 왼편, 어떤 의미에서는 주인의 뒤쪽에 있는 편이, 오른편 즉 주인의 앞에 있는 것보다는 낮다고 생각된다. 두번째 상석은 주인의 오른편으로, 이것은 평상시에는 회계를 맡아보는 유다의 자리였다. 다만 이날 밤은 유다 대신 젊은 요한이 거기에 앉았다. 세 사람은 같은 낮은 벤치에 앉아서 식사를 한다. 벤치의 탁자에 가까운 끝은 식탁과 비슷한 정도의 높이이고, 뒤쪽 끝은 훨씬 낮아서 기댈 데가 없었다. 자리에 앉을 때는 뒤로부터 벤치 가까이 다가와서 걸터앉게 되는데, 석 장의 방석을 앉기 좋게 배치하여 왼쪽 팔꿈치를 고인다. 이때 오른손은 식사를 하기 위해 그대로 비워둘 수밖에 없다.

제자들은 부잣집이나 언덕 중턱에서 예수와 함께 식사를 한 일이 있었다. 어떤 사람은 예수 옆의 좌석 배치에 대해서 불만을 갖고 있었다. 그래서 예수, 베드로, 유다가 정해진 자리에 앉으면, 그 밖의 열 사람은 보기 창피스러울 정도로 자리다툼을 벌였다. 그리고 항상 메시아에게 꾸지람 듣는 것을 두려워했다. 그러나 그들은 작은 목소리로 말다툼을 하면서 서로 밀고 밀리고 하여 예수에게 조금이라도 가까이 가려고 했다.

오늘밤, 그들은 유월절 축연에 참여할 시간을 기다리며 두세 사람씩 무리지어 서 있었다. 예수는 따로 떨어져 오직 혼자 서서 기다리고 있었다. 참되고 깊은 긍휼한 마음은 짙은 안개가 풍경을 감추듯, 그이의 다른 감정들을 감추어 버린다. 예수는 모든 사람을 사랑하고 있었다. 그는 어린 양이 요리되는 것을 기다리면서 유다의 일을 생각하고 있었다고 추측된다. 이 식사가 끝나기도 전에, 그는 자기를 배반할 제자의 한 사람을 꾸짖게 되는데, 그는 이미 배반자가 누구인지를 알고 있었다. 누군지 알고 있을 뿐만 아니라 배반하는 이유까지도 알고 있었다. 유다는 항상 같은 패에 끼지 못하고 따돌림을 당했다. 다른 사람은 모두 갈릴리 출신인데 그만은 유대(여기서 '유대'는 팔레스타인의 일부 지방으로, 예루살렘도 그 지방에 포함됨—역자) 출신이었다. 그는 실무에 능한 경제 지식을 지니고 있어서, 필요한 자금을 마련해 대는 일이며 기부금을 분배하는 등의 일에 바쁘다 보니, 딴 제자들처럼 때로는 예수에게 영원한 교훈을 듣는 귀중한 시간을 짜내기가 어려웠다. 유다는 자기의 인생경험이 다른 사람보다 풍부하기 때문에 남을 덕보이고 있다고 자부하는 것 같은 태도를 취하고 있었다. 그래서 때로는 예수께 직언하여, 그가 생각하는바 어리석은 일을 사람들에게 금지시키도록 건의하기도 하였다.

수개월 전, 예수를 위해 돈을 기부한 부잣집 부인들 가운데 몇몇이 회계책會計責이 돈을 속이고 있다고 호소해 온 이후, 유다와 다른 제자들 간의 대립은 심각해져 있었다. 죄는 입증되지 않았다. 예수는 구체적으로 조사하지는 않은 채 사건을 마무리지었다. 그러나 예수가 그를 옹호했다고는 하지만, 그도 떨어진 신용을 회복할 수 없음을 자인했던 듯하다.

그는 예수가 바라는 대로 돈을 모아서는 지급하고, 기부받은 돈을 분배하고 하며, 추문을 못들은 체 그대로 회계를 맡아 왔다. 유다는, 예수의 눈에는 나지 않았다. 만약 그가 예수가 곧 하느님이라고 믿고 있었던들, 이 온화한 갈릴리 출신의 사나이가 자신의 마음을 꿰뚫어 보고 있음을 알고 있었을 것이다. 그럴 경우, 그는 자기의 잘못된 행동을 고백하고 용서를 빌지 않을 수 없었을 것이다.

유다가 개인적인 문제를 가지고 예수와 상의했다는 기록은 없다. 예수는 반복하여 용서하는 일을 강조하고 있었으므로 용서는 반드시 받았을 것이다. 사람을 일곱 번 용서하면 충분한가 하는 제자들 간의 대화에 대해 베드로가 물었을 때, 예수는 빙그레 웃으며 "일곱의 일흔 배라도 용서하고 더 그를 용서하라"고 말했던 것이다. 이 경우에 관한 예수의 태도는, 과오를 범한 자를 한없이 용서하라는 것이 될 것이며, 따라서 용서를 구하지 않은 유다는 예수가 하느님임을 믿지 않았다는 사실을 의미한다.

교활하고 방종한 유다는, 예수를 자기기만의 희생자라고 믿고 있었으므로, 용서를 빌지 않았던 것이다. 그리고 훔쳐도 예수가 노하지 않고 또 처벌하지도 않았던 것을 기화로, 자기의 주인인 예수를 대제사장에게 팔아 넘기려는 생각을 품게 되었다.

이날밤, 예수는 유다를 긍휼과 관용의 눈으로 바라보았다. 누군가가 그를 팔 것은 이미 예언되어 있다. 돈밖에 믿지 않는 자의 손에 의하여 예언을 실현시키는 것이야말로 가장 좋은 방도가 아닐까.

시각은 일곱시 무렵, 유월절 연회의 시각이었다.

기원 30년 4월 6일
# 오후 일곱시 다락방에서의 최후의 만찬


어린 양이 다 구워졌다. 이것을 조용히 가마에서 꺼낼 때, 예수와 열두 제자는 외쳤다. "하느님은 오직 한 분뿐."

　예수와 함께 방안에 있는 자들은 그들끼리는 '열두 사람'이라고 일컬었다. 여러 면에서 그들은 평범한 사람들이었다. 즉 예수가 구원하게 될 인류의 대표들이었다. 그들은 믿음이 깊었으나, 그것은 그 무렵에는 별로 대수로운 것이 아니었다. 일반적으로 말해서 그들은 특별한 교육이나 훈련을 받은 사람들은 아니었다. 읽고 쓰는 것조차도 모르는 사람도 있었을 것이다. 그러나 그들 모두는 부모들로부터 율법律法을 가르침 받으며 자랐다. 그들은 정열적이어서 애정이 깊고 토론하기를 좋아했다. 토론할 때 서로의 질문에 대답하곤 했다.

　그들의 신장은 당시 팔레스타인의 많은 사람들처럼 평균 백육십 칠 센티미터 정도였다. 베드로와 같이 보통 이상으로 키가 큰 이도 있긴 했지만. 그들은 흰 옷을 입고 있었으나 유행에 민감한 한두 사람은 자색 단을 달고 다녔다. 모두 수염을 기르고 머리카락도 자르지 않았다. 하느님의 율법에 모든 허식을 금하고 있었기 때문이다. 어부였던 자는 갈릴리 지방에서는 자신이 어부임을 자랑스럽게 여기고 있었으나, 예루살렘에 오면 그 사실은 수치스럽게 생각되었다. 이 성스러운 도성都城의 주민들은, 어부의 옷에선 고기 비린내와 호수 냄새가 난다고 꺼려했다.

식사 전에 그들은 청정의식淸淨儀式에 따라 손을 씻고 얘기를 나누면서 서 있었다. 예수 둘레에 모여야 할 무슨 중요사항이 없을 때에는 지금처럼 서너 무리로 나뉘었다.

베드로와 요한은 어린 양 때문에 분주했다. 그 구수한 냄새는 방 안을 떠돌며 식욕을 돋우었다. 이것은 유대인에게 특히 즐거운 일이었다. 그들은 축제일 외에는 고기를 먹지 않았기 때문이다.

그들 중에는 두 가지 이름을 가진 사람이 많았다. 두번째 이름은 예수가 지어준 것이었는데, 이로 인하여 제자들 사이에 혼란이 생기기도 했다. 어떤 사람에게 주어진 새 이름이 딴 사람의 옛 이름과 같을 수도 있었기 때문이다. 제자 가운데 야고보, 시몬, 유다가 두 사람씩 있었다.

열두 사람 중에 예수의 깊은 신뢰를 받고 있는 이가 세 사람 있었다. 베드로와 야고보, 요한 형제였다. 제자들 중에서 가장 바쁜 사나이는, 지금도 계단을 올라온 하인에게 연회의 심부름을 지시하고 있는 가롯 유다였다. 그는 키가 작달막하고 얼굴 빛이 거무죽죽한 사나이로, 머리카락은 검고 굽슬거렸다. 그의 원래 이름은 가롯이 아니고 유다 이슈 게리오트(게리오트의 유다)였다. 그의 아버지는 시몬 이슈 게리오트였다. 유다는 흰 윗도리 아래에 커다란 주머니가 있는 가죽 에이프론을 두르고, 여기에다가 귀중품을 넣고 있었다. 그는 또 작은 상자를 껴안고 있었다.

예수의 성직자들에게 금품을 회사한 부잣집 부인들 중에 벳사이다의 살로메가 있었다. 그녀는 깊이 메시아를 믿고 있었으므로 두 아들을 제자로서 바쳤다. 야고보와 그 막내동생 요한이 바로 그들인데, 그녀는 누차 예수를 따라서 도보로 순례하였다. 그의 남편 제베데오는 대저택과 하인들을 거느린 부유한 갈릴리 어부로서, 자기 소유의 배를 운영하기 위해 고용인들을 두고 있었다. 그의 이름은 예루살렘에까지 떨쳤고 사람들로부터 존경을 받고 있었다. 화 잘 내는 그의 성격은 모르는 이가 없을 정도로 유명했지만, 그는 자기를 알아주는 사람에 대해서는 좀처럼 성내는 법이 없었다. 처음에 예수가 야고보와 요한을 불렀을 때, 둘은 그의 아버지와 함께 배를 타고 있었으나, 그들은 그물을 버리고 곧 예수를 따라 나섰다. 그때 제베데오는 큰 소리로 꾸짖고 욕설을 퍼부었다.

두 젊은이 중에서 요한은 예수에게 특히 귀염을 받았다. 그는 자식처럼 예수를 따랐고, 예수는 언제나 아버지 같은 애정어린 미소로 그를 바라보았다. 다른 사람에게는 용서받을 수 없는 일까지도 그에게는 용납되었다. 이들 형제는 베드로와 함께 예수의 가장 가까운 측근이었다.

제자들의 우두머리 격인 베드로는 체격이 크고 몸이 단단한 어부로서, 애정 깊은 마음에서 우러나오는 굵은 목소리의 소유자였다. 그는 때로 요령이 없어서, 예수는 "그것을 어찌할 작정인가?" 하고 물어 그가 하고 있는 일을 중지시키지 않으면 안 될 경우도 여러 번 있었다. 베드로는 무슨 일을 생각하기 전에 말을 먼저 하는 성격이었다. 그 말은 그의 머리에서가 아닌 마음에서 나오는 경우가 많았다. 어느 때인가 예수가 물 위를 걸어올 때, 그도 배에서 뛰어내려 물 위를 걸었다. 얼마 안 되어 그는 자기가 어떤 초자연의 힘에 의하여 이렇게 걷고 있는가 의문을 품기 시작했다. 그러자 그의 몸은 물에 가라앉았고, 결국 비명을 질러 구조를 청한 일이 있었다. 예수가 갈릴리 호숫가에서 베드로를 가까이 부르고서, 그로 하여금 사람을 낚은 어부가 되게 하겠다고 약속하였다. 후에 예수는 "나는 이 반석 위에 교회를 세우리라. 죽음의 힘도 그것을 쳐 이기지 못하리라"고 베드로를 가리키면서 말하였다. 이 말은, 그때까지 예수가 자신의 교회를 세울 것이라고는 생각지 못했던 제자들을 놀라게 했음이 분명하다. 열두 제자는 이제까지 쭉 메시아는 하느님의 원하심에 합당하도록, 이스라엘 회중의 신앙을 수정할 계획이라고 생각하고 있었던 것이다.

예수는 베드로에게 커다란 권력, 거의 무한의 권력을 부여하였다. 즉 예수는 "나는 너에게 천국의 열쇠를 주리라. 그리고 네가 땅 위에서 매는 일은, 하늘에서도 매어지고, 네가 이 땅 위에서 푸는 일은 하늘에서도 풀려지리라"고 말하였다. 뒷날에 베드로는 세 번씩이나 체포되었고, 그는 예수의 복음을 멀리 전파하였다. 그는 늙고 노쇠한 몸으로 책형磔刑(기둥에 묶어 세우고 창으로 찔러 죽이던 형벌—역자)에 처해지게 될 때, 어느 믿을 만한 사람들 말에 의하면, 오히려 십자가에 거꾸로 매달아 달라고 부탁까지 했다고 한다.

그의 위대한 말, 믿음과 겸손의 고백은 "주여, 당신은 모든 것을 알고 계십니다. 내가 당신을 사랑하고 있는 줄은 당신이 알고 계십니다" 하는 것이다.

제자들은 식탁으로 다가왔다. 약초 요리가 놓여지고, 두 사람의 하인은 U자형의 탁자 둘레를 돌아가면서 열세 사람의 좌석 앞에 아무것도 담지 않은 접시와 금속으로 만든 술잔을 법식대로 늘어놓았다.

저녁의 찬 기운이 방 안으로 스며들자 하인은 화로에 불을 피웠다. 갈색으로 통째 구워진 어린 양이 지글지글 소리를 내며 낮은 탁자의 새하얀 식탁보 위에 놓여졌다. 향료도 야채도 과일도 주발 옆에 늘어놓았다. 예수는 자신을 올려다보는 제자들을 둘러보며 말했다. "나는 고난을 받기에 앞서 너희들과 이 유월절 만찬을 함께 하려고 간절히 바라고 있었다. 너희들에게 일러두지만, 하느님의 눈으로 유월逾越이 성취될 때까지는, 나는 두 번 다시 이 유월절 만찬을 들지 않을 것이다."

그들은 보통 때와 마찬가지로, 주의 말을 제대로 이해하려고 서로 얼굴을 마주보았다. 그들은 이 말의 뜻이, 예수가 그들을 사랑하고 있다는 것, 이 중요한 회식을 그들과 함께 하기를 진심으로 바라고 있다는 것, 그를 거부한 유대땅이 그를 하느님으로 받아들일 때까지 유월의 축연을 다시는 갖지 않으리라고 말한 것 등으로 해석하였다. 그리고 그들은, 이 년 하고도 이삼 개월 동안 예수의 사명은 유대를 그의 왕국으로서 차지하는 일이었으나 이에 실패하였고, 차선책으로 방금 그는 구약舊約을 벗어나지 않는 범위에서 하느님을 섬기는 새로운 길을 덧붙이려고 하는 것이라고 생각하였다.

그들이 식탁 앞에 둘러앉자 예수는 포도주병을 들어 커다란 술잔에 포도주를 가득 따랐다. 그는 의자에서 몸을 일으켰다. 왼손으로 술잔을 떠받치고 오른손바닥을 그 위에 놓았다. "이것을 잡고 서로 나누어 마시도록 하라. 너희들에게 일러두지만, 지금으로부터 이후 하느님의 나라가 올 때까지, 나는 포도열매로 만든 것을 일체 먹지 않을 것이다."

그들은 이 말을 알아들었다. 그는 유월절 첫 의식인, 포도주 한

잔을 축배로 들고, 온 세계 사람이 하느님을 따르게 되기까지 다시는 축하하지 않으리라는 것이다. 그들은 마시고 잔을 돌리면서 주에게 조금이라도 가까이 가려고 시새우는 눈으로 서로를 바라보았다. 얼마 안 가서 그것은 속삭임이 되고 다시 소리가 웅성거림으로 바뀌었다. 긴장한 사람은 항상 그렇듯이, 어떤 자는 자신의 희생이나 믿음을 자랑하기 시작했고, 또 어떤 제자들은 자기만이 예수와 함께 경험한 중대한 사건들을 늘어놓기 시작했다.

베드로는 예수의 바로 왼쪽에 있었으므로 이 불쾌한 논쟁에는 끼어들지 않았다. 앞에서 말한 바와 같이, 예수의 오른쪽은 이날 젊은 요한이 차지하고 있었으나, 이 좋은 자리는 원래 그의 것이 아니었다. 다른 사람들보다 젊고 민첩한 요한은 예수 바로 옆자리로 잽싸게 와서 앉았다. 맨 처음에는 아무도 말하지 않았다. 예수에게 질문하는 것조차도 두려워하고 있던 어떤 제자들은, 주의 옆자리를 차지할 뿐 아니라 머리를 예수님의 가슴에 거의 기댈 정도로 친근하게 구는 이 젊은 요한을 부러운 눈으로 쳐다보았다.

요한은 그들의 지도자로 하여금 아버지 같은 미소를 짓게 하는 비결을 알고 있는 듯했다. 예수는 요한과 그의 형 야고보를 '우레의 아들'이라고 여러 번 부른 일이 있었다. 그것은 그 두 사람이 다른 사람보다 시끄러워서가 아니라, 전에 두 사람이 배와 그물을 버리고 예수를 따라 나서는 것을 본 그들의 아버지 제베데오가 화를 벌컥 내고 큰 소리로 꾸짖었던 사실을 두고 하는 말이었다.

요한의 형 야고보는 U자형 끝 가까이에 앉아 있었다. 빈틈없고 단단한 체격에 깊숙한 목소리를 가진 사람으로, 겸손하기 이를 데 없어 주에게 무엇을 여쭈려고 할 때는 발밑을 내려다보는 버릇이 있었다. 그는 잠을 잘 자서, 중대하거나 위험한 상황에 다른 사람이 서두르고 있을 때에도 앉아서 졸곤 하여, 다른 사람들을 초조하게 만들기가 일쑤였다. 그는 좌석순으로 인해서 남과 다툰 일은 없었다. 그는 예수를 두려워하고 있었으므로, 설사 부름을 받아도 이웃 자리에 앉는 일은 없었을 것이다.

식탁의 제자들로서 이상한 것은 그들의 어느 누구도 특히 드러난 데가 없다는 사실이었다. 그들 대부분이 처음 예수와 만났을 무렵에는, 고기 비린내 나는, 기품이나 교육이나 지성에 있어 모두 뒤떨어진 사람들이었다. 그밖에는 예수를 향한 사랑만이 그들에게 공통적인 것이었다.

이 이 년 간의 공적公的 생활 동안 열두 제자는 예수와 함께 생활하고 그를 좇아서 여행하였다. 예수가 각처에서 설교하는 동안 그를 따르는 자는 수를 더해 갔다. 점차로 사람들은 예수가 이스라엘을 구원하기 위해 하느님께서 보내신 자요, 참다운 메시아라고 믿게 되었다. 다만 많은 경우, 사람들은 그가 오게 된 본래의 뜻과 달리 해석하고 있었다. 어떤 자는 예수가 이 세상의 종말을 예언하였다고 믿었고, 어떤 자는 예수를 일단 따르다가는 그로부터 떨어져 나갔다. 또한 많은 사람들은 그를 믿게 되었다. 그리고 일 년 후 그를 좇는 자가 점점 불어나자 예수는 그 중에서 일흔두 명을 뽑아 그의 제자로 삼고 그들을 둘씩 짝지어 각지로 그의 복음을 전파하게 하였다.

성전의 '수사Susa의 문'에 배치된 파수꾼은 이날 밤 달이 솟아오르는 것을 제일 먼저 보았다. 달은 모압 산맥 위에 커다란 밀감처럼 떠올랐다. 유월逾越의 첫째날은 반드시 만월이 되지 않으면 안 된다. 해에 따라서 안개나 구름으로 하늘이 보이지 않을 때는 유월의 밤 예보가 틀리지나 않았나 하는 여론이 분분했다. '수사의 문'의 파수꾼이 근무처로 돌아가려고 할 때 그들은 그날, 성전 바깥뜰에 나붙은 공고문을 보았다. 그것은 예루살렘으로부터 이십사 킬로미터 이내의 땅에 살고 있는 모든 유대의 남성은 성전으로 모이지 않으면 안 된다는 명령이었다. 그리고 모든 사람은 생후 팔 일 이상 일 년 이내의 상처가 없는 어린 양을 가지고 오지 않으면 안 된다는 것이었다.

이날에 이십만 마리의 어린 양이 희생되었다고 한다. 파수꾼도 알고 있는 일이지만, 이 희생 제물의 유래는 이스라엘 민족이 이집트에서 급히 서둘러 탈출해 나올 때, 여자들이 누룩 없는 빵을 굽고 있는 동안에 남자들은 어린 양을 잡아 그 피를 집의 입구와 창에 뿌려, 자기 집에 이미 죽음의 천사가 다녀갔다는 표시를 했던 데서 비롯된 것이다. 모세는 해마다 이 사건을 축하하도록 했다.

그 이후부터 이것이 지켜져 왔는데, 세월이 흘러감에 따라 제사祭司나 자유주의자들이 법률을 고쳐 해석하고 그것에 변경을 가하여 이것을 희생의 의식으로 삼았다. 원래 어린 양은 어느 제단에서나 잡아도 괜찮았는데, 이 당시는 예루살렘의 성전 이외에서는 허용되지 않고 있었다.

제자들 사이에 오가던 대화가 그쳤다. 요한은 예수의 이웃 자리에 있었다. 유다는 화가 나 U자형의 구부러진 모서리에 앉아 있었다. 요한이 회계책인 자신의 자리를 차지하고 있는 것이 못마땅한 모양이었다. 유월절 때에는 최연소자가 주인에게 달려가, "오늘 밤은 어째서 다른 날 밤과 다릅니까?" 하고 묻는 풍습이 있다. 최연소자인 요한이 예수 가까이 있으면 이 질문을 하기가 쉬웠을 것이다. 그러면 예수가 옛날 하느님의 도우심에 대한 이야기를 하게 된다. 그리고 이야기 끝에, 예수는 모든 다른 사람과 함께 일어서서 축복을 주창主唱한다. "하느님이시여, 찬양받으시옵소서. 이스라엘을 구해 주신 영원하신 이여. 영원한 하느님의 찬양을 받으소서. 천지의 왕이시며 포도열매의 창조자시여."

요한은 어렸기 때문에 이 일을 허락받고 있었는지도 모른다. 그러나 제자들은 곧 새로운 중요한 다음 일 때문에 그런 사소한 자리 문제에는 관심이 멀어졌다. 메시아는 정해진 관례를 따르지 않고 있었다. 하인이 각 사람에게 잔을 건네야 할 터인데, 예수는 하나의 잔에다가 포도주와 물을 채우고 그것을 모두에게 돌린 것이다. 그는 성별聖別하는 일을 아무것도 하지 않았다. 그가 말한 것은 오직 그가 이 유월의 회식을 그들과 함께 하게 되기를 간절히 바랐다는 것, 온 세계가 하느님을 믿게 되어 구원될 때까지는 두 번 다시 포도주를 마시지 않을 것이라는 것 등이었다.

모두가, 술을 즐기지 않는 야고보까지도 술을 입에 대고 나자, 하인이 물 담은 주전자와 세숫대야를 가지고 좌석을 돌아다녔다. 예식에 의하면, 회식자가 각각 손을 세숫대야 위에 내밀면 하인이 물을 끼얹어 준다. 그러고 나서 예수가 자기 접시 위에서 누룩을 넣지 않고 구운 빵의 첫 조각을 쪼개게 되어 있었다.

제자들은 대개 유월절 의식을 잘 알고 있었는데, 이 키 큰 갈릴리인이 이제 어릴 적부터 배운 율법을 깨뜨리고 있다고 느꼈다. 그러나 그들은 아무 말도 하지 않았다. 손님은 주인의 방식이 마음에 들지 않더라도 그에 따라야만 하는 법이다. 주인의 뜻에 맞지 않는 일을 하는 것은, 손님이 불청객을 청해 들인 격으로, 오히려 기본적인 법도를 깨뜨리는 결과가 된다. 또 주인이 잔을 권하여도 손님은 잔을 손에 들고 잠시 사양해야 하는 법이다. 허기진 사람처럼 마구 마시면, 빵부스러기를 긁어 모으는 것과 마찬가지로, 주인의 대접이 충분하지 못했던 것으로 생각한 셈이 된다.

이날 저녁 무렵까지 예수는 모든 율법을 엄격히 지켰다. 다만 그는 유대인의 겉치레적인 신앙에 대해 점차 참을 수 없다는 빛을 보였다. 제사, 특히 율법을 엄격히 행하는 학자들의 의례적 태도를 비난했다. 그러한 태도는 탐욕과 질투, 그리고 율법을 시사한 하느님에의 믿음 없음을 숨기려는 것이다. 예수는 대중들을 비난하지는 않았고, 다만 그의 아버지이신 하느님의 의식을 왜곡한 종교상의 지도자들을 비난하였다.

하인은 세숫대야를 가지고 의자를 돌아서 예수의 뒤에 와 섰다. 그는 몸을 일으켜 그 긴 손을 세숫대야 위에 얹지 않고 일어서서, 놀란 표정으로 서 있는 하인으로부터 세숫대야와 물과 수건을 받아들었다. 제자들은 뜻밖의 일에 아무말도 못 하고 몸을 일으켰다. 또 다른 하인은 그 자리에 있지 않았다. 그는 습관대로 어린 양의 가죽을 집주인에게 드리려고 아래층에 내려가 있었다.

예수는 마루 위에 물건들을 놓고 겉옷의 띠를 풀어 머리에서부터 쓰고, 머리카락을 흐트러뜨린 채 놀란 표정을 짓고 있는 일동을 둘러보았다. 수건은 허리에 감아 뒤에서 가볍게 맸다. 그리고 물주전자와 세숫대야를 들고, 하인처럼 테이블을 돌아 오른편 줄 끝자리에 앉은 제자에게로 가서 꿇어앉아, 말없이 샌들을 벗겨 마루 위에 놓고는 따뜻한 물로 발을 씻겼다. 그러고서는 아무말 없이 허리에서 수건을 풀어 들고, 놀라 버둥대는 제자의 발을 닦았다. 한 사람이 끝나면 다시 다음 사람으로, 유다, 요한으로부터 시몬 베드로에게로까지 왔다.

그제서야 제자들은 말을 할 여유가 생겨, 반 시간 전에 서열 때문에 다투던 것처럼 주님이 그들의 앞에 꿇어앉아 발을 씻기는 것이 잘못되었다고 수군거렸다. 예수를 누구보다 사랑하는 베드로는 이런 일을 당하는 것을 참을 수 없어 자신의 두 발을 의자 위에 올려 깔고 앉아 버리고 말았다.

메시아는 꾸짖듯이 그를 쳐다보았다. 베드로는 자기를 지지해 줄 동료를 찾으려고 주위를 둘러보고, 조심조심 말했다. "주여, 당신이 제 발을 씻으시렵니까?" 예수는 신발에 손을 뻗으면서 말했다. "내가 하는 일을 지금은 모를 것이나 훗날 알게 될 것이다."

제자 가운데 일인자인 베드로는 다소 용기를 되찾아서 결심한 듯 말했다. "저의 발은 제발 씻지 말아 주옵소서." 이것은 잘못이었다. 이들에게 있어서 예수는 하느님 이외의 아무것도 아니었다. 하느님으로서, 그는 과오를 범하는 일이 없다. 만약 그가 열두 제자의 발을 씻으려고 한다면, 그만한 중대 이유가 있음에 틀림없다. 그 이유는 명백하다. 즉 겸양의 미덕을 가르치기 위해 그 마음을 심어 주는 최상의 방법은, 하느님조차도 하인의 먼지투성이가 된 발을 씻어 주는 천한 자임을 보여주는 일이었다.

"만일 내가 너의 발을 씻을 수 없다면, 너는 나와 아무런 관계도 없게 된다." 이것은 최후통첩과도 같은 말이었다. 발을 옷 아래에 감추어 둔다면, 베드로는 벌써 예수의 종자從者일 수는 없다. 흰 구레나릇을 기른 이 제자는 신앙을 위해 싸울 뿐만 아니라, 경우에 따라서 깨끗이 굴복하는 법도 알고 있었다.

"주여!" 하고, 그는 두 손으로 숱이 적어지기 시작한 머리카락을 마구 쥐어뜯으며 큰 소리로 부르짖었다. "그러시다면, 발만이 아니라 제발 이 손도, 이 머리도…."

다른 때였더라면, 이 말은 예수의 미소를 자아냈을 것이다. 가르쳐야 할 일은 많고, 시간은 여섯 시간밖에 없다. 웃고 있을 때가 아니었다. 예수는 베드로의 발을 씻기고, "이 손도 이 머리도…"라는 말을 무시한 채 왼쪽 탁자로 돌아갔다. 시몬 베드로의 항의가 아무런 효과도 없었으므로 사람들은 서로 수군거리던 것을 멈추고 말았다.

이제서야 그들은 예수의 말을 간절히 기다리고 있었다. 그는 탁자 곁으로 다가와서 말했다. "이미 몸을 씻은 사람은 발밖에는 씻을 필요가 없다. 온몸이 깨끗하기 때문에." 그들은 서로 마주보며 끄덕였다. 목욕을 한 후 조금 여행한 사람은 발만 씻으면 된다.

"너희들은 깨끗하다." 예수는 선 채로 말했다. "그러나 전부가 그렇지는 않다."

그들은 알아들을 수 없었다. 그 말은 분명히 그들 중의 몇 사람, 혹은 한 사람이 깨끗지 않다는 뜻이다. 그 참다운 의미는 한 사람의 예외자를 뺀 제자들에게는 납득이 가지 않았다. 여기서 불결하다는 것은 죄를 뜻한다. 제자들은 그 말에 대한 해명을 기다렸다. 메시아는 선 채로 손을 씻고 닦은 다음, 식탁 상좌로 돌아와 겉옷을 바로잡았다.

그는 걸터앉았다. 그리고 제자들이 구운 고기를 먹으면서 이상스러운 듯이 자신을 바라보고 있는 것을 눈치챘다. 그들 모두가 오늘 아침 베다니에서 목욕을 한 지 몇 시간밖에 안 되었음을 예수는 알고 있었다. 그런데 그는 제자들의 발을 씻어 주고 난 지금에 와서, 모든 사람이 다 깨끗하지는 않다고 말하는 것이 아닌가.

"내가 너희에게 한 일을 이해하겠는가?" 하고 그는 물었다. 그들은 누군가 대답하지 않을까 하고 서로의 얼굴을 둘러보았다. 그러나 모두 고개를 저었다. 그래서 예수는 가르침의 뜻을 분명히 하기 위하여 자신의 지위와 제자의 지위를 비교하는 일부터 시작하는 것이 우선 필요하다고 생각했다.

"너희는 나를 '스승' 또는 '주'라고 부른다." 그는 왼팔을 짚고, 오른손을 움직이면서 말했다. "그렇게들 말하는 것은 옳다. 나는 너희들이 말한 그대로다. 그러나 주이며 스승인 내가 너희의 발을 씻었으니, 너희들 서로서로 역시 발을 씻어 주어야 할 것이다."

이것은 당연한 일이었다. 예사로운 말은 아니었지만, 당연한 말이었다. 열두 사람은 고개를 무겁게 끄덕였다. 그들은 이해가 갔고, 그 뜻에도 공감이 갔다. "내가 너희에게 행한 것같이, 너희도 그렇게 행하라고 본을 보인 것이다." 주는 '본'이라는 말에 힘을 주었다. 예수는 어떤 말을 강조하기 위해 말머리에다가, "아멘, 아멘, 나는 너희들에게 말한다"라는 말을 덧붙인다. "진실로 진실로, 이것은 깊은 의미가 있다"는 뜻인데, 그는 지금 그 말투를 쓰고 있다.

"진실로 너희에게 말해 둔다. 종은 그 주인보다 더 낫지 못하며, 사신使臣은 그를 보내신 이보다 더 낫지 못하다." 이 말엔 깊은 의미가 있었다. 그들은 그 말을 자기들에게 관한 것이라고 생각했다.

결국 주의 하인은 주보다 위대하지 못하며, 그 주도 남의 발을 씻는 자에 불과하였다. 사신은 그를 보낸 이보다 위대하지 못하다는 부분은 예수와 그의 아버지인 하느님과에 관계되는 것이라고 그들은 생각했다. 요컨대 그는 그를 보낸 자, 그 아버지보다 위대하지 못한 것이다. 그들은 곧 예수의 말을 이해했다. 그의 사려깊은 눈은 제자들의 이 얼굴에서 저 얼굴로 움직여 가며, 그들이 완전히 납득한 것을 확인했다.

"만약 이러한 일들을 알고 그것을 행한다면, 너희들은 행복할 것이다." 이제서야 그들은 행복한 기분으로 자유로이 음식을 들고 있었다. 뼈에서 살조각을 뜯어내고, 손가락을 닦아 쓴 약초에 찍었다.

그들은 또 끼리끼리 나뉘어서 이야기를 시작했다. 마태는 유다(가롯 유다와는 동명이인이다―역자)와, 유다는 야고보와. 식사는 계속되었다. 하인이 화로의 숯불을 잘 피워 놓아 온기가 방 안 구석구석에까지 돌았다. 예수도 조금 식사를 하고는, 가끔 시끄러운 말소리에 질세라 턱을 내밀고 지껄이는 요한의 말에 귀를 기울이고 있었다.

하늘은 오목거울처럼 은빛으로 빛나고 유월절 연회는 예루살렘 가는 곳마다 벌어지고 있었다. 사두개파派 중 특히 열성분자는, 안식일이 시작되는 다음날 저녁에야 비로소 유월逾越의 첫날이 된다고 주장하고 있었다. 예루살렘은 찬란한 별하늘 아래 평온했다. 로마군의 소부대가 시가지를 돌고 있었으나, 그들의 소리는 작았고, 그들의 경계심을 자극할 만한 일도 전혀 일어나지 않았다.

달은 더욱 밝았다. 이제 좀더 밤이 깊어 달이 올리브 산 위로 높이 떠오르면 예루살렘은 흰빛으로 가득 채울 것이다. 예수가 있는 곳으로부터 길을 둘 사이에 두고, 가야바가 그의 장인인 막강한 권력자 안나스며 그의 가족과 자리를 함께하고 있었다. 다시 두세 구획 저쪽에서는 왕 헤롯 안티파스가 아름다운 하스모니안 궁전에서 휴식을 취하고 있었다. 그는 유대 풍습을 지키는 체하고 있으나, 따르지는 않았다. 북동쪽에는 본디오 빌라도가 아내와 함께 지내고 있었다. 그는 배우자를 부임지에 데리고 갈 것을 허락받은 소수의 총독 중 한 사람이었다. 이들 모두는 두세 시간 후에는 함께 만나게 된다. 그러나 지금까지 가야바 외에는 아무도 그 회견이 있을 것이라는 것도, 그에 대한 내용도 알지 못하고 있었다.

예수는 부정不淨에 대한 말을, 제자들이 의아해하고 있는 것을 안 듯이 말을 꺼냈다. "너희들 모두에 대해 말하고 있는 것은 아니다. 나는 내가 선택한 사람들을 알고 있다." 이것은 제자들을 안심시키기 위한 말이었다. "그러나 '내 빵을 먹는 자가 나를 찼다'고 한 성경의 말씀은 성취되지 않으면 안 된다"라고 하며, 예수는 인용하는 구절에선 목소리를 한층 높였다.

식사는 중단되어 버렸다. 그들은 정작 의미를 이해했을 것인가. 그들은 올바른 종교교육을 받고 자랐다. 그리고 전해 오는 오래된 말이란, 누구에게나 어머니의 모습과 같이 친근한 것이었다. 말의 뜻인즉 친구 중의 누군가가 예수를 배반하리라는 것이다. 작년에 메시아는 성경을 여러 번 인용하여, 그 생애의 행적은 옛날부터 예언되어 왔음을 증명했었다.

지금 그는 동지 가운데 한 사람이 주를 배반하리라 말하고 있는 것이다. 그들은 때때로 믿기 어려운 것을 믿으라고 종용받아 왔다.

그러나 그들은 주가 믿으라고 했기 때문에, 그 말을 받아들여 진리로서 마음에 새겨 온 것이다.

그러나 그 배반자란 누구일까. 제자들은 서로의 얼굴을 훔쳐보며 당혹해했다. 대체 누구란 말인가. 그들은 동료들의 얼굴을 보면서 서로 눈길을 피했다. 대제사장이 그의 생명을 노리고 있다고 하는 의미일 수는 없다. 그들은 이 한 주일 남짓 동안, 가야바의 집에서 가까운 예루살렘으로 갈 일을 생각하면 소름이 오싹 끼쳤었다. 그러나 가야바는 '나와 함께 빵을 먹는 자'는 아니었다.

배경
# 유대인의 세계

예수가 하늘의 사명을 행한 땅은 유대땅이요, 그 중심은 성도聖都 예루살렘이었다. 팔레스타인의 주민, 유대인은 평화스러운 민족이었다. 그들은 용감하고 민감하고 표현력이 풍부하였다. 가장 중요한 것은 그들이 유일신唯一神인 여호아를 믿고 있는 일이었다. 그리고 '최후의 만찬' 당시의 팔레스타인은 로마 영토였으나, 예루살렘과 유대인을 다스리는 사람은 신권정치의 지도자인 대제사장 가야바와 그의 장인 되는 안나스, 헤롯 왕, 그리고 로마에 대한 통치상의 책임을 지닌 총독 본디오 빌라도였다. 예수는, 이 성도에 들어가서 최후의 만찬을 들고 있을 때에도 이들과 유다가 함께 그의 재판과 고난과 죽음에 대한 책임을 온 인류에게 돌릴 것을 이미 알고 있었다.

　팔레스타인은 지중해 연안의 작은 모래땅의 나라였다. 북쪽 가이사랴 빌립보로부터 남쪽 브엘세바에 이르기까지 이백사십 킬로미터, 욥바에서 동쪽 아몬까지 백이십 킬로미터였다. 너무나 작은 나라이기 때문에 로마 제국은 팔레스타인을 시리아의 속령屬領으로 삼았다. 그런데 이 좁은 지역 내에는 이스라엘 열두 지족支族의 후예들이 세 가지 내외의 방언을 사용하고 있을 뿐 아니라, 유대, 사마리아, 갈릴리 등의 여러 주와 무수한 도시가 있고, 그리고 약 삼백만의 주민이 살고 있었다.

　그곳은 아열대지방의 양토壤土를 지닌 농업국이다. 예루살렘, 베들레헴 등의 구릉지대는 섭씨 삼십일 도를 넘는 일은 별로 없으나, 사십 킬로미터 밖에 떨어져 있지 않은 여리고에는 사십구 도의 열기가 오류 일씩 계속되는 수도 있다.

　우기雨期와 건기乾期가 있어서 연평균 육백삼십오 밀리미터의 강우량이 십이월에서 사월 초까지 주로 내리고, 그 이후로는 구릉이나 골짜기의 녹지는 건조한 햇볕 아래 하얗게 퇴색해 버린다. 시월이 되면 구릉은 황토색으로 변하며, 개울은 맨발로 걸어도 물기가 전혀 느껴지지 않는다. 우기는 갑자기 닥쳐온다. 우레소리와 함께 커다란 뭉게구름이 예루살렘 서쪽 산으로부터 천천히 움직이기 시작하여 비를 퍼부으면, 물은 산비탈을 흘러내리며 들쭉날쭉한 골짜기를 깎아 놓는다. 지하의 물줄기는 깊어 농부 혼자서 우물을 팔 수가 없다. 도회지에서는 공동으로 우물을 파서 쓰는데, 아침마다 그 둘레에서 여인들이 때묻은 옷가지를 두드려 빨며 동네 소문을 퍼뜨리고, 그러고는 머리에 물동이를 이고 집으로 돌아가곤 한다.

대개 낮은 덥고 밤은 서늘하다. 한여름에는 열풍이 남쪽 사막에서부터 불어와 땅 위에 뜨거운 모래를 흩뿌린다. 주민들은 추위보다는 더위를 더 무서워한다. 아침 제1시에서 제6시까지(오전 여섯시에서 정오까지) 일하고, 제6시부터 제9시(오후 세시)까지는 집 안에서 쉬고, 제9시부터 제12시(오후 여섯시)까지는 다시 일한다. 정오에서 세시 사이에 일하는 부류는 개와 병사와 버러지뿐이다.

그곳은 삼림지대가 아니어서, 사삼나무, 삼나무, 올리브나무, 뽕나무, 살구나무, 매화나무, 소나무 따위 수목이 있지만, 그것들은 작은 집단으로 몰려 살아 있으므로 실용적인 것이라기보다는 장식적인 것 정도로 생각되고 있었다.

집이며 성벽이며 다리 따위는 모두 나무가 아닌 돌로 만들어져 있다. 가장 풍부한 것은 석회석으로, 대개 어디서나 표토와 점토를 몇 미터 파헤치기만 하면 그 밑에 짙은 회색의 석회석이 치즈 모양으로 누워 있다. 양치는 목자들은 구릉 중턱에 움막집을 판다. 부드러운 석회석을 파내어 연립주택을 짓는 것이다. 들어가는 어구 육십에서 구십 센티미터 앞에 굴려 둔 커다란 돌들은 비바람을 막아주기도 하고 통행인에겐 이정표 구실을 하기도 한다.

저지대低地帶나 구릉 중턱에는 곡식이 재배된다. 과일은 어느 곳에나 잘 되고 품질은 최상품이다. 로마의 여인들은 팔레스타인의 포도, 올리브,

대추야자, 무화과, 밤 따위에는 돈을 아끼지 않았다. 짧은 여행이면 땅에 떨어진 과일만 주워 먹고도 지낼 수 있을 정도였다. 리디아에서 온 어떤 여행자는 예루살렘으로 가는 도중, 무화과 주스로 발목까지 적시면서 걸었다고 불평하기까지 했다.

예루살렘 성전은 유대인의 생활 중심으로서, 그들은 각각 일 년 반 동안 기본세基本稅를 성전에 납부한다. 세겔 화폐에는 적어도 세 종류가 있었는데, 예루살렘의 세겔은 십사 그램의 은으로 만들어진 타원형의 화폐다. 한쪽 면에는 '거룩한 예루살렘'이라 씌어 있고 '만나manna의 항아리'라고 불리는 잔이 새겨져 있다. 다른쪽 면에는 세 송이의 백합과 '이스라엘이 백합과 같이 자랄 때까지 우리는 이슬이 되리라'는 문구가 새겨져 있다.

로마인은 예루살렘의 세겔 화폐를 폐지하기 위해 다른 화폐를 유통시키고 있었다. 그것은 팔 그램의 금화였는데, 믿음이 매우 깊은 유대인들은 그 화폐에 손을 대는 것조차도 두려워했다. 왜냐하면 그 화폐 표면에는 아우구스투스 황제의 초상과 '신의 아들, 국부國父 카이사르 아우구스투스'라는 글귀가 씌어 있었던 것이다. 유대인에게 중요한 율법의 하나로 거짓신을 숭상하지 말라는 것이 있는데, 아무런 해를 끼치지 않는 것일지라도 사람의 모습을 조각하는 일은 이 율법에 위반된 것이라고 그들은 믿고 있었다. 전에 유대인들은 로마의 제십이군단이 황제의 얼굴을 그린 전기戰旗를 들고 예루살렘에 입성하자 폭동을 일으킨 일도 있었다.

약 삼백만의 유대인이, 오늘날 화폐로 쳐서 일인당 이십오 센트의 교회세敎會稅를 낸다면 약 칠백오십오만 달러의 돈이 기본세로서 성전으로 굴러 들어가게 된다. 뿐만 아니라 수확의 공물供物, 유월절에 희생이 되는 삼십삼만 마리의 어린 양, 날마다의 속죄를 위한 헌물獻物, 부호들의 고액 헌금, 더럽혀지지 않은 동물과 조류鳥類를 경내에서 판 수입 따위로 약 백이십오만 달러 상당의 돈이 해마다 교회 금고로 들어갔다.

팔레스타인은 신권정치神權政治였다. 실제로 성전은 신앙의 중심이요, 왕궁이요, 최고법원이었다. 주민들은 많은 법률을 따르고 있었으나, 그 기본적인 것은 할례割禮와 안식일 준법遵法의 두 가지다. 할례는 아브라함의 신앙상의 남성 성원成員인 표적이요, 또 아브라함과 여호아가 맺은 신약神約에 참여하는 남자의 권리의 상징이었다. 생후 여드레째 날에 아비가 자식에게 할례를 베푸는데, 이 일이 유대에서는 경사스러운 행사였다.

선량한 유대인이 되기는 참으로 어려운 일이었다. 그 가르침의 대부분은 구전口傳되어 오기 때문에 교사들 사이에 서로 의견 차가 생기고, 교사들은 공정을 기하기 위해 어떤 율법을 서술할 때 대립되는 여러 학파의 율법학자들의 해석을 덧붙였다. 율법은 논쟁으로 해서 그 수가 늘어만 갔다.

유대인은 일一이라는 것을 믿었다. 일신一神, 일성전一聖殿, 일국가一國家, 일민족, 일부족, 일가족이 그들의 바라는 바였다. 그 일원주의一元主義는 신에 대한 경건을 표시하는 하나의 것, 법궤法櫃, 즉 신약神約의 궤를 낳았다.

그 궤에는 십계十戒를 새긴 두 장의 석판을 넣어 두었다. 이것은 모세가 하느님으로부터 받은 것으로, 그들은 이것을, 아카시아 나무로 짜 안팎으로 금을 입힌 장방형 궤 속에 간직하였다. 그 위에는 천사들이 떠받들고 있는 자비의 좌座가 있다. 크기는 세로 백삼십삼 센티미터, 가로 팔십 센티미터, 높이 팔십 센티미터인데, 유대인은 이것을 '아론'이라고 부른다. 특히 그 안의 석판은 하느님께서 직접 인간에게 전해 주신 것으로, 가장 신성한 것이었다. 이것은 또한 하느님과의 약속을 상징하였다. 석판의 네 면에는 하느님이 인간에게 내린 열 가지 계명誡命이 쓰여 있었다. 인간의 의무인, 죄로부터의 구원을 받으려면 이 계명을 따르지 않으면 안 되었다.

이는 옛날 대성전에 안치되어 있었다. 그러나 계속되는 전란과 불안한 정세 속에서 그것은 없어지고 말았다. 그것이 언제쯤의 일이었는지 알 수 없으나, 어쨌든 없어지고 말았다. 이는 유대인에게 큰 손실이었으나, 그들은 여호아의 주거를 소유하고 있다고 생각하며 스스로를 위로하였다. 궤가 있고 없고 간에 성전은 이 세상에서 유일한 신이 계시는 곳이었다.

성전의 역사는 다윗 왕으로부터 비롯된다. 그는 예수보다 천 년 전 사람으로, 당시 유대인들은 약속된 땅에 온 지 얼마 되지 않았다. 각 부족은 심판관인 사사師士에 의해 다스려지고 있었고 통일도 이루어지지 못하고 있었다. 통치자를 바라던 민중들은 사울 왕을 받들게 되었으나 그는 법을 준수하지 않았기 때문에 다윗이 대신 왕으로 들어섰다.

다윗은 새로운 도읍 예루살렘을 복지卜地하여, 법궤도 안주할 땅을 얻게 되었다. 다윗은 왕궁을 갖추고 많은 싸움에도 승리했다. 얼마 안 되어 그의 왕국은 이집트 국경에서 유프라테스 강까지 확장되었고, 다윗은 이 땅을 이스라엘 자손에게 영원히 거룩한 땅이라고 선언했다.

그는 늙어지자 유혈流血보다 신을 사랑하게 되었다. 어느날 그가 모리아의 언덕을 쳐다보니, 칼을 가진 복수復讐의 천사가 예루살렘 쪽을 향하고 있었다. 그는 죄를 사하여 주기를 빌고, 모리아의 언덕에다 아라우나로부터 바위 땅으로 된 탈곡장을 사서 희생 제물을 바칠 제단을 세우기에 이르렀다.

그러나 정작 아라우나의 바위 땅에 성전을 세운 것은 다윗의 아들 솔로몬이다. 그는 티레의 왕 히람에게 그 공사를 명했다. 칠 년이 걸려 사백팔십팔 미터와 이백구십육 미터의 성전을 완성했다.

그가 죽은 뒤 이스라엘은 두 개의 왕국—유대와 이스라엘로 분리되었다. 한 겨레로서 골육상잔이 일어나고 양편의 유대인이 적잖이 전사했다. 이 분열은 결국 민족을 약화시켰고 바벨론이 침입하여, 기원전 육세기에 예루살렘은 함락되었다.

바벨론인은 도성의 성벽을 허물고 성전을 파괴하고 빈민을 제외한 온 유대인을 포로로 하여 본국으로 데려갔다. 이스라엘의 영광은 너무나 짧았다. 거의 폐허가 되어 버린 땅에 갈리아인, 미디안인이 이주해 왔다. 후에 페르시아가 바벨론을 쳐부수고 유대인 포로들에게 고향에 돌아갈 자유를 주었다. 이때 약 사만이천 명의 유대인이 고향으로 돌아갔다고 한다.

사만이천의 유대인과 남아서 농토를 경작하고 있던 빈민의 가슴 속엔 자유의 불길이 활활 타오르고 있었다. 그러나, 유대인의 신앙의 일부가 사마리아인에게 계승되어 있음을 알고, 그들은 분노했다. 유대인은 저희 신을 가로챈 사마리아 민족을 모멸하고, 새로운 성전의 건설을 위한 그들의 원조마저 받아들이지 않았다.

솔로몬의 성전이 소규모의 형태로 재건되는 동안 사마리아인은 그리심 산에 그들의 성전을 따로 세웠다. 유대인은 예전처럼 투철한 자존심이 없었으므로, 여자는 이교도異敎徒와 결혼하고, 그 자손들은 여러 가지 뒤섞인 언어를 사용하였다. 그들은 가까운 민족의 말, 즉 아람 말을 할 수 있게 되었고, 그것이 옛날 히브리어를 대신하게 되었다.

기원전 사세기 후, 팔레스타인의 정권은 대대로 대제사장에게 계승되어 그들은 제정祭政 양면에서 통치했다. 도시로서의 예루살렘은 그것을 점유하고 확보할 수 있는 전제군주들의 한갓 장난감처럼 되어 버렸다. 예루살렘은 알렉산더 대왕에게 항복하고, 다음에 프톨레마이오스 왕, 시리아인들, 이집트의 여러 왕, 마지막으로 로마 황제의 것이 되었다. 군주들은 그 영토 인민들의 기질을 파악하고 있어, 대개는 유대인에게 자기네들의 신을 숭상할 것을 허용하고 있었다. 지방 정치의 실권은 대제사장의 손아귀에 있었고, 그는 산헤드린Sanhedrin이라고 하는 장로회의의 보좌를 받고 있었다.

헤롯 왕가王家는 예수가 태어나기 전 삼십오 년부터 왕위에 올라 있었다. 로마인의 기록에 의하면, 작은 주州 팔레스타인은 기원전 사십 년에 헤롯 대왕에 의해 통치되도록 되었다. 로마는 그를 왕으로 임명했는데, 로마는 헤롯을 왕위에 오르게 하기 위해 삼 년 동안이나 싸워야 했다.

이 임명에 반대한 것은 유대인으로서는 현명한 일이었다. 헤롯 대왕은 잔혹할 정도로 야심적인 인물이었다. 그는 큰 건축물이며 아름다운 궁전이며 호화로운 도시를 건설했다. 그는 스스로를 유대인이라고 칭하고, 성전에다 호사스런 희생을 바치기도 하였으나, 로마에 대하여는 기꺼이 무륳을 끓었다.

그는 제사장의 딸 마리암과 결혼하여 두 아들을 얻었으나, 그 모자母子를 죽이고 말았다. 헤롯 대왕은 모두 열 번이나 결혼했지만, 제정신이 아닌 상태에서, 또는 괜한 의심을 품어, 자기의 가족을 몇 사람씩이나 죽여버렸다. 아우구스투스 황제는, 헤롯의 아들이 되기보다는 그의 돼지가 되는 편이 한결 안전하리라고 꼬집었을 정도였다.

헤롯 왕 때 성전과 안토니아라는 성이 재건되었다. 그는 죽기 전에 다른 아들 헤롯 안디바델의 처형을 명했다. 또 그는 임종 직전에, 메시아가 팔레스타인에서 탄생했다는 학자의 말을 듣고, 두 살 이하의 사내 아기를 모두 학살하라는 명을 내리고 숨이 끊어졌다. 그 뒤를 계승한 이는 갈릴리와 페레아의 소왕小王이 된 헤롯 안디바로, 그는 정치가로서 비열한 사나이였다.

당시의 로마 황제는 티베리우스로, 헤롯 안디바는 그의 첩자가 되었다. 새 황제의 단점은 자기 부하를 의심하는 일로서, 헤롯은 중동의 총독과 대사의 행상行狀을 과장해서 편지로 로마에 보냈다. 이렇게 틈틈이 행한 일들로 헤롯 안디바는 황제의 신임을 얻었다. 황제에 대한 특별한 봉사로서 갈릴리 호반에 티베랴라는 도시를 만들었다.

당시의 팔레스타인 총독은 본디오 빌라도라는 중년기의 야심만만한 사나이였다. 가이사랴에 총독으로 부임한 기원 26년 이전의 빌라도에 관한 기록은 로마의 정치계에 남아 있지 않다. 그는 상인이거나 신분이 낮은 관리였다고 추측된다.

그는 발레리우스 그라투스의 후임으로, 선임자인 그라투스는 대제사장과의 사이가 순조롭지 않았으므로 로마로 소환되었다. 그라투스가 대제사장을 임명하자, 곧 대제사장이 그에게 반항하기 시작했던 것이다. 안나스 이쉬마엘, 에레아조르, 시몬 등이 계속해서 임명되었다. 그라투스가 본국에 돌아가기 전까지 최후로 임명된 자가 요셉으로, 유대인들은 그를 가야바라고 불렀고 로마인은 카이파스라고 불렀다.

빌라도는 비굴한 경의를 온몸에 풍기고 있는 가야바와 만나, 그를 유임시키기로 결심했다. 총독은 대제사장의 지위가 실제로는 안나스의 손아귀에 있음을 깨달았다. 안나스는 그 자신 제사장이 되었을 뿐 아니라 네 명의 아들들도 그 지위에 앉혔다. 가야바는 이 노인의 사위로서, 민사民事나 종교의 일로 가야바와 회담하는 것은 곧 안나스의 눈이나 귀에다 말을 하는 것과 같음을 빌라도는 알았다. 그러나 폭동이 일어나지 않는 한 총독은 만족하고 있었다.

새 총독은 그 밖의 중요한 일을 가이사랴의 성에 들어갔을 때에 배웠다. 유대인은 로마의 병역을 면제받고 있었다. 그 때문에 팔레스타인은 로마 방위의 의무를 강요받지 않는 유일한 속령이었다. 또한 유대인은 안식일에 법정으로 불러낼 수 없었다. 로마군은 그들의 기旗에다 황제의 초상을 붙일 수도 없었다. 팔레스타인용 로마 화폐에는 특별히 황제의 초상이 아닌 사물의 모양이 새겨진 것이어야 했다.

부임한 지 얼마 안 되어서, 빌라도는 헤롯 안디바 왕이 자기의 호감을 사려고 하지 않음을 눈치챘다. 총독이 참다운 통치자임을 기회있을 때마다 왕과 인민에게 보여주게 되자, 차츰 총독과 이 두 잔혹한 사람과의 사이는 서먹서먹해 갔다. 오래지 않아 헤롯 안디바가 화해를 청하러 올 것이라고 빌라도는 기대하고 있었으나, 헤롯도 자만심 높은 사나이라 먼저 교우를 따뜻하게 하려고 하지 않았다. 왕이 로마 총독들의 사소한 과실이라든가 통치상의 과오를 서면화書面化하여 티베리우스 황제에게 보내고 있는 것을 알고는 그의 마음은 더욱 편안할 수가 없었다.


대성전 안뜰의 제단 왼쪽에 산헤드린 회의실이라는 정방형의, 아무 장식이 없는 방이 있었다. 여기서 장로들이 회합하고, 대제사장을 통하여 유대를 통치하였다. 그들은 갈릴리의 순례자가 살해되었을 때, 그 심의를 위해 소집되었으나 아무 결정도 내리지 못했다. 경내의 살인 따위는 상상을 넘어선 무서운 범죄였으나, 산헤드린에는 총독을 벌하는 권리가 없음을 그들은 잘 알고 있었다. 또한 산헤드린의 의원들은 헤롯 왕에게도 공감을 갖지 못했다. 그는 유대인이라 자칭하면서 이교도의 신전을 건립한, 신을 모독한 자였기 때문에 한층 죄가 컸던 것이다.

산헤드린은 예수보다 이삼 세기 전에 생겼다. 이것은 팔레스타인의 최고 법정이요, 동시에 입법부이기도 했다. 대체로 그 구성원은 제사, 학자, 장로들로서, 팔레스타인의 최고의 지뇌智腦를 모은 것이었다. 사람들은 그들을 '대大산헤드린'이라고 불렀다. 일반 유대인은 매일 성전에 참배하면서도 회의에 방청하는 것은 허용되지 않았다.

지방 도시에는 따로이 산헤드린이 있었으나, 그들이 제정한 법률이나 판결은 예루살렘의 대산헤드린의 승인을 받지 않으면 안 되었다. 좀체로 없는 일이기는 하지만, 때로는 지방 산헤드린의 명사가 예루살렘의 지도자들의 인정을 받아서 국가 최고기관의 일원으로 발탁되는 일도 간혹 있었다.

헤롯 대왕은 대산헤드린을 상당히 약체화시키고, 그 의원의 일부를 자기의 죽음과 동시에 처형하여 정적政敵을 사후에 남기지 않도록 하라고 유언까지 하였다. 종속 민족의 통치에 교묘했던 로마인은 산헤드린의 위신을 강화하고 큰 권한을 주었다. 그들에게 종교적 문제에 관한 최고권을 부여하고, 민사에 관해서도 어느 정도의 권력을 인정했다.

산헤드린은 팔레스타인의 내정內政을 처리할 법률을 만들고 시행하는 것이 허용되었고, 외정外政에 대하여만 로마가 지배했다. 산헤드린은 지방령에 의하여, 유대인이나 로마 시민이 아닌 이교도에게 대하여 사형을 선고할 수가 있었다. 그러나 이 판결은 로마 총독의 승인을 받지 않으면 안 되었다.

보통, 산헤드린은 의장을 포함해서 칠십일 인으로 구성되어 있었고, 대제사장이 항상 의장이 되었다. 가끔 사망자가 생기면 인원이 줄었는데, 정족수定足數가 충족되면 회의에는 지장을 초래하는 일이 별로 없었다.

의원은 세 가지 계급으로 나뉘어 있었다. 가장 유력한 것은 제사祭司들로서, 주로 사두개파가 되는 경향이 있었다. 그들은 불문율을 부정하고 성문법成文法을 믿었다. 그들은 대개 대제사장 경험자이거나 그 가족이었다. 그들은 팔레스타인의 엘리트, 즉 선민選民이요, 돈이 많고 보수적이었다.

둘째 그룹은 장로들이었다. 이들은 그 이름에 보이는 바와 같이 속인俗人으로서 성공한 노인들로, 경의의 표시로 의원에 임명되었던 것이다. 그 대개가 역시 사두개파였다.

셋째 그룹은 학자였다. 대개는 나이가 젊은 법률가로서 회의장에서는 열렬한, 때로는 눈부신 활동분자였다. 그 일부는 사두개파였으나, 태반은 바리새파, 즉 불문율을 여러 가지로 고쳐 해석해서 낡은 성문법의 깊은 뜻을 찾아내려고 힘쓰는 사람들이었다. 옛날 바리새파가 제사의 사두개파를 이긴 일이 있었다. 즉 모세의 성문법이 법률의 전부가 아니고, 오히려 전승傳承이나 할라카 및 하가다라고 불리는 장황한 논문 형식의 교훈을 기본으로 한 법률이 주체가 되는 것이라 인정한 때가 바로 그것이다. 옛날에는 구전口傳된 법은 성문법의 보조적 구실밖에 못 했으나, 시간과 끈질긴 주장의 결과로 성문법에 우선하게 되었다.

그 이후 바리새파는 그들의 구미에 맞는 원하는 만큼의 법률을 제정할 수가 있어, 새로운 사태에 적합하게끔 법률을 고안해냈다. 이 때문에 그들은 법해석 면에서 무한한 힘을 가졌고, 사두개파는 그들을 비정통파로 몰아내고, 대신 스스로를 참다운 법률의 옹호자라고 자부했다. 이 일은 시대의 흐름과 함께 하나의 역설을 낳았다. 사두개파는 보수파의 대표로서 이교도와 관계하는 일이 점차로 많아져 율법을 엄격히 지키지 않게 되었고, 한편 바리새파는 평민 및 진보파로 자처하여 법을 엄격하게 지키게끔 되었으므로, 그 두 파의 사람들은, 비유적으로 말하면 성전의 율법이라는 줄 위에서 줄타기를 하는 격이 되었다.

학자는 사두개파든 바리새파든 어느 편을 택하든지 자유였으나, 인기가 있었던 쪽은 물론 바리새파였다. 대중은 바리새파의 말이라면 사두개파 제사의 의견과 정반대일 경우라도 대개 그것을 믿었다. 팔레스타인의 여인들은 엄격한 바리새파에 대하여 무한한 경의를 표하였다. 물론 여인들은 가정이나 종교회의에서 어떤 세력을 갖지는 못하였으나, 그들이 지지하는 그 의의는 컸다. 그들은 공개토론에서 반드시 바리새파를 지지했기 때문이다.

대산헤드린의 의원은 종신직終身職이었다. 때로는 노년이 되어서 은퇴하는 자도 있었으나, 의원은 재임한 채로 종신하게 규정되어 있었다. 의원이 될 수 없는 조건은, 오늘날까지 알려진 바로는 두 가지밖에 없다. 사생아와 개종자改宗者일 경우이다.

그리스도교 초기에는 산헤드린의 정치적 권력이 컸다. 민중은 대제사장을 헤롯 왕가나 로마인에게 대항하는 지도자로 생각하고 있었다. 이 시대 대제사장은 단순한 산헤드린의 의장이 아니라, 사실상 한 나라의 원수였다. 그리고 산헤드린은 대제사장을 우러르고, 그의 명을 좇는 경향이 있었다.

산헤드린은 독자적인 법률을 가지고 있었는데, 그 중 예수에 관계되는 가장 중요한 조항은 '일부족의 거짓 예언자에 대해, 제사장은 일흔한 명의 법관에 의해서만 재판할 수 있다'라는 한 조항이었다. 예수가 체포되어 심판을 받게 된다면, 이 법률 중 '거짓 예언자'라는 조항에 해당될 것이다. 또한 그러한 인물은 대산헤드린 이외의 어떠한 하급 재판소에서도 심판할 수는 없었다.

유대인들은 무엇보다도 메시아를 갈망하고 있었다. 메시아는 민족의 고정관념이었다. 그것은 행복 이상의 것, 법열法悅 그것이요, 이해를 초월한 환희였다. 그것은 하루의 일로 노곤해진 농부가 가족과 함께 쉬면서 졸음에 빠져드는 듯한 안락한 위안이었다. 그것은 노인의 최후의 희망이요, 어린이가 흰구름 낀 산을 바라보고 동경하는 것이요, 사슬에 묶인 유대의 비원悲願이었다. 메시아는 항상 밝는 날 아침에 달성된다는 약속이었다.

선량한 모든 유대인의 심금에 울리는 이 감미로운 소리는, 예수 당시에 있어서는 유대인의 핵심을 이루고 있었고, 또한 영원이라는 산의 정상이기도 하였다.

메시아, 히브리어로 마시이하는 '기름이 부어진 자' 라는 뜻이었다. 모든 유대인은 자기가 죽은 뒤 무덤 속에서 부활하기 전에 두 가지 사건이 일어날 것을 믿고 있었다. 하나는 메시아의 강림降臨이요, 둘째는 이 세상의 종말이었다. 때로는 이 두 사건은 하나로 결부되어, 메시아가 이 세상의 종말을 가져오게 하는 뜻으로 받아들여지기도 했고, 또 때로는 두 가지 사건이 별개의 것으로 받아들여지기도 했다. 이 일에 대해 선지자先知者들은 예언자의 말이나 그들에게 전해오는 서적의 기록을 인용하여 한없이 논의하였다. 그들은 조심성있게 남모르는 기쁨을 가지고 이 일을 서로 의논했고, 이 의논은 아무리 계속해도 지칠 줄을 몰랐다.

많은 세대가 나고 자라고 늙고 죽어갔으나, 그럼에도 새로운 세대는 자기들이야말로 살아서 이 두 가지 사건을 보게 될 것이라고 믿었다. 앞 세대도 같은 소원을 가지고 있었던 것을 알면 알수록 이 소원이 성취되는 날이 가까웠다고 생각하는 것이었다. 하느님은 직접 대심판을 행하여 이스라엘 민족을 해방하고, 만약 이 민족이 훌륭하다면 팔레스타인의 적은 멸망하리라고 옛 예언자는 약속하였다. 그리고 이스라엘은 세계의 이교도를 지배하고 그들로 하여금 유일하고 참된 신 여호아를 믿게 한다. 이것이 하느님의 최후의 승리였다.

선지자들은, 메시아는 다윗 왕의 자손 중에서 태어날 것이라고 한결같이 예언하고 있었다. 그는 '인자人子' 라 불리었고, 메시아는 하늘에 빛나는 별이나 달보다 이전부터 존재하여, 그야말로 참다운 신의 손手이었다. 그들은 성경의 「다니엘서書」, 「시편詩篇」 등을 읽고, 옛날의 많은 예언자의 말이 실현되고 있으므로 최후의 날은 가까웠다고 믿었다. 이 일에 관해서는 많은 예언이 옛날부터 있었다. 이사야조차도 메시아의 강림을 말하고 있다. 많은 예언자의 말은 어느 정도 서로 일치하지 않는 점이 있었으나, 그들, 특히 명확한 예언을 하고 있는 자들이 한결같이 말하는 것은, 메시아의 탄생은 대다수의 사람이 눈치채지 못하나, 그는 돌연히 나타나 이스라엘 민족을 구원으로 이끄는 일을 하고, 약 사십오 일 동안 모습을 감추었다 다시 나타나서, 이 세상의 죄많은 권력을 파괴하리라는 것이었다.

그러면 이때 이스라엘과 그 자손들은 세계의 방방곡곡에서 이 세상 중심으로 모여 다시 자기의 땅을 되찾아, 열 개의 부족이 함께 생활하게 된다. 그러나 여기에는 하나의 조건이 있는데, 사람들은 그 죄를 회개하지 않으면 안 되었다.

죽은 자는 소생하고 영원한 불길 속에서 괴로워하는 지옥의 죄인은 구원을 받는다. 세계 각지에서 죽어 매장된 유대인은 메시아의 기적에 의해서 아무런 고통 없이 땅속을 굴러 예루살렘 땅에 와 닿아 되살아날 것이다. 온 죽은 자의 부활은 큰 나팔소리가 알려 준다.

누구든지 이때는 거룩한 기쁨과 용서와 평화의 때일 것으로 확신하고 있었다. 어느 곳에도 압정자壓政者나 원수는 없다. 유대인의 동양적 상상력이 작용하여 그렇게 된 때의 생활을 묘사하기 시작하면, 그들은 서로 경주라도 하듯이 다투어 가며 크게 과장하였다. 천사는 사십오 평방미터의 보석을 잘라서 예루살렘 바깥 문에 깔고, 창이며 문짝은 보석으로 만들어지고 벽은 보석을 아로새긴 금은으로 세워질 것이다. 보석은 길에 뿌려져 유대인은 마음대로 줍고, 성도 예루살렘은 현재의 팔레스타인 크기만큼 되고, 팔레스타인은 세계의 크기만큼 되는 것이다.

땅은 일순간에 비옥하게 되고, 아름다운 의복과 온갖 맛을 낸 과자가 될 것이다. 보리는 야자수같이 뻗고, 산마루에서는 바람이 보리를 흔들어 그것을 가루로 하여 골짜기로 불어 내려보낼 것이다. 여자는 매일 아기를 낳고, 모든 가족이 「출애굽기」의 시대와 같이 대가족이 되고, 질병이나 인간에게 위험과 해를 끼치는 것들은 멸하게 될 것이다. 믿음이 깊은 자는 메시아에 의해서 죽음을 면하게 되고, 이교도는 백 살까지 살고, 그 나이가 되면 그들은 어린이와 같이 된다.

이것은 온 유대인을 만족시키는 꿈 이상으로 줄거리가 정연한 일이기도 하였다. 이 꿈은 신神, 미래, 정의, 응보應報, 벌 등에 관한 당시의 생각과 부합되는 것이고, 또한 옛 예언자의 말 그대로였다. 선량한 사람들은 그 것을 기다리며 살고 있었다. 자기들 시대에 그렇게 될지도 모른다. 아니 면 아들의 시대, 손자의 시대일는지도 모른다. 그러나 시기는 문제가 아 니었다. 언제 오더라도 그때에는 서로 사랑하는 선량한 사람들이 하나로 뭉치게 될 테니까.

메시아에 관한 꿈 전체에 약점이 있다면, 그것은 메시아가 강림하였을 때에 그것을 어떻게 알 수 있을까 하는 문제였다. 알아낼 실마리는 적고, 오직 마음뿐이다. 그는 다윗 왕의 자손이다. 그의 탄생은 같은 시대의 사 람들에게는 분별되지 않는다. 이스라엘 민족은 외족에 의해 공격될 것이 다.

다윗의 자손은 당시 수천에 이르렀다. 다윗계의 아기는 뒤이어 태어났 고, 그들은 신을 두려워하지 않는 로마인의 치하에서 고난을 당하고 있었 다.

신앙 깊은 자는 갈피를 잡지 못했다. 그들이 갈망하고 있는 것에 대한 방향과 그 시기를 알지 못했다. 더욱 귀찮은 것은 가끔 거짓 메시아가 예 루살렘에 들어와 행세하곤 하는 것이었다. 그를 따르는 시골사람들은 "인 자人子에게 호산나" 하고 부르짖으며 정체 모를 사나이의 지나는 길에 꽃 과 야자를 뿌렸다. 거짓 메시아에는 사기꾼과 미치광이 두 종류가 있는 데, 미치광이 쪽은 아주 성실했다.

거기에는 항상 같은 해석이 붙는 것처럼 보였다. 성전의 제사는 거짓 메 시아를 야유했고, 바리새파는 그가 궁지에 몰리게끔 질문을 던졌으며, 사 람들은 신성神性의 증거로서 기적을 요구했다. 대개의 경우 거짓 메시아는 그 가면이 벗겨져, 예루살렘의 사람들은 두 번 다시 악령의 유혹에 빠지지 않으려고 결심하는 것이었다.

인민의 힘이 될 수 있는 인물은 대제사장이었다. 법의 대변인으로서 가 야바는 메시아라고 일컫는 자를 불러들여 심문할 권한이 있었다. 만일 가야바가 진지하게 메시아를 알아내려고 하였더라면 그야말로 메시아 앞에 최초로 무릎을 꿇었던 사람이었을 것이다.

그의 참다운 태도는 그의 신뢰를 받고 있는 레위인, 제사, 바리새파 사람들의 행동에 나타나 있었다. 판에 박은 듯이 그들은 이구동성으로 "메시아 따위는 없다. 메시아라고 자칭하는 자는 반드시 신을 모독하는 죄로 사형에 처해야 마땅할 이집트 마술사다"라며 이를 입증하려 하였다. 거짓 메시아가 예루살렘에 나타난 경우에도 이러한 그들의 태도는 잘못된 것이었다. 왜냐하면 정작 메시아가 나타나더라도 그를 받아들이고 그에 따를 여지마저 없애 버렸던 것이다.

가야바는 단지 하나의 일밖에 흥미가 없었다. 언제까지고 자기가 대제사장의 지위를 차지하고 있어야 했고, 성전을 물심양면에서 현재의 상태로 유지시켜 나가게끔 하는 일이었는데, 그 어느 쪽도 위협을 받아서는 안 되었다. 옛 대제사장은 종신관이었다. 그러나 지금은 헤롯 왕가나 로마의 엄격한 규율이 등장하여, 대제사장은 정치라는 장기將棋의 말 하나로 현세의 주인을 만족시켜 주지 못하면, 인정사정 없이 면직되어 버린다.

가야바는 과거 육십오 년간 열다섯번째의 대제사장이었다. 만약 성전 계단에 로마를 노하게 할 혼란이라도 생긴다면, 새로운 대제사장으로 바뀔 것이다. 가야바에게 다음과 같은 예상은 참을 수 없이 불쾌한 것이었다. 안나스의 가족으로서 그 지위를 차지하는 이는 그가 마지막이 될 것이고, 신임자가 정해진다면 그것은 다른 제사의 가계家系에서 나올 것이다. 그렇게 된다면 안나스의 강대한 정치력에도 불구하고 환전상換錢商과 시장의 상인은 딴 사람에게로 넘어가게 될 것이다.

대제사장의 제복은 안토니아 성 로마인의 선반 깊숙이 간직되어 있다. 이 사실을, 가야바와 그의 장인만큼 예민하게 의식하고 있는 자는 온 유대에 한 사람도 없었다.

기원 30년 4월 6일

# 오후 여덟시 유다, 은화 삼십 닢에 예수를 팔다


제자들은 슬퍼하고 근심했다. 예수는 죽지 않으면 안 된다. 이에 관한 일은 여러 번 그로부터 들었기 때문에 이미 알고 있었다. 그러나 그때가 오면 예수가 천사의 군대를 불러모아, 그들로 하여금 그의 적을 쓰러뜨리고 로마군을 쳐부수고 세계를 태워 버리게 할 것이다. 그런 다음에 그는 제자들과 함께 기드론 골짜기 위, 구름의 금빛 의자에 앉아서 살아 있는 자와 죽은 자를 심판하실 것이리라고, 천진난만한 어린이처럼 믿어 의심치 않았다. 겨우 이삼 주일 전, '우레의 아들'(요한과 야고보를 말한다—역자)의 어머니는 어미다운 배려에서 예수의 소매에 매달려 자식들에게 옥좌 곁에 좋은 금으로 만든 의자를 마련해 주십사 하고 부탁했다.

예수는 쓴 약초 가운데 엄지손가락과 집게손가락을 담갔다. 여러 제자들의 슬퍼하는 모습을 본 예수는 그의 갈색 눈을 내리깔았다. "그 일이 아직 일어나지 않은 지금, 너희들에게 말해 둔다" 하고 그는 변명이라도 하듯이 말했다. "드디어 일이 일어났을 때, 내가 바로 그임을 너희들로 하여금 믿게 하기 위해서이다."

그는 제자를 사랑하고 있었으므로 그들의 낙담하는 모습을 보는 것은 슬펐다. 그러나 이 말은 동시에 그들의 약점을 인정하고 있는 말이었다. 그건 그들이 때로는 예수가 메시아인지 의심했었다는 뜻이니까. 제자들의 신앙을 굳혀 주기 위해서는 죽기 전에 증거가 태산만큼이나 필요할 것이라는 사실도 그는 알고 있었다. 그래서 그는 예언이라는 힘을 빌려 '내가 그이다' 라는 것을 입증한 것이다. 그리고 또, 그와 그들과는 인류 구제라는 같은 사명을 가지고 있음을 이해시키기 위해서. "진실로 너희에게 말한다. 내가 보내는 이를 받아들이는 이는 나를 받아들이는 이요, 나를 받아들이는 이는 나를 보내신 이를 받아들이는 것이다."

예수는 머리를 숙이고 곁에 있는 방석 위에 깍지 낀 두 손을 얹었다. 그에게는 고민이 있었다. 엄청난 비밀을 알고 있었던 것이다. 그는 잠시 그 자세대로 있다가 문득 말을 꺼냈다. "진실로 너희에게 말한다. 너희들 가운데 한 사람이 나를 배반하려고 하고 있다."

커다란 갈색 머리를 숙이고, 그들 하나하나의 행위를 그가 부끄러워하고 있다는 듯이 손가락을 굳게 서로 끼었다. 제자들은 의심스럽다는 듯이 얼굴을 마주보았다. 예수는 이 중대한 발언을 하기까지 그들을 서서히 이끌어 왔다. 그래도 이 충격적인 소식을 받아들일 만한 마음가짐이 그들에게 미처 되어 있지 않았다. 그들은 멍청히 입을 벌린 채 있고, 두세 사람은 동지들을 성난 듯이 매섭게 쏘아 보았다. 어떤 사람들은 도망이라도 치려는 듯이 몸을 일으켰다. 제자들은 자신의 가슴을 두드리면서 외쳤다. "저입니까, 주여? 저입니까?"

예수는 대답하지 않았다. 한 시간 전부터 시작된 만찬은 뒤죽박죽이 되었다. 하인들은 식탁에서 떨어져 서서, 술이며, 술잔이 놓인 쟁반을 든 채, 다락방의 유월逾越은 엉망이 됐다고, 아래로 내려가 주인에게 전해야 할 것인가 망설이고 있었다. 베드로는 입을 벌린 채 구레나룻을 긁어 쥐어뜯으며, 배반자가 누구인가 묻고 싶었으나 두려웠다. 그는 바로 삼십 분 전에 핀잔은 받은 터이므로, 배반자가 누구든 주를 다시 불쾌하게 하는 일은 하고 싶지 않았다.

그래서 예수의 몸 뒤에서, 예수의 가슴에 머리를 기대고 있는 젊은 요한과 눈이 마주치자 몸짓으로, "주님은 누구를 가리켜 말씀하시는 건가?" 하는 뜻을 전했다. 애정이 넘쳐 두려움을 모르는 요한은 주의 얼굴을 보며 무뚝뚝하게 물었다. "주여, 누구입니까?"

예수는 머리를 들었다. 눈에는 아직 고뇌가 어리고 있었으나 그는 중얼거렸다.

"내가 한 조각의 빵을 잔에 찍어 주는 자가 바로 그다."

유다는 먹기를 멈추고 있었으나, 그도 동지의 누구 못지않게 충격을 받아 매우 놀라면서 물었다. "주여, 저입니까?"

그도 다른 사람과 마찬가지로 대답을 얻지 못했다. 마음속으로 부들부들 떨면서, 대제사장의 측근 한 사람이 거리에서 이 계획을 발설했을까, 아니 제자 중의 한 사람이 심야에 가야바에게 그를 내어 주기로 약속한 것을 예수의 신자에게 말한 게 분명하다고 그는 생각했다.

과연 예수는 그가 누구인지를 알고 있는 것일까. 유다는 그것을 의심하고 있었다. 예수는 빵조각을 집어서 잔에 찍고는 포도주 방울을 떨어내고서 유다에게 내밀었다. 회계책은 요한의 질문도, 작은 소리로 한 대답도 듣지 못하였으므로, 즐거운 듯이 그것에 입을 대고 먹었다. 유다는 이것을 신뢰의 표시로 생각했던 것이다.

유다는 제멋대로 자기는 의심받고 있지 않다고 확신하고, 이번에는 여러 사람과 함께 하지 않고 단독으로 예수에게 물었다. "주여, 저입니까?" 조용히 나사렛 사람은 중얼거렸다. "그대는 그것을 스스로 말했다." 이것은 아람 말로 "그렇다"고 하는 뜻이나, 그 이상의 함축성이 있는 말이었다. "그렇다고 말한 것은 너이지 내가 아니다." 그는 죽기 전에 이 말을 다시 한 번 하게 된다.

요한과 베드로를 제외하고는 식탁에 앉은 사람들은 아무도 이 극적인 장면의 의미를 몰랐을 것이다. 다른 사람들은 어리둥절하고 있었을 뿐이었다. 그들은 소란하게 와글거리며, 배반자가 그를 잡지 못하도록 베다니나 에브라임으로 되돌아가게끔 예수를 설득시키려고 하고 있었다. 그들은 예수가 온 인류의 죄 때문에 죽는 것을 반대하고 있는 것은 아니었다. 그들은 적어도 예수의 죽음은 하느님다운 영광에 찬 행위일 것이라고 예상하고 있었다. 그들은 예수가, 불구름에 올라 하느님 아버지 곁으로 돌아가는 것을 바라고 있었다. 그들은 그 황홀한 광경을 보고 싶었다. 어떤 자는 자기도 함께 오라고 부름을 받을지도 모른다고 생각하고 있었다. 그들이 가장 두려워했던 것은 치욕적인 죽음, 죄인으로서 죽는 일이었다. 오늘밤 그가 예루살렘에 있는 것은 그렇기 때문에 위험하다는 것을 그들은 알고 있었다.

유다는 빵조각을 삼키고, 대중 앞에서 메시아라고 스스로 말한 사람을 잠깐 바라보았다. 예수는 아무 원한도 없는 눈으로 그를 이윽히 바라보고 있었다. "하려고 하는 일을 이제 곧 하는 것이 좋다." 유다는 그 말의 뜻을 알았다. 그 밖에 몇 사람도 그 말을 들었으나, 주가 가룻 유다에게, 오늘밤 외출하여 앞으로 한 주일 동안 계속되는 축제를 위한 물건을 사든지 또는 공동의 전대에서 빈민에게 은전을 베풀라고 분부한 것쯤으로 생각하였다.

유다는 낮은 의자의 뒤에 섰다. 잠깐 그는 동지들의 느슨해진 모습을 내려다보고 있다가, 작별인사도 없이 탁자 주위를 돌아 가죽 전대를 흔들면서 계단을 통해 어둠 속으로 사라져 갔다. 방 안에서는 세 사람만이, 유다가 사랑의 왕자를 배반하려 하고 있음을 알고 있었다. 그들은 요한, 베드로, 그리고 예수였다.

물론 유다가 방을 나서는 것을 막는 일은 간단한 일이었다. 예수가 여러 사람의 주의를 끌어 놓고 "이 자가 배반자다"고 말하였다면, 제자들은 성이 나서 그 배반자를 단단히 붙잡을 수도 있었을 것이고, 상처를 입혔을는지도 모른다. 베드로와 요한이 배반자가 누구라는 것을 알고 있으면서도, 유다가 나갈 때에 손 하나 까딱하지 않았다는 사실에서 예수가 두 사람으로 하여금 말을 내지 않도록 압력을 가한 것이라고 상상된다. 다른 경우와 마찬가지로 이 경우에도 예수의 신성神性이 두려워하는 인간성을 이긴 것이다. 구세주로서 그는 자신이 인간의 죄로 말미암아 모든 고통을 받고 죽지 않으면 안 된다는 것을 알고 있었다. 인간으로서의 예수, 유다를 억류하고 제자들을 데리고서 예루살렘을 빠져 달아나고 싶은 충동을 느꼈음이 틀림없다. 그가 다음과 같이 술회했을 때 스스로의 운명을 결정한 것이다. "어김없이 인자人子는 자기에 대해서 기록된 대로 가 버린다. 그러나 인자를 배반하는 그 사람은 불행하다."

유다와 같이 신앙이 없는 사람은 자신의 감정생활을 풍부히 하고, 자신을 지탱하기 위하여 무엇인가를 필요로 하게 된다. 이러한 입장의 사람은 대부분 자신이 실제적인 인간이라고 뽐낸다. 유다는 실제적 인간이었다. 열두 제자의 한 사람으로서, 탈 없이 삶을 계속해 갈 수 있는 한에서 그는 예수를 메시아로 따르는 일에 찬성하였다. 이 열렬한 대기업의 회계책으로서의 생활은 이제까지 매우 좋았다. 수백 수천의 사람이 운집해서, 예수야말로 여호아께서 이스라엘에 보낸다고 예언한 바로 그 사람이라고 믿었기 때문이다. 이러한 까닭으로 해서, 이 운동에 가담하는 부자들은 그의 앞에 무릎을 꿇고 울기도 하고, 용서를 빌기도 하고, 예수의 먼지투성이 옷자락에 입맞출 뿐 아니라, 메시아 운동의 촉진을 위해 성금을 희사하지 않으면 직성이 풀리지 않았던 것이다.

가끔 기적을 앞에 놓고, 이를테면 최근에, 나흘 동안 무덤 속에 매장되어 있던 죽은 나사로를 일어서게 했을 때와 같은 경우에, 유다는 예수를 반신반의했음이 틀림없다. 그러나 얼마 안 가서 그의 실제적인 성격은, 이러한 일은 누구나가 알고 있는 종래의 이집트 요술의 일종이라고 생각하고, 기적은 다름 아닌 예수와 나사로, 예수와 다른 신자 사이의 공모극이리라 생각하게 되었다. 잘되기만 한다면, 함께 행동한다는 것은 현명하고 타산적인 생각이었다. 그리고 유다는 그때까지만 그들과 행동을 같이한 것이다.

최근 몇 주일간, 예수가 가엾게도 절박해 오는 죽음을 때때로 말하는 것을 듣고, 유다는 예수의 음모가 바닥이 났다고 의심하기 시작했다. 바라새파가 예수를 대단히 욕하는 것을 알고는 종말이 더욱 가까운 것을 예감했다. 적들은 수가 많고 강한 데 비해, 예수는 혼자이고 약하였기 때문이다. 신자 중의 한 사람이 예루살렘으로부터 에브라임에 와서, 대제사장 가야바가 신을 모독한 죄로 예수를 체포하여 고발하려고 벼르고 있다고 예수에게 충고했었다. 유다는 이때에 이 모험도 끝장이 났다고 단정하기에 이르렀던 것이다.

이제 문제는 실제적인 일만이 남았다. 어떻게 하면 손해보지 않고 이 패거리로부터 빠져나갈 수 있을까. 도망쳐서 예수의 일이 잊혀질 때까지 예루살렘 근방에 가까이 들어서지 않을 수는 있다. 동지와 함께 있어서 몇 세겔의 돈을 벌 수 있는 것은 가능한 일이다. 그러나 그렇게 하면 제자의 한 사람으로서 체포될 위험이 있다. 위험을 무릅써야 한다는 것은 그의 실제 성격에는 맞지 않았다. 약삭빠른 방법으로는 가야바를 찾아가서 예수를 인도하겠다고 말하는 일이었다. 이것은 몇 가지 이점이 있다. 대제사장 편이 되면 자신이 체포될 위험을 미연에 방지할 수 있게 될 것이다. 그리고 돈도 벌 수 있게 된다. 왜냐하면 많은 민감한 신자들 때문에 가야바는 대낮에 예수를 체포할 용기는 없었다. 그래서 유다와 같은 인간이 이 나사렛 사람을 넘겨주는 대가로 돈을 요구할 수가 있다. 독신자瀆神者를 인도함으로써, 여호아를 위해 활약한 사나이로 일약 일종의 종교적 영웅이 될 수 있을는지도 모른다. 대제사장의 눈에 들어, 교회로부터 비둘기를 팔 수 있는 허가를 받을 수 있을지도 모른다. 마지막으로 그는 독신자를 잡는 정의파 행세를 함으로써, 공공연한 독신 범죄자로부터 그의 자금을 수탈하여도, 아무도 그를 도둑놈이라고 비난하지는 않을 것이다.

이것은 합리적이고 실제적인 사고방식이었다. 이것은 절박해 오는 파멸 사태로부터 빠져나가기 위해서 취할 수 있는 최상의 길이었다. 이것이 졸렬한 방법이 되고 마는 경우란, 예수가 진실로 메시아 하느님의 아들일 때뿐이다. 이럴 경우 유다 자신도 잘 알고도 남을 일이지만, 그는 사상 최대의 배반자가 될 것이다. 예수는 스스로 메시아라고 말하고, 유다도 대중 앞에서 그의 선언을 보증한 일이 있는 이상, 이러한 가능성도 계산에 넣었을 것임이 분명하다.

유다의 실제 생각으로는, 예수는 그릇된 종교광宗敎狂이었다. 그는 예수를 보고, 그가 유대인이든 이교도異教徒이든 간에 차별둠이 없이 사랑과 헌신에 전신전력을 쏟고, 스스로는 아무것도 구하지 않는 것을 잘 알고 있었다. 사기꾼인 유다로서는 사기꾼을 분별하는 눈이 있다. 그의 생각에는, 예수는 머리가 돌아서 자신을 하느님이라고 믿는 소박한 종교인임이 틀림없었다. 그리고 예수의 기적은 일부 사람들이 말하는 요술이거나, 또 다른 사람들이 말하는 악마의 장난이리라 그는 생각했을 것이다.

유다는 길을 재촉하여, 가야바의 집 앞까지 북쪽으로 잠시 걸었다. 제자들은 이 일에 관해서 말하거나 기록하고 있지 않다. 그러나 유다는 가야바가 약속한 은화 삼십 닢을 받아내야만 했다. 이 대가는 노예 한 사람분의 값이었다. 대제사장은 신자가 많지 않을 때, 예수의 체포를 방조하는 조건으로서 유다의 요구를 받아들였다.

유다는 기다리고 있었다. 가야바가 나온 것은 밤 제3시가 가까워서였다. 대제사장은 이마가 벗어지고 얼굴이 거무스름한 사나이로, 훌륭한 복장과 위엄있는 태도를 몸에 지니고 있었다. 그에게 유다와 같은 사람은 큰 의미가 있는 것은 아니었다. 이 비열한, 돈으로 매수되어 움직이는 유대인이 저 나사렛 사람을 넘겨줄 용의가 있다고 하기 때문에 그와 만났을 뿐이다.

가야바는 이 사나이에게 그리 관대하지는 않았다. 무슨 권리로 이러한 시각에 만나길 원했는지 물었다. 신앙이 없는 유다는, 좋은 정보를 가지고 왔다가 말했다. 예수와 그 제자들은 대제사장이 있는 바로 가까운 곳에서 유월절 식탁을 둘러싸고 있다고 말했다.

가야바는 기뻐했다. 기쁨을 감추기가 어려웠다. 예수는 여러 가지 점에서 그를 중상했고, 그것은 점점 심각해져 가고 있다. 이 나사렛 사람은 어디선가 느닷없이 나타나서 스스로 예언자라고 칭하고, 혹은 예언자와 같은 거동을 하고, 시골사람들은 그를 마치 진정한 예언자처럼 생각하고 그의 말을 듣고 싶어한다. 대제사장은 이제까지, 신으로부터 보내진 자라고 자칭하는 자들을 여러 번 겪었다. 참으로 예루살렘은 미치광이들에게 매력이 있는 곳인가 보았다.

그러나 다른 자들은 자멸自滅해 갔다. 그들은 '계약의 궤'를 성전에 되돌려 놓든가, 불구름 위에 하느님을 불러낸다든가 하는 약속을 하고, 장님이나 문둥병을 고치려고 하였다. 처음에 그를 믿고 따르던 자들도 얼마 안 가서 큰 기적이 실현되지 않으면 그에게 돌을 던졌다.

그런데 예수는 달랐다. 그는 율법을 좇지 않았다. 그는 로마에 고용된 세리稅吏와 함께 회식을 했고, 가끔 손을 씻는 의식을 지키지 않았다. 그는 기적을 행했다. 그를 비웃기 위해 쫓아갔던 레위인이나 바리새인은 공포에 질려 부들부들 떨면서 성전으로 돌아와 그가 기적을 행했다고 말했다. 더욱 이 예수라는 사나이는 제사祭司를 통렬히 꾸짖고, 바리새파의 형식적인 신앙을 비난하고, 하느님과 모든 사람에 대한 사랑을 주장했다. 그는 성전으로 돌아와서 환전상換錢商의 책상을 뒤엎고, 경내에서 희생의 동물을 파는 것을 비난했다. 그 때문에 가야바는 장인에게 불려가서 이 반역적인 행위를 그대로 방치할 작정인가, 예수가 성전으로부터 인심을 멀리 끌고 가기 전에 그를 처치할 용기가 없는가 하고 문책을 받는 난처한 처지에 이르렀다. 그렇게 분열이 생기면, 로마인이 성전을 이교異教

신들의 신전으로 접수하려는 데 좋은 구실을 주게 되지 않는가.

실은 이 주초週初에, 가야바는 산헤드린의 의원과 합세하여 예수를 체포할 계획을 세워 놓았다. 그러나 다수의 의견은, 민중이 성일聖日이 시작될 때 흥분하지 않도록 유월절이 끝날 때까지는 기다리자는 것이었다. 그러나 그 계획은 예수와 제자들의 귀에 들어가서, 참으로 묘하게도, 둘째자리의 제자가 첫번째 기회를 잡아 그를 인도하겠다고 자청해 온 것이다.

가야바는 한편 기쁘기도 하고 한편 걱정도 되었다. 그는 거짓 메시아를 체포할 기회가 이렇게도 빨리 올 줄은 몰랐다. 아직 아무런 수배도 하지 않고 있었다. 그러나 성전의 파수꾼은 십 분 이내에 소집시킬 수가 있다. 그러나 이 계제에 로마의 협력을 얻어 두는 편이 현명할 것이다. 그리고 제일 좋은 것은 본디오 빌라도에게 사건을 사전에 알려 놓고, 습격에 즈음하여 그의 군대가 성전의 파수꾼과 동행하도록 명령하게 하는 일이다.

대제사장은 손가락을 입술에 대고서 뜰을 거닐었다. 그에게도 문제는 있었다. 온 팔레스타인에서 그보다도 위대한 인물은 오직 한 사람 안나스였다. 그의 장인은 인민의 생사여탈권生死與奪權을 가진 강력자였다. 대단한 인물로서, 그가 얼굴을 한번 찡그리면, 헤롯 안디바나 빌라도조차도 몇 밤씩 편안한 잠을 이루지 못했다.

예수가 갈릴리의 빈민에 대한 선동자로서 처음으로 가야바의 주의를 끌자, 그는 곧장 안나스를 만나러 갔었다. 그는 재직중 메시아를 자청하는 몇 사람을 보았다. 그들은 항상 소수의 광신자들을 모이게 하였으나 이내 사라져 갔다. 따라서 안나스는 그에게 다음과 같은 충고를 주었다. "내버려 두게. 자네는 대제사장의 직책을 십이 년 가까이 감당해 오고 있네. 메시아들이 예루살렘에 당당히 들어와서는, 얼마 안 가서 수염에 노새 똥을 휘감고는 쫓겨 나가는 것을 보아 오지 않았는가. 만약 그 사나이가 모아 놓은 신자가 너무 많다고 생각될 때에는, 바리새파를 보내어 그를 곤경에 빠지게 하는 질문을 시키게. 그를 웃음거리의 존재로 만들게. 그렇게 하면 신자들도 그를 비웃을 것이네."

가야바는 그대로 하였다. 예수는 그 질문에 놀랄 정도로 척척 대답을 해냈으므로 바리새파의 어떤 자는 성전에 돌아와서 중얼거렸다. "이 사나이는 다릅니다. 이 사나이는 모세나 이사야처럼 말합니다." 예수는 진정 메시아일까.

이제야말로 그를 체포하는 일은 누워서 떡먹기다. 가야바는 유다에게 이 범죄자가 있는 곳을 물었다. 유다는 대제사장에게 그 집을 알려 주었다. 대제사장은 순간 움찔하면서 고개를 끄덕였다. 그는 마가의 아버지가 상당한 세력을 가진 부자로 유력한 시민임을 알고 있었기 때문이다. 그러나 어느 누구도 예수의 제자들이 있는지는 몰랐다.

가야바는 유다에게 뜰에서 기다리도록 일렀다. 얼마 안 가서 유다는 혼자가 되었다. 대제사장은 값비싼 복장의 옷자락을 쳐들고 급히 안나스에게 이 일을 전하고 의논하러 갔다. 만약 유다가 그의 행복한 표정을 보았더라면, 예수를 너무 싸게 팔아넘겼다고 후회했을 것이다. 신분이 높은 예루살렘의 사두개파 사람들에게, 이 북방 출신의 키 큰 시골사람이 얼마나 중요한가를 알았다면, 그가 약속한 은화 삼십 닢의 백 배나 되는 대가라도 요구했을 것이다. 그들이 그에게 노예 한 사람의 값을 지급하는 것이 합법적이 아니냐고 말하자, 그는 동의해 버린 것이다.

한 십 분쯤 되어서 가야바는 되돌아왔다. 그는 이제 무뚝뚝해졌다. 그는 성전의 경비대장을 보내 보충경비원을 데려오도록 했다. 그들은 유다와 함께 로마군의 가세加勢를 기다리게 될 것이다. 가야바 자신은 곧 빌라도 총독에게 면회를 청하러 가서 다락방 습격에 로마의 백부장百夫長(옛 로마 군대의 백 명으로 조직된 부대의 우두머리—역자)을 파견해 달라고 부탁하게 될 것이다.

유다는 충격을 받았다. 이 일을 아침이면 잊어버릴 작은 사건이라고 생각하고 있었던 것이다. 가야바는 대안나스와 상의한 뒤, 성전의 파수꾼을 한 사람이 아닌 한 부대를 소집하고, 이런 늦은 시각에 황제의 대리인과 상의하러 가서 한 사람의 백부장만이 아닌 더 많은 병대兵隊를 보내 달라고 할 것이다.

아침이 되면 의무에 충실한 유대의 아들로서 유다는 예수에 대하여 증언해야 한다고 가야바는 말했다. 예수가 자기는 메시아이며 세계의 사람을 구원하기 위해 보내진 하느님의 아들이라고 말한 일에 대해 증언하지 않으면 안 된다는 것이다. 유다는 부르르 떨었다. 증언? 아니 증언은 결코 안 한다. 예수는 그에게 은혜를 베풀었고, 그의 친구였다. 유다는 그들을 예수 있는 곳으로 안내하고, 저이가 그라고 지적하는 것까지는 동의하나, 서서 고발은 못할 짓이었다. 대제사장이 누군가 다른 사람을 물색하여 주었으면 했다.

체포하는 일과 유대 법률 아래서 독신瀆神을 증명하는 것과는 별개 문제라고 가야바는 설명했다. 제자가 법정에 서서 예수를 가리켜 "이 사나이가 자신은 하느님이요 하느님의 아들이라고 하는 것을 들었습니다"라고 있었던 일을 그대로 말하면 그뿐이라는 것이었다. 유다는 고집스럽게 고개를 저었다. 비겁한 도둑처럼 그는 자신의 분수를 알고 있었다. 그가 요구하는 것은 은화 삼십 닢과 자유뿐이었다.

석유 램프의 흐릿한 사프란 빛 속에서 가야바는 빙그레 웃었다. 유다는 죽은 사람의 눈앞에서 돈은 훔쳐도, 죽은 사람의 손가락에 낀 커다란 보석은 거들떠보지도 않는다. 제사장은 유다에게 거기서 있으라고 명했다. 주의 곁으로 병사를 안내할 때 그의 도움이 필요했기 때문이었다.

이층 다락방에서는 유월절의 축연이 계속되고 있었다. 열한 사람의 제자는 예수와 함께 자리에 앉아 있었다. 그들은 음식을 소스에 찍어서 먹었다. 손을 씻고 술을 마셨다. 예수가 침묵하면 그들은 열없게 수군거렸고, 예수가 말을 하면 그들은 잠잠해졌다. 때때로 여럿이 식사할 때 흔히 하듯 큰 소리로 주장하거나 질문하거나 웃기도 했다.

이에 슬픈 표정이 가신 예수가 다음과 같은 말을 하기 시작하였을 때 그들은 긴장했다. "지금이야말로 인자(人子)는 영광을 받았다. 하느님도 또 그에 의해서 영광을 받으셨다. 그에 의해서 영광을 받으셨다면 하느님 자신도 그에게 영광을 주실 것이다. 지금이라도 곧 주실 것이다."

그는 보기 드물게도 미소를 지었다. 얼굴은 웃음으로 부드러워져 애정이 빛났다. 그는 조용히 말했다. "아들들이여, 나는 아직 조금 더 너희와 함께 있을 것이다. 너희는 이후 나를 찾을 것이나, 이미 유대인들에게 말한 대로 지금 너희에게도 이르노니 '너희들은 내가 가는 곳에 올 수는 없다.'"

그들은 이 말 역시 이해를 초월한 깊은 비유라고 생각하였으나, 그의 미소에서 풍겨나는 훈훈한 느낌 때문에 따라서 미소지었다. 그는 말했다. "새로운 계명을 너희에게 주겠다. 서로 사랑하라. 내가 너희를 사랑했듯이 너희도 서로 사랑하라. 서로 사랑하면, 그로 인하여 너희가 나의 제자임을 모든 사람이 인정할 것이다."

이것은 그 단호함 말고는 새삼스러운 가르침은 아니었다. 그는 여러번 사람들에게 사랑을 말해 왔고, 제자들은 그날 그 장소까지도 틀림없이 기억하고 있었던 것이다. 하느님이 너를 사랑하는 것처럼, 하느님을 사랑하라. 사랑받고자 원하는 것같이 이웃을 사랑하라. 단 한가지 새로운 것이 있다면, 그 단호한 어조, 즉 '내가 너희를 사랑했듯이' 라는 새로운 어조였다.

다른 제자들은 시몬 베드로에게 주목했다. 그는 메시아의 등 뒤에서 조용히 물었다. "주여, 어디로 가시는 겁니까?"

예수는 오른쪽 어깨 너머로 뒤돌아보며 제자의 얼굴을 잠깐 바라보았다. 그는 천천히, 그리고 모두에게 들리도록 말을 이었다. "너는 내가 가는 곳에 지금은 따라올 수가 없다. 그러나 후에 따라오게 될 것이다."

시몬 베드로는 잠시 이 대답을 음미하고 있었다. '지금은 따라갈 수 없다' 는 말에 대해서가 아니라 '후에 갈 수 있다' 는 것을 생각하고 있었다. 그는 거듭 한마디 더 질문했다. "주여, 어째서 지금 당신을 따라갈 수 없는 것입니까? 당신을 위해서라면 목숨이라도 버리겠습니다."

예수는 고개를 돌리지 않은 채 대답했다. "나를 위해 목숨을 버린다는 말인가. 그는 고개를 좌우로 저었다. "닭이 울기 전에, 너 베드로는 나를 세 번 모른다고 말할 것이다."

기원 30년 4월 6일

# 오후 아홉시 가야바의 계략

예루살렘은 조용하였다. 이 일신교의 도성都城엔 사람이 살고 있지 않은 듯했다. 거리에는 사람은커녕 짐승의 그림자도 보이지 않고, 검은 벨벳 같은 어둠만이 깔려 있었다. 다만 지붕의 뾰족한 석고 첨탑이 달빛을 받고 있었다. 안토니아 성의 흉벽胸壁 위에는 로마의 파수병이 혼자서 팔짱을 낀 채 차가운 동풍을 맞으며, 비번의 동료가 아래 포석鋪石 위에서 주사위를 굴리고 있는 것을 바라보고 있었다. 주사위가 던져질 때마다 떠들썩하게 들려오는 소리를 듣고, 그는 킬킬 웃었다. 그때 그는 서쪽 쌍문雙門의 보초 쪽으로 시선이 쏠렸다. 그 보초는 도로에 나와서 넓적한 칼을 빼어 들었다.

그는 보초에게 주의를 쏟고 있었다. 그는 쌍문 밖 어둠 속에 있는 누구에게 날카롭게 말을 걸고 있었다. 이윽고 보초는 손을 흔들어 그 사람을 중정中庭으로 들여보내려고 하였다. 그러나 누구인지는 모르나 그 인물은 쌍문 안으로 들어가려고는 하지 않았다. 희미한 뜰의 등불빛으로 흉벽 위의 병사는 그가 대제사장임을 알아보았다. 그리고 그 곁에는 건장한 성전 경비대장이 그를 경호하고 서 있는 것이 보였다.

보초는 침을 퉤 뱉었다. 유대인이 여기에 오는 것은 빌라도에게 무슨 청탁이 있을 때만 있는 일이다. 그에게는, 늘 그들은 무엇을 해 주기를 바라거나, 무엇을 그만둬 주기를 바라고 있는 것같이 생각되었다. 그가 보고 있은즉, 보초는 칼을 칼집에 넣고는 입에다 손나팔을 해대고 뜰 너머로, 제사장 가야바가 티베리우스 카이사르 폐하가 임명한 유대와 사마리아의 총독 본디오 빌라도 각하께 곧 뵙기를 원한다고 소리쳤다.

흙벽 위의 사나이는 유대인이 어째서 성 안으로 들어가지 않는 것일까 하고 이상하게 생각했다. 그는 곧, 이교도의 집에 들어가면 부정을 타 죄를 범한다고 믿는 이 민족의 기묘한 풍습을 기억해냈다. 그는 가끔 두세 사람이 성의 중정中庭까지 들어가 서서 기다리고 있는 일도 있었던 것을 상기했다. 비교적 엄격한 자는 이 사나이처럼 쌍문의 돌 밖에서 기다렸다. 그가 기억하기로는 누구도, 이를테면 총독이 자기 방으로 초대했어도 성 안에 들어가는 사람을 본 적이 없었다. 물론 죄수는 예외였다. 그들은 돌창고 가까이의 지하 감방에 끌려간다. 이때 그들은 부정탔다며 울곤 한다. 로마군에 근무하고 있는 시리아 사람에게 이런 모습은 우습게만 보였다. 왜냐하면 범인들은 성에 들어가기 전부터 이미 도둑놈이거나 살인자이거나 탈세자였던 것이다.

시리아 사람은 몇 가지의 이유로 유대인을 싫어했다. 그 하나로, 유대인은 안식일에 싸우는 일을 신앙이 금하고 있다는 이유로 로마군에게 체포되는 일을 면제받았으나, 시리아인에겐 그런 특전이 없었다. 시리아인은 그들이 믿는 신에게 황제의 이름을 덧붙이도록 되어 있었으나, 유대인은 이것도 면제되어 있었다. 그래서 여기는 로마의 판도 중에서 황제를 숭배하지 않아도 좋은 유일한 주州였다. 유대인은 병사를 경멸하여, 시장 같은 데서 병사들이 알아듣지 못할 말로 조롱하였다. 게다가 유대인은 고리대금업을 하였다.

유대인들도 몇 가지 이유 때문에 시리아인을 싫어했다. 시리아에 살고 있는 유대인은 집에 편지를 보내어, 이곳 사람들이 그들을 학대하고 상품을 속이고 조롱했으며, 가게에 돌을 던지고 아이들을 괴롭힌다고 전했다. 세계에서 유독 시리아인만이 유대인을 이리저리 쫓아다니며 재미있어하는 민족이었다. 시리아인은 로마인, 그리스인, 이집트인 들에게 비하면 거칠고 야비하고 야만스러웠다. 팔레스타인에서는 유대인들이 로마인에게 억압받고 있는 것만으로도 너무나 굴욕적인데, 시리아 용병傭兵의 손아귀에서 괴롭힘을 당하는 것은 더욱 참을 수 없었다.

흉벽 위의 보초는 빌라도가 가야바를 기다리게 하고 있는 것이 왠지 속이 시원했다.

안토니아 성은 헤롯 안디바의 아버지, 당시의 지배자였던 헤롯 대 왕에 의하여 만들어졌다. 그는 정교한 건물이며 아름다운 도시를 꾸미기 좋아하는 반半유대인이었다. 로마가 그를 유대왕으로 봉하였을 때, 예루살렘의 진호鎭護가 되는 이 성에, 친구인 마크 안토니우스의 이름을 붙인 것이다.


다락방에서는 유월의 연회가 계속되고 있었다. 중간중간에는 의식대로 포도주를 마시고, 누룩 없는 빵을 쪼개었다. 예수가 어느 정도 엄격하게 관습을 따랐는지는 알 수 없다. 시작의 말과 무서운 예언을 한 뒤에는, 그는 유월의 음식물을 아무것도 입에 대지 않았다고 생각하는 편이 옳을 것이다. 그는 의식에 따라 쓴 약초를 초에 담그고, 축복하고, 그것을 열한 사람에게 나누어 주었다. 그는 누룩 없는 빵을 쪼개어 곁에 놓았다. 이것은 아이고만이라고 하여 식

후에 먹는 것이었다.

그는 최초의 누룩 없는 빵을 축복하고, 그것을 얹어 놓은 접시를 받들고 말하였다. "이것은 우리들의 조상이 이집트에서 먹은 슬픔의 빵이다. 굶주린 자는 다 여기에 와서 들라. 괴로운 자는 여기에 와서 유월을 지키라."

의식의 건배는 적당한 시간을 두고 진행되었으며, 제자들은 술의 힘으로 명랑해져서, 예수가 그의 임박해 오는 죽음을 말한 것조차 잊고 있는 듯이 보였다. 뿐만 아니라 그들은 그들 중의 배반자를 꾸짖는 일까지도 이미 생각하고 있지 않았다. 예수에게 전적으로 충실한 두 사람은 침묵을 지키고 있었고, 아홉 사람은 꾸지람을 들은 것이 유다임을 아직도 모르고 있었다.

예루살렘 성벽의 파수꾼은 밤의 제4시를 알렸다. 수천의 집에서 진행되고 있는 유월의 첫날 밤 행사는 지금 끝나려 하고 있었다.

기원 30년 4월 6일

# 오후 열시 빵과 포도주의 의미

예수는 남아 있는 열한 사람을 둘러보았다. 그들은 먹는 데 열중해 있었다. 그는 제자들의 단편적인 대화를 들으며 그들의 깊은 마음을 헤아리고, 그가 이미 알고 있는 일, 즉 그들의 선량한 성품을 새삼 느끼고 있었다. 메시아는 앞으로의 시간이 얼마 남지 않았는데, 그들이 전해야 할 일은 너무나도 많아 갈피를 잡을 수가 없었다.

그가 유월의 축연에 정열을 보이지 않는 것을 그들이 눈치챌까 봐 예수는 당기지 않는 음식을 조금씩 입에 넣었다. 가야바가 이 방에서는 그를 체포하지 않을 것을 예수는 잘 알고 있었다. 그가 여기서 붙잡히리라 생각하고 있었다면, 가장 중요한 말을 겟세마네 동산으로 가는 도중에 했을 리가 없다.

예수는 가야바가 시내에서 소동을 일으키길 원치 않음을 알고 있었다. 도시 안팎, 그리고 각지에는 예수를 믿는 자가 많이 있었다. 그를 공공연히 체포하면 폭동 못지않은 소란이 일어날 것이고, 만일 폭동으로까지 일이 번진다면 로마인의 군사 행동에 의해서 피를 보게 된다.

될 수 있으면 체포는 은밀한 가운데 행해져야 한다. 일의 신중을 기하는 가야바는 이 일을 잘 알고 있었다. 그리고 대제사장이 안토니아 성에 간 지금쯤은 빌라도도 이것을 알고 있을 것이다. 그는 제사장을 도울 것이다. 그러나 그것은 평화를 위해서가 아니다. 유대

82  기원 삼십년 사월 육일

인을 맹렬히 대립하는 두 개의 그룹으로 분열시킬 수 있는 사건을 불러일으켜 그들 사이의 분쟁을 격화시키는 것이 그가 바라는 바였다.

빌라도는 체포가 끝나면, 이 사건을 치부를 드러내듯 표면화하여 대중의 면전에다 끌어낼 수가 있다고 생각하고 있었다. 마치 자신은 오직 정의를 행사는 데만 관심이 있는 체하며, 취조를 위해 죄인이 거리를 통과해 자기에게 오도록 하겠다고 말이다.

모든 사람들의 이날의 행동에는 겉보기보다 복잡한 이유들이 숨겨져 있었다.

인자人子는 이런 따위 일, 아니 그 이상의 일조차 마치 천지창조 때 이미 줄거리가 짜여진 것처럼—사실이긴 하지만—잘 알고 있었다. 그가 이날 한 말은 이후 몇 세기에 걸쳐 역사라는 피륙의 날실이 되어 영원히 살아 내려오고 있다.

그는 세번째 잔이 나기를 기다렸다. 그는, 식을 끝내는 것을 기다리다 못해 두세 사람이 자기를 지켜보고 있음을 눈치챘다. 그는 짚었던 팔꿈치를 들고, 몸을 일으켜 반쯤 선 듯한 자세로 베드로를 위시한 여러 사람의 얼굴을 바라보았다. 그는 깊고 밝은 음성으로 말했다. "나는 고난을 당하기 전에, 너희와 이 유월逾越의 만찬을 갖고자 간절히 바라고 있었다."

그들의 얼굴에 슬픈 기운이 돌았다. 미래에 가로놓인 고뇌의 그림자가 그들의 상상력을 꿰뚫었다. 그는 천천히 오른손을 들고서 말을 계속했다. "너희에게 이르노니, 천국에서 유월이 성취되기까지는 나는 다시 이 유월의 식사를 하지 않겠다."

그들은 서로 귓속말을 했다. 조금 전과 같이 그들에게는 이해가 가지 않는 말이었다. 그들은 '유월의 성취'란 의미를 알 수도 없었고, 성취 앞에 오는 사건의 성질이 어떤 것인지 이해되지도 않았다. 성취란 무엇인가. 유월은 반드시 성취되지 않으면 안 되는가. 새로운 유월은 어디로 가는 것인가. 어디에서 어디로 유월逾越하는 것인가. 이 세상의 종말이 절박함을 의미하는 것인가. 아직도 서로 속삭이고 있는데, 그들의 눈앞에서 예수는 납작하고 둥근 누룩 없는 빵을 집어 들었다. 제자들은 숨을 죽이고 눈길을 모았다.

예수는 일어섰다. 빵 위 육칠 센티미터 되는 곳에 손바닥을 놓고 허공을 응시했다. 낮은 목소리로 축복하는 소리가 거의 움직이지 않는 듯한 그의 입술에서 새어나왔다. 그는 아무 말 없이 빵을 작게 자른 다음, 그들 사이를 돌아다니며 열한 사람에게 한 입씩 나누어 주었다.

"받아 먹어라. 이것은 너희를 위해 주는 나의 몸이다." 그들은 빵을 먹기 시작했다. 그들은 서둘러 유월 의식이 끝난 것을 깨달았을 뿐이다. 예수는 열한 사람을 내려다보고 미소지었다. "나를 기념하여 이와같이 하라." 이제야 그들은 이해가 갔다. 자신이 죽은 뒤에도 이것이 무한히 계속되기를 그는 바라고 있다.

예수는 자리로 되돌아와 탁자 위에 놓인 커다란 금속잔을 잡아 들었다. 잔에는 물을 섞은 포도주가 들어 있었다. 제자들은 아직도 빵을 씹거나 삼키거나 하면서 바라보고 있는데, 그는 또 허공을 응시하고 두번째 축복을 입 안에서 중얼거렸다. 그러고서 그는 감사를 드리고, 각 사람마다 돌아가며 차례로 잔을 건네주며 말했다. "모두 이 잔을 마셔라. 이것은 죄를 용서받도록, 많은 사람을 위하여 흘리는 내 약속의 피다!"

그들은 마셨다. 그는 그것을 보고 즐거운 듯이 말했다. "너희에게 이르노니, 천국이 세워지기까지는 결코 나는 포도주를 마시지 않을 것이다."

이 평범한 사람들은 성령의 구원에 의하여 앞으로 얻게 될 높은 지식을 아직은 갖지 못했지만, 그래도 빵과 포도주의 의미는 곧 알아차렸다. 왜냐하면 그가 빵을 자신의 몸이라고 하고 포도주를 자신의 피라고 하며, 앞으로 자기를 기념하기 위해 이렇게 하라고 말하였기 때문이다. 이때 예수는 오랜 유대의 의식을 떠나서 새로운 하느님과의 계약, 전 인류 구원의 길을 열었다. 신인神人은 사랑의 마음에서 자기를 새로운 희생의 어린 양으로 바쳤다.

몇몇 사람은, 몸과 피를 그들에게 준다는 중요한 행사를 어찌하여 하필 회계책이 없을 때 가졌는가 의아하게 생각했을지도 모른다. 한편 제자 중의 두 사람은, 새로운 성찬을 베풀면서 어찌하여 유다가 자리를 비울 때까지 기다릴 필요가 있었는지 알고 있었다. 이것은 한 죄인의 존재로 말미암아 더럽혀져서는 안 될 새로운 세계의 소망이었다.


열한시가 가까워지고 있다. 가야바는 자기 집 뜰에서 기다리고 있었다. 그는 초조해지기 시작했다. 이 일은 재빨리 조용하게 해치우지 않으면 안 된다. 가야바는 로마의 위병이 아직 도착하지 않은 까닭에 본디오 빌라도에게 화를 내고 있었다.

그는 유다를 불러 그의 공손한 태도를 바라보았다. 가야바는 영리한 사람으로, 만약 유다가 그리스도라고 주장하는 자와 함께 지내고서도 몇 푼 안 되는 돈으로 그를 배반하는 자라면, 기회만 주어지면 그보다 더 적은 돈으로 대제사장이라도 배반할 자임을 꿰뚫어 보고 있었다.

가야바는 모든 가능성을 예상하려고 했다. 그는 유다에게 명하여 체포 부대를 연회가 벌어지고 있는 집까지 인도하게 하고, 로마의 병사에게 예수를 확실히 지적해 보이라고 지시했다. 체포할 때의 난투를 예상하여 예수를 놓쳐서는 안 된다고 생각했다. 만약 예수가 오늘밤 경계망을 벗어난다면 갈릴리 황야로 달아나 가을 성일聖日까지 예루살렘에 그 모습을 나타내지 않을 것이다.

더욱이 대제사장은 오늘밤 제자들까지 체포할 작정은 아니었다. 그들은 양이니까, 양치기를 공격하면 산산이 흩어지게 마련이라고 생각했다.

가야바는 어둠 속에 서서 그러한 일들을 생각하고 있었다. 그는 무엇보다도 예루살렘이 조용한 것이 더없이 다행스러웠다. 안토니아 성으로 오는 길에 보니, 극소수의 사람만이 덮개를 씌운 램프를 들고 집 밖에 있었으며, 주민들의 대부분은 집 안에서 성찬을 마치고 잠자리에 들려 하고 있었다. 로마군이 번들거리는 방패를 들고 오기만 하면, 체포, 재판, 유죄판결, 돌을 던져 처형하는 일 따위 일련의 거사가 날이 새기까지는 마무리될 것이다. 당시의 제사祭司들은 예수와 같은 인간에 대해, 다음 다섯 가지의 경우를 상상해 볼 수 있었다. 첫째 그는 메시아다. 둘째 그는 사기꾼이다. 셋째 그는 정신이상으로 자기를 메시아로 착각하고 있다. 넷째 그에게 선령善靈이 접했다. 다섯째 그에게 마귀가 들렸다. 이 일에 관한 한 가야바나 대산헤드린은, 예수가 사기꾼이라고밖에는 생각되지 않았다.

최후의 만찬이 진행되고 있는 다락방의 제자들은 갑자기 긴장되었다. 각자에게 단 한 번씩밖에 말할 기회가 없는 스승과도 같이, 예수가 정열을 억제한 목소리로 말하고 있었다. 평상시에 예수를 사랑하고 있다고 늘 자만하고 있는 배부른 베드로(시몬)가 훈계의 대상이었다.

"시몬아, 시몬아, 사탄은 밀을 까부르듯 너를 흔들었으나, 나는 네 신앙이 없어지지 않도록 기도하였다." 그러고는 조용히, 자기의 죽음에 대해서는 언급하고 싶지 않은 듯이 말을 이어갔다. "그러니, 너는 믿음을 돌이켜 네 형제들의 마음을 굳게 하라."

몸도 기력도 왕성한 베드로는 예수의 말을 가로막고 큰 소리로 외쳤다. "주여, 저는 감옥이든 죽음이든 당신과 함께 갈 각오입니다." 예수는 고개를 저으며 다시 말을 이었다. "베드로야, 말해 두지만, 너는 오늘 닭이 울기 전에 세 번 나를 모른다고 할 것이다."

제자 중 한 사람이 들고 다니던 작은 손자루를 의자 위에다 얹었다. 그는 빵조각을 하나 집어 넣을 작정이었는지도 모른다. 그를 본 메시아는 모든 사람을 뒤돌아보며 말했다.

"내가 어떤 임무를 수행하도록 너희를 보낼 때, 돈지갑이나 전대나 신발도 없이 보내서, 곤란했던 적이 있느냐?" 그들은 대개 머리를 저었고, 어떤 자는 "없습니다" 하고 힘주어 대답했다. 그는 고개를 끄덕였다. "그러나 이제는 누구든지 돈지갑이 있으면 가지고 가라. 전대도 가지고 가라. 또 칼이 없는 이는 겉옷을 팔아 사도록 하라."

이 말을 그들은 곧 이해했다. 얼마 안 가서 예수는 사라지게 되고, 그렇게 된다면 그들의 생활은 고통스러워진다. 이미 굶주림과 추위와 빈궁을 신의 적으로부터 지켜 줄 자는 없다. 그들은 예수의 복음을 전해야만 하고, 그것은 그리 쉬운 일이 아니다.

"너희에게 이르노니, '그는 한 사람의 죄인으로 다루어졌다'는 기록이, 바로 나를 통해 실현되어야 한다." 그는 어깨를 약간 움츠렸다. "이제 나의 임무는 다하였다."

"주여, 보십시오" 하고 그들은 방 한쪽 기둥에 세워 걸어 놓은 칼을 바라보면서 즐거운 듯이 말했다. "여기 칼 두 자루가 있습니다." 그는 이를 뿌리치며 말했다. "그만하면 족하니라!"

# 오후 열한시 주여, 어디로 가십니까

마지막 잔이 비워지고 연회는 끝났다. 그들은 서서 할렐루야 찬가를 불렀다. 그 엄숙한 곡조가 온 방안에서 여운을 끌고 사라졌을 때, 예수의 제자들은 훗날에 구약舊約이라고 불리는 것으로부터 신약新約의 세계로 넘어가는 다리를 건넌 셈이다. 이날 밤까지는 오직 하나의 계약만 있었다. 그러나 이날 이후부터는 구약과 신약이 있어서, 신약으로부터는 예수를 통하여 그의 아버지인 하느님의 계시가 후세에 전해지게 된다.

예수가 의자에서 일어나자 모두들 뒤따라 일어섰다. 그러나 그가 곧 출발할 눈치를 보이지 않으므로 그들은 서로 말을 주고받거나 무슨 생각에 잠기기도 했다. 그들은 새로운 거룩한 희생에 대하여 토론했다. 그리고 그때의 무거운 분위기 때문에, 또는 그들이 받아온 가르침으로 보아 이 문제의 의의는 컸었고, 그들은 예수의 행동이 지닌 의미를 이해한 듯했다. 그들은 지금이야말로 생애의 가장 중요한 때의 하나라 느꼈고, 스스로를 새로운 신앙의 사도使徒라고 생각했다.

일 년 전, 예수는 가버나움의 유대 교회당에서 그들에게 "나의 살을 먹이고 피를 마시게 하라. 그 이외에 그들이 생명을 얻는 길은 없다"라고 말했었다. 제자들 중 두세 사람이 동료들에게 이를 상기시켰을 때, 그들은 대개 그 말을 비위에 거슬려 했으나, 이제 비로소 납득되었다. 예수가 빵을 축복하여 몸이라 했고, 물 섞은 포도주를 축복하여 피라고 하였는데, 그들은 그것을 받음으로써 자기 체내에 그의 영혼을 받았고, 그로 인해 자신도 축복받게 됨을 이해하였다. 그들은 또 "이것을 기념하라" 하고 예수가 말했을 때, 일생 동안 이 의식을 계속해야 하며, 그로써 이 힘을 다른 사람에게도 전해 줄 수 있음을 알았다.

제자 중에서 베드로, 도마, 빌립, 유다(가롯 유다와는 다른 유다이다—역자)는 화제를 바꿔, 예수가 돌아갈 때가 임박했다고 이야기를 나누다가 이내 슬픔에 겨워 말을 더 이상 잇지 못했다. 메시아는 깊이 감동하여 비로소 조심스러운 애정을 표시하며, 이미 앞에서 말한 요지를 반복하였다. 다만 이번에는 그들을 아들이라고 불렀다. "아들들이여, 나는 지금 잠시 너희와 함께 있다. 이후 너희는 나를 찾겠지만, 전에 유대인에게 말한 것같이 이제 너희에게 말하노니 '너희들은 내가 가는 곳으로 올 수는 없다.'"

지금의 그는 스승이라기보다는 애정깊은 아버지였다. 그는 또한 전에 했던 말을 그대로 반복하였다. "나는 새로운 계명을 너희들에게 주겠다. 너희들은 서로 사랑하라. 내가 너희를 사랑하듯 서로 사랑하라. 서로 사랑한다면 그것으로 너희들이 내 제자임을 모든 자가 인정할 것이다."

제자들은 모두 슬퍼하였다. 그들의 마음은 그의 부드럽고 따스한 애정이 깃든 말로도 밝아지지는 못했다. 그들은 고개를 떨어뜨리고 가끔 그를 흘끔 쳐다보고 서 있을 뿐 누구 하나 한 마디의 말도 없었다. 슬픔은 차디찬 밤공기처럼 방 안을 감돌았다.

예수는 분위기를 살피고는 그들의 사기를 돋우어 줘야겠다고 생각했으나, 그 자신도 인간으로서 슬픔이라는 냉기를 느끼고 있었다. 그는 젊고 팔팔한 삼십사 세의 인간이었다. 그의 공적인 생활은 이 년 수개월밖에 안 되었고, 그는 한 인간으로서, 가깝게는 자기의 어머니로부터 멀게는 알지도 못하는 남의 아이에게 이르기까지, 넓은 사랑을 가지고 있었다. 자기가 범죄자로서 죽게 되고 그리고 사람들과 헤어지지 않으면 안 된다는 사실은, 그를 깊이 상심케 하였다. 인간으로서의 예수는 보통 사람들이 무서운 것을 피하려는 심정과 같이, 자신의 죽음을 생각지 않으려고 했다.

"너희들은 마음에 동요함이 없도록 하라." 그는 조용하게, 미소의 그림자가 어렴풋이 스쳐간 얼굴로 입을 열었다. "하느님을 믿고 나를 믿으라. 아버지의 집에는 살 곳이 많다. 만일 그렇지 않다면 너희에게 미리 그렇다고 말해 두었을 것이다. 나는 너희를 위해, 있을 곳을 마련하러 가는 것이다." 어떤 사람은 얼굴을 쳐들었다. 눈에 희망이 빛나고 있었다. "그리고, 가서 있을 곳을 마련하면, 다시 돌아와 내가 있는 곳으로 너희를 맞이하겠다. 내가 있는 곳에 너희도 함께 있게 하고 싶기 때문이다."

그제서야 모두 고개를 들고서 얼굴에 미소를 띠었다. 그들은 얼마간 주저하면서도 이 사람이 메시아임을 믿었다. 이 이 년이 넘는 동안 그것을 믿고, 그들의 일상생활과 재산과, 때로는 가족까지도 돌보지 않았던 것이다.

그가 죽게 된다는 말을 들었을 때 그들은 절망하였다. 그러나 그는 죽을지라도 되돌아와서 살 집도 마련해 준다는 말을 듣고서 그들은 깊고도 엄숙한 기쁨을 느꼈다.

"내가 어디로 가는지 그 길은 너희도 알고 있다" 하고 그는 말을 계속했다. 그들의 밝은 표정은 갑자기 흐려졌다. 그들이 길을 알고 있다고? 대체 어느 길을 말하는 것일까.

그들은 도마를 보았다. 그는 주와 제자들 사이가 난처해졌을 때 적절한 질문을 하곤 했기 때문이다. 도마는 기침을 하고 잠시 동안 망설이다가 입을 열었다. "주여, 어디로 가시는지 저희는 알 수 없습니다. 어떻게 그 길을 알 수 있을까요?"

그들은 가끔 예수의 기분을 상하게 하지 않을까 하는 우려를 무릅쓰고 질문을 했다. 대개의 경우 베드로가 꾸지람을 듣는 수가 많았는데, 이번에 예수는 그 질문을 받고도 낙담하는 빛이 없었다. 그는 가슴에 손을 대고서 입을 열었다. "나는 길이며, 진리며, 생명이다." 그들은 영원에 이르는 길을 알았다. 그리고 그 길은 예수의 손을 거쳐 가는 길이었다. 그는 모두에게 잘 이해시키려는 듯 두 손을 내밀었다.

"누구도 나를 의지하지 않고는 아버지 곁에 갈 수 없다. 만일 너희가 나를 알고 있었다면 나의 아버지도 알았을 것이다."

난처한 표정이 다시 그들의 얼굴에 떠오르기 시작했다. 예수는, 마치 어린이들이 극히 간단한 일도 이해를 못하자 낙담한 아버지처럼 다시 말문을 열었다. "그러나 지금 이 시각부터 너희는 아버지를 알게 되었고, 또 이미 아버지를 본 것이다."

이보다 더 명백한 말은 결코 없을 것이다. 그는, 아버지인 하느님과 아들인 하느님은 둘이 아닌 하나라고 말하고 있는 것이다. 그러나 그들의 지능 정도로 보아 그럴 수밖에 없었겠지만, 이 말조차도 제자들은 곧 알아듣지 못했다. 어떤 자는 알았다는 듯 끄덕이고는 있었으나, 실은 알아듣지 못했던 것이다.

예수는 출발할 준비를 하였다. 그는 주위를 둘러보고 베드로에게 암시를 주었다. 그들이 떠날 때 시간은 자정이 거의 가까웠다. 예수는 아래층으로 내려가 젊은 제자 마가의 아버지에게 감사의 뜻을 전했다. 그리고 나서 이들 무리는 작은 목소리로 말을 주고받으면서 밝은 달빛 속을 걸어나가기 시작했다. 그들은 남쪽 힌놈<sup>Hin-nom</sup> 골짜기 쪽을 향해 가고 있었으나, 아직 성벽을 벗어나진 못했고, 고요한 거리엔 사람의 그림자 하나 없었다.

서쪽으로부터 미풍이 불어 밤하늘에 흰구름이 달 쪽으로 흐르고 있고, 보석 같은 무수한 별이 높고 먼 하늘에 빛나고 있었다. 그날 밤 달은 유난히도 밝아서, 로마의 대리석 계단은 더욱 희게 보였으며, 그 위에 작은 나무가 그림자를 던지고 있었다.

예수는 천천히 걸으면서 말을 꺼냈다. 걸어가면서 열한 사람에게 이야기하는 것은 쉬운 일이 아니었다. 그래서 그는 무엇인가 할 말이 있으면 걸음을 멈추었고, 열한 사람은 은색 달빛을 담뿍 받으며 그의 둘레를 에워쌌다. 그는 가르쳐야 할 것을 말하고는 다시 걷고, 얼마 안 가서 또 걸음을 멈추곤 하였다. 이와같이 하면서 그들은 예루살렘의 남부를 지나 로마의 돌계단을 내려서 '샘의 문'으로 갔다.

지금 예루살렘은 가장 조용한 시각이었다. 이윽고 한밤중이 되면 파수꾼이 교대를 하고, 안토니아 성 흥벽에서 밤을 지키는 병사들의 쓸쓸한 목소리가 들려올 것이다. 그리고 얼마 되지 않아 성전의 대문이 열리고, 아침 일찍 일어난 신도가 제물을 바치러 간다. 그리고 바깥 뜰의 빈민들은 유월성찬의 헌물獻物이나 고기를 얻으려고 올 것이다.

잠든 거리 위에 달은 아직 높고, 오직 북쪽에서만 무슨 소리가 들려오고 있었다. 마침 로마병이 무거운 샌들을 돌길 위에 저벅저벅 울리면서 안토니아 성의 이중문을 벗어나 나가고 있는 중이었다. 보통 이런 부대의 지휘자는 백부장百夫長이었으나, 가야바는 로마의 도움을 요청할 때 사태를 과장해서 말하였으므로, 부대를 인솔하고 있는 것은 이 시의 고급장교로, 군단 소속 장교였다.

장교는 사태의 법률적인 의미를 알고 있었다. 여호아에 대한 모독은 로마에 대한 범죄가 아니고 예수를 재판에 회부할 근거가 될 만한 법률도 로마에는 없었으므로, 그는 원칙적으로 체포에 조력할 의사는 없었다. 이것은 어디까지나 유대인끼리의 문제였다. 성전의 위신이나 의식을 손상한 따위 짓을 한, 귀찮은 시골사람들을 그들은 상대하고 있는 것이었다. 이 장교의 할 일은 오직 대제사장의 명령을 수행하는 성전 파수꾼을 방조幇助하는 일이었다. 만일 저항하는 자가 있으면 로마병은 이러한 유대인들을 살해할 권한이 있었다.

대열의 앞뒤에는 등불을 든 자가 있고, 장교는 대열의 중간쯤에 위치하고 있어, 병사가 군기를 어지럽히지 않도록 감독하고 있었다. 그는 병사를 이끌고 서쪽으로 가다가 작은 사거리에 있는 문 앞에서 왼편으로 꺾어졌다. 문 밖에는 유대인이 '골고다' 라고 부르는 작은 언덕이 있는데, 그것은 '두개골' 이라는 뜻이었다.

그들은 두로베온 골짜기의 오른쪽으로 나아가 언덕을 따라 남쪽으로, 헤롯 왕궁과 하스모네안 궁전 중간에서 낮은 곳으로 내려갔다. 빠른 걸음으로 인해 등불 빛은 흔들렸고, 병사들의 맨다리가 드리운 그림자가 포석鋪石 위에서 춤을 추었다. 그들이 받은 명령은 대제사장 처소로 출두하는 일이었다. 그러면 대제사장이 그들을 범죄자가 있는 곳으로 데리고 갈 예정이었다.

기다리다 못한 가야바는 안토니아 성에 전갈을 보냈다. 도중에 그 사자는 출동하는 병사들과 만나게 되었고, 대제사장에게 이를 보고하기 위해 부랴부랴 되돌아왔다. 보고를 받은 가야바는 로마 병을 기다리던 초조감을 금세 잊은 듯, 이번에는 유다를 다시 한번 심문하여 그의 말에 미심쩍은 점이 있나 없나를 확인했다. 오늘 밤 예수가 발견되지 않으면, 로마인은 그를 조소할 것이다. 실패의 소문이 꼬리를 물고 안토니아 성에서 전국으로 널리 퍼지리라는 것쯤은 대제사장도 잘 알고 있다. 예수를 찾아내지 않으면 안 된다. 오늘 밤 안으로 그를 검거하지 않으면 안 된다.

유다는 뜰가에서 가야바의 부름을 받았다. 예수와 그 제자들은 오늘밤 베다니까지는 가지 않으리라. 저 갈릴리인은 율법을 엄격히 지키므로, 안식일의 외출 거리는 팔백 미터를 넘을 수 없다는 율법을 지킬 것이다. 이를 어기면서까지 여행하진 않을 것이라고 유다는 단언했다.

유다는 지금까지 이 거사에 대하여 생각할 시간적 여유가 있었으므로 그의 의견을 말했다. 예수가 최후만찬의 다락방에 있지 않을 경우, 그가 갈 만한 곳이 두 군데 있다. 첫째는 올리브 산 아래의 기름짜는 곳으로, 이곳은 그가 앞서 제사장에게 말한 곳이요, 둘째는 올리브 산을 삼분의 일쯤 오른 큰 동굴이다. 언제나 그런 것은 아니지만 예수와 제자가 그곳에 머무는 일이 종종 있었다. 그의 생각으로는 그들이 그보다 멀리 갈 리는 절대로 없었다.

성전의 파수꾼들은 이미 명령을 받고 아까부터 뜰에서 기다리고 있었다. 그들은 이 거사에 권위를 더하는 로마병의 출동을 기다릴 뿐이었다.

그들은 가야바와 안나스의 호화스러운 저택 앞뜰에 서 있었다. 안나스의 딸은 가야바와 결혼할 때, 신혼집을 아버지의 집 옆에 마련하고 싶다고 하였으므로 두 채의 집은 한 채처럼 공용의 문을 가지고 있었다.

안나스 노인은, 그날 밤 와와 떠들며 몽둥이를 휘두르고 있는 많은 사람의 인원수를 물으러 현관까지 나오는 따위 일은 하지 않았다. 그것은 불필요한 일이었다. 빌라도의 도움을 구한 것도 아마 그의 생각이었을 것이다. 전前 산헤드린 의장으로서, 그가 모르는 예루살렘의 사건은 별로 없었으나, 사위의 보고는 그 이상으로 정밀했다.

최후의 만찬을 가졌던 방은 안나스 집에서 길을 두 번만 건너면 있고, 대제사장의 부하 두세 사람으로도 예수를 능히 붙잡을 수 있는 것쯤은 안나스도 알고 있었다. 그러나 빌라도며 그 군대를 투입할 정도로 그가 특히 마음을 쓰고 있는 것은, 날이 밝으면 바리새파의 비위를 건드리는 꼬투리가 될지 모른다는 점이었다. 그는 가야바에게 명하여 어디까지나 합법적으로 진행하라고 당부했다. 이 사기꾼을 즉시 죽였다고 뒷말이 나서는 안 된다.

예수를 붙잡으면 바로 하인을 급히 보내 가야바 집에서 산헤드린을 소집하여 곧 회의를 열 일이었다.

사두개파는 이렇게 하여 회합을 여는 것은 합법적이라고 믿고 있었지만, 야간에 죄를 심판하는 것은 허용되지 않는다. 회의의 구성원들은 날이 밝을 때까지, 이 사나이의 위법 여부를 심문하여 시간을 지연시키는 작전을 쓴다. 만일 그가 메시아인 체한다면, 간단하게 자기의 죄를 노출시키는 결과가 될 것이다.

그렇게 일이 진행되지 않는다면 증인이 필요하게 될 것이다. 가야바는 이 일을 익히 알고 있었다. 그리고, 유다는 아까 거절했지만, 압력을 가해서 승낙하게 할 수 있다고 그는 기대하고 있었다. 증인이 확보되지 않을 경우를 대비해서 예수의 이야기를 들은 성전의 파수꾼 두세 사람을 이미 준비해 두었다. 대제사장과 총독과의 회견 상황을 더 알 수 있다면 흥미가 있을 터인데, 그것에 관한 기록은 없다. 이 밤에, 그러한 회견이 진행되었다는 기록은 남아 있지 않다. 그러나 습격 부대를 돕기 위해 로마병이 가야바에게 파견되었던 일은 알려져 있다. 총독 빌라도는 팔레스타인에 있는 전 로마인의 책임을 지고 있었는데, 유대인에 대한 감정은 좋지 않았다. 그가 이 거사로 무엇인가 얻는 바도 없이, 단순히 종교적인 문제로 가야바를 도우려고 군대를 보냈다고 생각하기는 어렵다.

총독은 로마의 법률을 알고 있듯이, 유대의 법을 잘 알고 있었다. 독신죄瀆神罪는 사형감이라는 것쯤은 그도 알고 있었을 터이고, 그 판결은 그가 승인하기까지 집행되지 않는다는 것도 알고 있었다. 또한 그는 중요한 자리에 있는 제사祭司들에게 예수가 만성적으로 점차 귀찮은 존재가 되고 있는 것도 알고 있었고, 오히려 내심 기뻐하였을 것이다.

그는 예수에게는 관심이 없었다. 이를테면 대제사장의 의자에 숨어 있는 전갈(독벌레) 정도의 관심밖에 없었다. 빌라도는 전갈이 그 구실을 다하기까지는 전갈의 편이나, 그러고 나서 그는 전갈을 샌들로 밟아 죽일 것이다. 이를테면 유대인들이 예수를 체포하면, 안나스와 대제사장을 당황케 하기 위해서 총독은 그 행정권을 발동하여 즐거이 그를 석방할 것이다.

분명히 말할 수 있는 것은, 만약 가야바가 어리석게도 대리인을 보내서 도움을 청했다면, 빌라도는 결코 체포를 돕기 위해 군대를 파견하지는 않았을 것이다. 대제사장이 생각한 대로 자신이 직접 만나러 간 것은 그의 교묘한 술책이었다. 그러나 이것은 그가 심히 꺼리는 바였다. 그 이유는, 그가 총독의 인품을 알고 있었고 총독이 자기를 싫어하기 때문만이 아니라, 유월逾越 밤에 이교도의 성에 들어감으로써 자신을 더럽힐 우려가 있었기 때문이다. 그는 이런 일을 어쩔 수 없이 하게 되는 손해와, 로마의 도움을 얻게 되는 경우의 이익의 크기를 비교하지 않으면 안 되었다.

그는 두 가지 이익을 얻을 수 있을 것이다. 첫째는 체포에 즈음하여 외국인을 자기 편으로 하는 일이다. 예수를 따르는 신자의 눈에 이것은 대제사장의 음모라기보다 로마 제국의 사건으로 비추일 것이다. 둘째는 로마의 원조를 얻음으로써, 본디오 빌라도가 체포 후의 사형 판결에 찬성하게 할 근거를 만들어 두는 일이다. 즉 체포에 한 다리 걸쳐 놓고서 무고한 인간이 붙잡혔다고 발 을 할 수는 없는 노릇이기 때문이다.

이 두 책략가의 교활함은 막상막하였다. 서로 상대의 속셈을 꿰뚫고 있었다. 둘 모두 예수를 승부를 위한 가장 큰 이용물이라고 생각하고 있었다. 이 싸움은 권력 쟁탈을 위한 것으로, 가야바와 안나스에게는 예루살렘의 권익 보호요, 빌라도에게는 유대인을 복종

시키는 일이었다.

그러나 빌라도는 가야바와 밤에 회견하는 조건으로, 대제사장이 안토니아 성의 자기 방으로 와야 한다고 주장했다. 나중에 총독 부인 클라우디아 프로쿨라가 이 사건에 흥미를 갖게 되는데, 그 원인이 무엇인지 이로써 설명이 되는 셈이다. 그녀는 사실 이 회견의 입회인이었는지도 모른다. 만약 그렇지 않다면, 빌라도는 침실에 들기 전에 아내에게 이 사건을 이야기한 것이다.

많은 군대를 파견한 빌라도의 방법은 지나친 신중함이 야기한, 일종의 우스꽝스러운 조치였는지도 모른다. 그것은 마치 절름발이 하나를 붙잡기 위해 두 개 여단과 소장을 파견하는 따위의 난센스와 마찬가지였기 때문이다.

# 예수의 생애

예수는 기원전 육년의 동지冬至 즈음에 태어났다.(그레고리력을 만든 디오니시우스는 계산을 잘못하여, 탄생을 육 년 후로 하고 말았다) 메시아는 마리아의 외아들로서 베들레헴의 동굴 마굿간에서 태어났다. 이 탄생에는 두 가지 면, 평범한 면과 초자연적인 면이 있다. 이 두 가지 면은 완전히 혼합된, 두 색깔의 실로 짠 의복과도 같아서 한쪽 색깔의 실을 뽑아서 살펴보려 한다면 의복 전체가 못 쓰게 되는 것과 마찬가지가 된다.

마리아는 다윗의 가계家系였다. 요셉이라는, 수염을 기른 젊은 목수인 그녀의 남편도 그러했다. 그녀가 약혼을 한 것은 열두 살에서 열세 살 사이인 듯하다. 그것이 당시의 관습이었다. 결혼한 것은 열네 살이었을 것이다. 그녀가 요셉보다 나이가 더 많았을 리는 아마도 없을 것이다.

성경에도 역사에도 부정적인 증거가 없으므로, 이 결혼은 히브리 풍습에 따랐다고 생각해도 좋을 것이다. 요셉의 부모는 마리아의 부모를 찾아가서 미리 상의를 했다. 신랑 후보자는 열여덟 살에서 스물네 살 사이였을 것이다. 아마 그는 목수의 견습 수업을 마치고 있었을 것이다. 그렇지 않으면 그는 아내를 부양할 수가 없기 때문이다.

양가兩家 모두 왕실의 피가 흐르고 있었다. 그들은 다윗계 중에서는 가난한 집안들이었기 때문에 지참금에 관한 것이 문제가 되었는지는 의심스럽다. 아마 요셉은 단아한 시골 처녀 마리아가 그의 양친과 함께 있는 것을 우연한 기회에 보고 그녀에게 그저 마음이 끌리게 되었으리라. 그 후 요셉의 집안 사람이 그에게 혼담을 처음 꺼냈을 때 그는 마리아가 좋다는 의사 표시를 한 것으로 생각된다. 혼담은 그 결과 추진되었을 것이다.

양가의 가족이 찬성하면 키두신(약혼식)을 올리게 된다. 이것은 결혼과 같은 정도의 의미와 목적을 갖는 것이었다. 한번 약혼 관계가 성립되면, 신랑이 신부와 헤어지기 위해서는 이혼 이외의 방법이 없다. 유대 지방에서는 키두신을 올린 두 사람은 결혼식까지는 각기 양친의 집에 살지 않으면 안 되나, 성적性的 관계를 갖는 것은 허용되고 있었다. 마리아와 요셉이 살고 있던 갈릴리 지방, 그리고 팔레스타인의 그 밖의 지역에서는 키두신 일 년 후에 거행되는 결혼식까지 순결을 지키도록 되어 있었다. 신랑이 그 기간에 죽으면 약혼한 부인은 그의 합법적인 미망인으로 간주되었다. 한편, 약혼한 여자가 그 기간 중에 정절을 지키지 않으면, 그녀는 간통죄로 벌을 받게 된다.

약혼에서 결혼까지의 기간 동안 작은 집을 사든가 빌리든가 하여 가구를 들여 놓는다. 니수인(결혼식)은 약혼자가 신부를 자기가 준비한 집에 엄숙하게 맞아들이는 예식이었다.

약혼 기간 중의 어느 때, 마리아는 나사렛 양친의 집에서 천사 가브리엘의 방문을 받았다. 천사는 말했다. "축하합니다. 은총을 가득히 입으신 분이여! 주께서 당신과 함께 계십니다. 당신은 여인 가운데서 축복받으신 분입니다." 젊은 처녀는 이 말에 겁을 먹지도 않았고 기뻐하지도 않았다. 그녀는 미지의 두려움에 떨었다. 천사는 이어서 말했다.

"마리아여, 두려워하지 마십시오. 하느님의 은총을 받으셨습니다. 임신하고 아기를 낳게 될 것입니다. 그 아기의 이름을 예수라 지으십시오. 그분은 위대한 분이며, 지극히 높으신 분의 아들이라 불릴 것입니다. 또 주 하느님께서는 그분에게 그의 조상 다윗의 왕위를 주실 것이고, 영원히 야곱의 후손을 다스릴 것이며, 그 나라는 영원히 계속될 것입니다."

오랜 옛날부터 유대인은 천사를 신의 사자라고 들어 왔다. 이 지방 도처에서 늙은이들이 걸핏하면 천사를 보았다고 하는 근처 사람들의 옛이야기를 하였던 것이다. 그때 본 천사가 선령善靈인지 악령惡靈인지에 따라 기적적인 행운이나 재난을 만나게 된다. 그러므로 이 갈릴리 아가씨는 천사자체에는 놀라지 않는다. 다만 이 방문이 무슨 징조인가가 그녀를 겁나게하였던 것이다. 하느님은 그녀에게 무엇을 바라는 것일까. 그녀는 말했다. "어찌 그런 일이 있겠습니까? 저는 아직 남자를 모르옵는데." 천사는 자세히 설명했다. "성령이 당신에게 임하시고, 지극히 높은 분의 능력이 당신을 덮으십니다. 그러므로 태어나실 아들은 거룩한 분이며 하느님의 아들이라 이를 것입니다. 친척 엘리자베스도 늙었으나 임신하지 않았습니까? 임신할 수 없는 이라고 하였으나 지금 여섯 달이 되었습니다. 하느님께서 이루시지 못할 일이란 없습니다."

마리아는 얼마나 큰 영광인가를 잘 이해하게 되었다. 그녀는 하느님의 아들의 어머니가 되는 것이다. 그녀는 어째서, 왜 이렇게 되는지는 알지 못했으나 물으려고도 하지 않았다. 그녀는 어버이에게 효도하는 자식으로 자랐고, 모든 것에 깊고 경건한 마음을 지닌 신앙깊은 처녀였다. 그녀는 순종과 복종의 도를 알고 있었다. "저는 하느님의 여종입니다. 당신 말씀대로 이루어지옵소서" 하고 그녀가 말했다.

그녀는 자기가 들은 것이 꿈이 아님을 입증하는 길은 오직 하나뿐이었다. 그녀는 곧 유대 지방의 산골 마을로 친척 엘리자베스를 찾아갔다. 그녀는 자카리아라고 하는 제사의 아내였다. 엘리자베스는 나이를 많이 먹었고, 여러 가지로 하느님께 빌었으나 어린 아이가 아직 없었다. 마리아는 알지 못하였으나, 같은 천사가 엘리자베스에게 나타났고 그녀는 과연 임신 육 개월째였다. 유월에 그녀는 요한이라는 아기를 낳게 되는데, 그는 곧 세례자洗禮者로 불리어 메시아보다 앞서 여러 무리 앞에 설교하고 세례를 베풀게 되었다.

당시 로마의 아우구스투스 황제는 회의를 열고, 백성의 수와 출신지를 모르면 과세액을 정확하게 매길 수가 없다고 단정했다. 그리하여 그는 제국 안의 모든 백성은 조상의 땅으로 돌아가 인구조사를 받지 않으면 안 된다는 명령을 내렸다. 그는 이 명령으로 하여 고통받는 사람이 많을 것을 알고 있었다. 또한 경제적 균형이 깨어질 것도 알고 있었다. 그러나 그러한 비난에도 불구하고, 황제는 같은 한 사람이 두 사람으로 계산되거나, 여행자가 계산에서 누락되지 않도록 초겨울에 고향으로 돌아가 인구조사를 받도록 하라고 명령했다.

마리아는 여행하고 싶지 않았다. 어미로서의 당연한 본능으로 그녀는 내심 이 일에 반대였다. 둘은 베들레헴에 가지 않으면 안 된다. 그것은 의논의 여지가 없는 법률이라고 요셉은 마리아에게 말했다. 한길로 가면 남으로 약 백사십 킬로미터, 도중에 예루살렘의 성도를 거치게 될 것이다. 이 일로 해서 마리아는 자기의 주장을 어느 정도 굽혔는지도 모른다. 아마 그녀는 예루살렘이나 솔로몬의 성전을 본 적이 없었을 것이다.

마리아는 요셉이 손질한, 제품을 나르는 회색 노새 등에 옆으로 올라 앉았다. 유대인은, 사마리아 지방은 전부 더럽혀진 부정한 곳이라 믿고 있었고 그곳을 통해 지나는 일은 좀체로 없었다. 그들은 요르단 계곡으로 나와 강둑길을 따라 여리고로 가서 거기서 서쪽으로 꺾어 예루살렘으로 간다. 가족을 데리고 가는 사람은 하루 평균 십육 킬로미터를 걸었다. 밤엔 숙박료를 내고 여인숙의 큰 방 한구석에 여장을 풀었다.

베들레헴에 도착했을 때, 마리아는 진통을 겪어야만 했다. 요셉은 급히 여관을 찾았으나 그곳은 동쪽으로 양치는 목자들이 있는 구릉지대를 내려다보는 절벽 위에 있었다. 마리아가 문 밖 노새 곁에서 기다리고 있는 동안 요셉은 사태가 급박함을 주인에게 설명했다. 유대인의 관습으로는 이런 경우 곧 산파를 부르도록 되어 있었으나, 마리아는 산파보다도 혼자 있을 방이 필요하다고 잘라 말했다.

요셉은 여관 주인과 의논하였다. 주인은 두 손을 들고 머리를 절레절레 흔들었다. "목수 양반, 이 거리에 사람이 넘치고 있는 것을 알고 있겠지요? 다윗의 후예들이 몽땅 돌아온 것을 알고 있잖소. 거리의 집집마다 가득 찼고, 여관도 만원이라 사람들은 길가나 산에서 자고 있소. 방이라고요? 그것도 독방으로? 아무래도 그건 무리요."

목수는 본래 말수가 적은 사나이였다. 그는 조용히, 그렇다면 아내가 어디서 아이를 낳았으면 좋겠느냐고 물었다. 주인은 그의 아내와 의논했다. 밤공기는 차고 별빛도 싸늘했다. 양 치는 목자는 망토를 코 위에까지 끌어올려 덮고 잠들어 있었다. 어디가 좋을까. 저 아래 마굿간이다. 거기는 산실産室로서 적합한 장소라고 할 순 없어도 바깥보다는 따뜻하고 다른 손님이 들어오지 않는다. 마굿간도 그날 밤엔 짐승들로 가득 차 있었지만, 요셉과 마리아에게 그 헛간이나마 차례가 온 것은 퍽 다행한 일이었다.

젊은 아내는 차고 어두운 문 밖에 서서 노새 고삐를 붙잡고 있었다. 부연 먼지가 그녀의 여윈 얼굴이며 손발을 한층 창백하게 만들었다. 그녀는 뼈가 쑤셔 오고 분만의 때가 가까워 온 것을 느꼈다. 남편이 객주집에서 돌아와 교섭의 결과를 알렸다. 그것은 요셉에게는 굴욕적인 일이었으나, 마리아에게는 천만다행한 일이었다.

숙소가 서 있는 절벽은 둥근 뱃머리 모양을 하고 있었다. 그 뱃전에 해당하는 부분을 두 줄기의 길이, 뱃머리에 부딪는 파도 모양으로 선을 그리면서 나 있고, 그 길은 중간에서 한 줄기로 합쳐져 있었다. 요셉은 그곳으로 마리아를 인도했다. 그는 그녀에게 미안해하면서, 더 좋은 장소를 찾아내지 못한 것을 아쉬워했다. 그는 남편으로서 아내의 중대한 일에 별로 힘이 되지 못한 것을 부끄러워했다. 산파조차 데려오지 못했던 것이다.

이러한 사정으로 열다섯의 나이로 예사롭지 않은 은총을 입은 젊은 부인은, 꼭 삼십사 년 후에 그녀의 아들이 홀로 시련을 받지 않으면 안 되었던 것과 같이, 역시 혼자서 시련을 받지 않으면 안 되었다.

마리아는 어릴 때부터 여호아 신이 하시는 일은 신비적이고 인간의 지혜로는 헤아리기 어려운 것이라고 들어 왔다. 그리고 하느님의 아들이 여관 아래 동굴에서 태어나는 것이 하느님의 뜻이라면, 그 배려에 대해 이러니 저러니 생각하는 것조차 송구스러운 일이다. 다만 그곳이 좀 깨끗했으면 좋겠다고 은근히 바랐을 것이다.

낙담한 남편은 아내를 마굿간으로 데리고 들어갔다. 그는 램프를 걸고서, 크게 뜬 눈을 껌벅이며 노려보는 동물들을 잠시 바라보았다. 이내 깔개감으로 충분한 짚을 모으고, 물통을 노새 등에서 내려 물을 길러 갔다. 그는 불을 피우고 싶었으나 이 구릉에는 땔감으로 쓸 고목枯木이 없었다. 그는 할 수 없이 여관 주인으로부터 숯을 얻어 가지고 와서 마굿간 입구

바깥쪽에서 불을 피웠다. 산양 가죽 주머니에서 항아리며 접시며 컵 따위를 꺼내고, 노새는 마굿간 안에 끌어다 매었다.

작은 소리로 마리아와 말을 주고받고서, 그는 마리아를 혼자 남겨 둔 채 밖으로 나갔다. 빨갛게 피어오른 숯불에 물을 끓이면서 하느님의 자비를 구하는 기도를 올렸다. 그는 바삐 일을 계속했다. 동물 우는 소리만 들려와도 그의 가슴은 뛰었다. 그는 숯불 곁에 몸을 구부리고 앉아 숯을 고르고 연기가 잦아들면 불을 조금씩 마굿간 쪽으로 가까이 다가 놓았다.

이럴 즈음 여관집 여주인이라도 무슨 도움이 필요한지 물으러 옴 직한데, 들여다보는 사람은 아무도 없었다. 지루한 시간은 한없는 고독감을 그 속에 숨기고 있었다. 시간을 쪼고 있는 것은 두 심장의 고동이었다. 하나는 괴로운 듯이 천천히, 다른 하나는 손아귀에 붙잡힌 토끼의 그것처럼 빠르고 얕게 고동쳤다. 시간의 흐름이란 빠르게 할 수도, 느리게 할 수도 없다. 시간은 점점 지나갔다. 회색 모피 같은 타다 남은 재 옆에 몸을 구부리고 있는 요셉은, 모압 산맥 위로 돋아오른 새로운 밝은 별빛을 보았다.

그녀가 그를 불렀다. 그는 겁에 질려 안으로 들어가 동물의 깃털과도 같은 가벼운 숨결을 의식하면서, 마리아가 구유 곁에 웅크리고 앉아 있는 것을 보았다. 구유 안에는 그녀가 가지고 온 폭넓은 무명이 몇 단 들어 있었고, 거기에 몸을 구부리니 작은 무명 천 아래에 어린 아기의 빨간 얼굴이 보였다. "이 아기가 천사가 말한 어린아이로구나." 그는 중얼거리며 그 앞에 꿇어 앉았다. 이 아기가 바로 메시아였다.

해마다 니산달이면 요셉은 유월을 축하하기 위해 예루살렘에 올라갔다. 그는 아내와 그의 아들을 남겨두고 갔으나, 열두 살이 되면서 예수는 의부義父와 마찬가지로, 종교적 의무를 짊어진, 한 사람의 구실을 할 수 있는 유대인 사나이가 되었다. 마리아는 예루살렘에 갈 의무는 없었으나, 극히 신앙이 깊은 여인이었으므로 그들과 함께 성도聖都로 갔다. 예수에게 신앙의 기본적인 형식을 가르친 것도 그녀요, 읽고 쓰는 일이며 율법을 배우도록 그를 유대 율법을 가르치는 학교에 넣은 것도 그녀였다.

예수는 그의 신성神性 때문에 공부하는 것이 용이했다고 말할 수는 없다. 그가 인간으로 태어난다는 형식을 취할 때 그는 어떤 의미에서 인간의 약점을 가지고 있었다. 칼에 베이면 그는 다른 소년처럼 피를 흘렸고, 어머니에게 꾸지람을 들으면 슬퍼했다. 요셉의 일터에서 송판을 일정한 두께로 대패질할 때, 요셉에게 칭찬을 받으면 얼굴을 붉히면서 자랑스럽게 생각했고, 요셉을 더욱 기쁘게 해 주려고도 마음먹었다.

연례적인 예루살렘 여행은 언제나 큰 행사였다. 그것은 일종의 축제였다. 근처 사람들끼리 모여서 작은 대상隊商을 조직하고, 농담을 주고받으면서 순례를 마음속으로부터 즐기는 것이었다. 작은 무리는 다른 작은 무리와 서로 섞여, 큰 길은 순례의 무리로 가득 찬다. 그들은 모두 행복한 듯 머리숙여 미소지으며 서로 신앙 깊은 인사를 교환했다. 어린아이들은 아버지를 졸라 목말을 타고 여행하는 일도 있었다.

해가 저물면, 날씨가 좋은 경우에는 길가에서 노숙도 했고, 춥거나 비가 내리는 날이면 여관을 찾는데, 여관집은 대개 네모난 집으로, 한가운데엔 동물을 매어 두는 뜰이 있었다. 주위는 부자들이 유숙하는 작은 독방이 두셋, 그리고 가난한 사람들을 위한 큰 방이 하나 있었다.

큰 방의 유대인들은 그들의 자유와 독립을 소리높여 주장했다. 그래도, '자 그만 자라' 든가, '조용히 하라' 든가 따위 잔소리는 아무도 하지 않았다. 어떤 이는 밤늦도록 율법의 문제며 상품 시장의 일을 의논하고, 어떤 이는 긴 시간을 큰 소리로 기도하고 있었으며, 어떤 이들은 한 무리가 되어 벽에 기댄 채 아침까지 찬송가를 부르기도 했다. 아이들은 부모들 사이에 끼여 마룻바닥에서 어른들의 시끄러운 소리에도 아랑곳없이 새우잠을 자곤 했다.

니산달 십사일부터 하루 이틀 전에 대개의 가족은 성도에 도착했다. 어떤 자는 유월의 성찬을 축하한 다음날 귀로에 올랐으나, 신앙 깊은 사람들은 유월 주간이 끝나는 니산 이십일일까지 예루살렘 안팎에 머물고 있었다. 열두 살쯤 된 소년 예수는 보통 아이들보다는 약간 키가 컸고 대개의 소년보다도 성실한 아이였다. 나사렛으로 가는 여행대와 함께 귀로에 올라 하룻길을 갔을 때, 요셉과 마리아는 아들이 없어진 것을 알았다.

그들은 걱정 끝에 미칠 듯이 되었고, 일행들과 헤어져서 황급히 예루살렘으로 되돌아왔다. 예루살렘에 돌아왔으나, 그는 눈에 띄지 않았다. 그동안에 찾아갔던 곳이나 갈 만한 곳을 찾았으나 없었다. 두 사람의 근심은 이루 말할 수 없었다. 이 아이는 두 사람에게 있어서 아들 이상의 존재였다. 그에게는 거룩한 사명이 있었으며, 그들만이 그것을 알고 있다. 그들은 하느님으로부터 특별한 책임을 지고 있었는데, 그만 그를 잃어버린 것이다. 그들은 좁은 골목길을 돌고, 점방을 들여다보고, 키가 큰 소년이면 달려가 일일이 확인해 보았으나, 예수는 아니었다. 미아가 없는지 관계 기관에 물어도 보았으나, 대답은 어디서나 판에 찍은 듯이, 그런 아이는 보지 못했다는 것이었다.

사흘째 되던 날, 눈물마저 말라붙은 듯 지친 그들이 예수의 진정한 아버지인 하느님에게 구원을 빌기 위하여 성전으로 왔을 때였다. 아들이 성전 주랑柱廊에서 학자들과 자리를 같이한 채 율법 토의를 들으며 문답을 하고 있지 않은가! 학자들은 소년의 지력智力과 지식에 감동하고 있는 듯했다.

아들과 떨어져 울며 걱정하고 불길한 예감으로 심란해하고 있던 어머니는 아들을 발견하고 그가 무사한 것을 알게 되자 반사적으로 노여움을 느꼈다. "얘야, 넌 어째서 이 모양이냐. 아버지도 나도 걱정되어 너를 찾아 사뭇 헤맸단다." 예수는 어머니를 쳐다보았다. 그는 부모의 걱정하심을 알고 놀란 듯하였다. "어째서 찾으셨습니까?"

그는 조용히 위로하는 듯 말했다. "제가 아버지의 부르심에 따르지 않으면 안 된다는 것을 모르셨습니까?"

그를 둘러싸고 있던 학자들은 물론 이 대답의 의미를 알지 못했을 것이고, 마리아도 요셉도 이해하지 못했을 것이다. 그의 참 아버지는 하느님이고, 그의 아버지는 다름아닌 성전에 있었던 것이다.

그래도 그는 유순한 아들이었다. 그는 자리에서 일어나 학자들에게 인사를 하고 양친과 함께 나사렛으로 돌아왔다. 이로부터 이십 년 후, 서른 두 살이 되기까지 그는 나사렛에서 살았고, 그를 아는 사람은 다만 가족과 친족과 친구들뿐이었다.

그는 요셉의 일을 도우며 크고 건장하게 성장함에 따라서 요셉의 일을 점차 그가 인수하게 되었다. 요셉이 건강을 잃은 후부터는 더욱 그렇게 되었다. 이 침착하고 신앙심 깊은 사나이가 죽었을 때, 예수는 자기에게 율법과 사랑을 가르친 사람을 여읜 아들로서의 모든 감정을 체험했다. 이때 인간 예수는 최초로 어른으로서의 눈물을 흘렸다. 그러나 물론 이 슬픔은 그 한 사람의 것은 아니었다. 아들과 어머니가 함께 슬퍼한 것이다.

예수의 공적公的인 생활—인류 구제의 사명—은 기원 이십칠년의 후반, 그가 서른두 살이 된, 두 눈에 비밀한 슬픔이 가득 찬 장년기에서 시작되었다. 그는 일터에 있는 때보다 사람들 사이에서 가르치거나 그들의 말을 듣는 일이 많았다. 갈릴리 지방의 많은 사람들은 그를 알았고 그도 많은 사람을 알았다. 그러나 그들은 예수의 사명을 몰랐으며, 그도 말하지 않았다. 그는 사람들의 당면한 문제며 기쁨을 알았고, 그들은 그를 그들 동족同族의 한 사람, 부드럽고 명확지 못한 말씨를 쓰는 갈릴리 토박이로 생각하고 있었다.

예수는 자기의 말씨가 유대 지방에서는 웃음거리가 되고 있음을 알고 있었을 것이다. 예루살렘에서 양털을 사려고 한 갈릴리 농부에 관한 우스갯소리가 있다. 그가 자기의 발음대로 '아마르'가 있느냐고 물은즉, 가게 주인은 그 발음이 명확하지 않아, "갈릴리 사람들은 멍청이로구만. 자네가 원하는 게 하모르(노새)인가, 하마르(포도주)인가, 아니면 이마르(작은 양)인가, 아마르(양털)인가, 도대체 어느 것이 필요한가?"고 말했다고 한다.

북부의 농부들은 예수를 서로 사귀어 알고 있었다. 그는 조용히 혼자서 걷기를 좋아했으며, 멀리 가는 길이 아니면 맨발로 걸었다. 그는 옷자락에 무늬가 없는 검소한 겉옷을 입고 남처럼 호신부護身符를 몸에 지니지도 않았다. 그가 걷고 있노라면, 때로는 일하던 농부가 일손을 멈추고 밭을 가로질러서 예수와 이야기하러 오기도 했다. 그들은 그를 학식있는 친절한 사람(교사)으로 대했다. 그들은 자신의 문제를 그에게 상의하고, 그가 현명하게 그 시비를 가려내는 데에 감탄하였다.

그는 이미 구제救濟의 일을 시작할 준비가 되어 있었다. 그러나 성경에 의하여, 예수 자신에 앞서는 자가 있음을 알았다. "보라." 이사야는 말했었다. "나는 내 사신을 네 앞에 보내고 길을 닦게 하리라. 또 광야에서 외치는 소리가 있으니, '주의 길을 준비하고 그 지름길을 곧게 하라.'"

예수는 그보다 앞서는 사람은 그보다 먼저 태어난 사람, 곧 엘리자베스의 아들 요한임을 알았다.

예수의 종형從兄(요한을 말한다―역자)은 광야에 있었다. 그는 열렬한 수행자修行者가 되어 있었고, 도도히 사람들을 훈계하는 말을 토하고 있었다. 하느님이 그에게 사도의 임무를 주었을 때, 요단 강변의 풍성한 녹지에 와서, 그의 말을 따르는 모든 사람에게 세례를 주고 있었다. 그는 낙타털로 만든 긴 셔츠를 입고 가죽띠를 두르고 있었다. 그는 메뚜기와 야생의 꿀(석청)을 먹었고, 성을 내는 것이 그의 무기였다. 사람들은 예루살렘을 위시하여 전국에서 모여들었다. 그는 요단 강물에 정강이까지 다리를 잠그고 서서, 자기의 죄를 고백하는 사람들에게 물을 끼얹어 죄를 씻어 주었다.

어느 날, 사람들은 요한에게 당신은 어떠한 사람이냐고 물었다. 세례자는 사람들의 묻는 뜻을 알아들었다. 그들이 묻는 것은 '당신은 메시아입니까?' 하는 것이었다.

그는 고개를 크게 가로젓고는, "나는 메시아가 아니오" 하고 대답했다.

"그러면 어떤 사람입니까? 당신은 엘리야입니까?"

"아니, 그렇지 않소."

"그러면, 저 선지자先知者입니까?"

"그도 아니오."

"그러면 당신은 누구입니까? 우리를 보낸 이들에게 어떤 대답을 가지고 갈 수 있게 해 주십시오. 도대체 당신은 자신을 누구라고 생각합니까?"

"나는 예언자 이사야가 말한 바와 같이 '주의 길을 곧게 하라'고 광야에서 외치는 소리요."

그 질문을 한 바리새파 사람들은 문제점을 발견하여 꼬투리를 잡은 기쁨에 가슴을 설레면서 말했다.

"그렇다면, 당신은 메시아도 아니고 엘리야도 아니고 또 저 선지자도 아니면서 왜 세례를 줍니까?"

"나는 물로 세례를 주지만…" 하고 그는 큰 소리로 부르짖었다. 그리고 말을 이었다.

"여러분 가운데 모르는 이가 서 계십니다. 그분은 내 뒤에 오실 분이며, 나는 그분의 신발끈을 풀 자격조차 없습니다."

이튿날, 요한은 요단 강가에서 군중에게 진리를 설교하고 있었다. 그때 자기 쪽으로 다가오는 키 큰 종제從弟 예수를 보고 말했다. "보시오, 세상의 죄를 사해 주시는 하느님의 어린 양을. '내 뒤에 오시는 분은 나보다 뛰어난 분이시며, 나보다 앞서 계셨다'고 내가 말한 분은 바로 저분입니다. 나는 저분을 몰랐지만 저분이 이스라엘에 나타나 주시는 그 일을 위하여 나는 물로 세례를 주고 있습니다."

요한은 그가 자기의 종제인 줄은 몰랐다. 그를 어릴 적부터 봐 오지 않았기 때문이다.(요한의 양친은 그가 태어났을 때 이미 늙어 있었으므로 그가 어릴 때 죽었다. 세례 요한은 광야에서 이십 년을 보내고 있었고, 요단 강에서 세례 줄 때 종제를 보고도 알아보지 못했다)

예수는 한쪽 손으로 옷자락을 쳐들고 요단 강으로 들어갔다. 요한은 굳이 사양했다. "저야말로 당신께 세례를 받아야 할 터인데, 어찌 저에게로 오셨습니까?"

"지금은 그렇게 하여 주오" 하고는 물을 받기 위해 머리를 숙였다. "이와같이, 우리가 모든 의를 다하는 것이 합당한 일이오."

그는 세례를 받자 곧 갈색을 띠고 흐르는 강물에서 물가로 올라왔다. 그러자 하늘이 열리고 하느님의 성령이 한 마리 비둘기의 모습으로 내려와 그의 어깨에 앉았다. 멀리서 소리가 들려왔다. "이는 내 사랑하는 아들이요, 내 기뻐하는 자이다."

다음날 오후, 요한은 예수에 대한 최후의 사명을 다하였다.

오후 네시, 군중은 요단 강변에 늘어서서 세례자의 말을 듣고 있었다. 그는 무릎까지 물에 잠그고 곁에 제자 안드레를 거느리고 있었다. 세례자는 큰 소리로 외치며 손을 흔들어 죄를 꾸짖고, 사람들에게 회개할 것을 부르짖고 있었다. 그때 그는, 침묵을 지키며 군중으로부터 떨어져 있는 한 사람을 보았다.

"보라" 하고 그는 안드레에게 들릴 만한 낮은 목소리로 말했다.

"하느님의 어린 양을!"

그는 안드레가 자기를 버리고 예수를 좇을 것임을 분명 알고 있었다. 그는 그때까지 스스로 메시아의 선구자라고 말해 왔으나, 알지도 못하는 한 사나이를 가리켜 '하느님의 어린 양' 이라고 말하고 있다. 이는 '하느님의 종', '하느님의 희생' 이란 뜻이다. 안드레는 세례자에게 하직인사도 없이 옷가지를 들고 강가로 걸어갔다. 안드레는 강둑에 올라 예수가 떠나가는 것을 바라보았다. 예수는 벌써 여리고 가도로 나아가고 있었다. 주변에는 보리가 풍성히 자라고 있었다. 여기저기 짚으로 이은 지붕이 보리밭 위로 솟아 있었으며, 바람이 불면 보리는 파도와 같이 물결쳤다. 예수는 안드레가 다가오는 것을 보고는 걸음을 멈추고 그를 향했다.

"무슨 소원이 있는가?"

"선생님은 어디서 머무시나요?"

이 말에는 별다른 뜻이 있었다. 당신은 누구이고 어떤 사람인가 하는 뜻이 숨어 있었다. 예수는 미소를 지으면서 손가락을 구부렸다.

"와 보라. 그러면 알 것이다."

이와같이 그는 열두 제자 가운데 최초의 사람을 얻은 것이다. 그는 그의 사람됨을 묻거나 마음을 시험하거나 이름을 묻기조차 하지 않았다. 이 열두 사람은 미리 아버지 하느님에 의해서 선택되어 있었다고도 생각된다. 그렇다면, 예수가 그의 열두 제자 가운데 배반자도 넣은 까닭을 알 수 있다. 다른 사람들도 인간적인 약점을 가졌고 약간의 형식적인 교육을 받았을 뿐 신앙은 흔들리기 쉬웠으며, 예수가 이 땅에서 찾아낼 수 있었던 최선의 인간들이라곤 말할 수 없었으나, 그는 제자들이 접근해 오는 대로 그들을 받아들였던 것이다.

그의 첫번째 공적 생활은 갈릴리의 가나에서 비로소 시작된다. 친지들 가운데 어떤 이가 결혼하게 되어, 예수의 어머니 마리아도 친구들이며 아들과 함께 초대된 적이 있다. 주인은 부자도 아니어서 준비한 포도주가 모자랐다. 마리아는 신부측의 당황해하는 것을 보고 어머니다운 안타까움을 느꼈다. 그녀는 아들에게 말했다. "포도주가 떨어졌구나."

"어머니, 그것이 어머니나 저와 무슨 관계가 있습니까? 아직 저의 때는 오지 않았습니다" 하고 그는 속삭였다. 이때 그는 공적인 생활을 시작할 준비가 아직 되어 있지 않음을 어머니에게 말하려고 했던 것이다. 어머니가 아들에게 지나치게 애정을 가지는 것은 예나 지금이나 마찬가지다. 아들 쪽으로 눈길을 주지도 않은 채 가만히 있었으나, 그녀는 그가 무언가 할 것이라고 생각했다. 그녀는 아들의 주의를 환기시키기만 하면 충분하다고 생각했기 때문이다.

그녀는 걱정하고 있는 하인에게 말했다. "무엇이든 저이가 시키는 대로 하시오."

식탁의자 뒷벽에 큰 돌항아리가 여섯 개 나란히 있었다. 그것은 모두 비어 있었다. 하나가 칠십오 리터 들이로서, 연회가 끝나고 나서 있을 청정의식淸淨儀式에 쓰일 것이었다. 예수는 자기의 새로운 신자들을 불쾌한 듯이 바라보고 하인에게 말했다. "항아리에 물을 가득 넣어라." 하인들은 얼굴을 마주보면서 어깨를 잠시 으쓱했다. 그들은 작은 항아리를 가지고 와서 과장된 몸짓으로 물을 항아리에 부었다. 항아리가 가득 채워지자 젊은 메시아는 한 손을 올리고 말했다. "자, 그것을 퍼다가 주방장에게 가지고 가라." 그들은 분부대로 했다. 주방장이 그것을 맛보았다. 훌륭한 포도주였다. 그들은 매우 놀라 예수에게가 아니라 신랑 쪽으로 가서 말했다.

"어떤 사람이든 처음에 좋은 포도주를 내고, 취기가 돌 즈음 나쁜 것을 내놓는 법인데, 오히려 당신은 좋은 포도주를 지금까지 내놓지 않고 있었군요."

그의 제자들은 이를 보고 예수를 믿었다. 물론 그의 어머니는 그의 신성神性을 확인하는 데 기적은 필요치 않았다. 이 기적의 가르침은 물을 포도주로 변화시켰다는 데 있는 것이 아니고, 신인神人조차도 순종의 율법에 속박된다는 절대적인 사실이었다. 어머니의 소원을 물리칠 수는 없었던 것이다.

결혼식이 끝난 후 예수는 어머니, 종형제, 그리고 제자들과 함께 가버나움으로 갔다. 그곳은 갈릴리 호수 북쪽 끝에 있는 어촌이었다. 사십팔 킬로미터, 이틀 길이었다. 예수 생애에서 분명치 않은 부분의 하나가 이 여행길이다. 그들이 이 여행을 떠났다는 것과 예수가 이곳을 나사렛 대신 포교의 중심으로 삼았다는 것 이외에는 아무 기록도 남아 있지 않다.

이 공백기간은 여러 가지 중요한 점에서 역사가들을 아쉽게 한다. 유대인은 고상한 대화나 철학적인 이야기를 하기 위해 곧잘 도보여행을 하였다. 예수는 공적 생활을 이제 막 시작했고, 또한 어머니, 종제從弟, 초기의 제자 같은 가까운 사람들과 함께 있었으므로, 이 여행 도중에 아마 그들에게 궁극의 영광을 말하고, 전도의 어려움을 암시적으로 전했음이 틀림없다.

거처를 나사렛에서 가버나움으로 옮긴 것은 당연하다. 그가 청춘기를 보낸 동네는, 자신이 메시아라고 선언하기에는 좋은 장소가 못 된다. 나사렛에는 몇십 명이나 되는 친척들이 있고, 그들은 예수를 보통 사람으로 여기고 있다. 그의 죽은 의부 요셉이나 마리아는 나사렛에 많은 친구를 가지고 있고, 예수를 다만 후배로 여기고 아기 때부터 성년이 되기까지 한 마을에서 보아 왔기에 별 흥미도 없었다. 또 그 또래들은 벌써 무역을 하거나, 시리아로 가는 대상을 부리거나, 농장에서 일하고 있어, 예수는 그들에 비해 너무도 장래성이 없는 젊은이로 생각될 뿐이었다. 물론 그들은 그의 탄생의 특수한 사정을 알 리도 없었고, 그 때문에 그의 신성神性도 알지 못했다.

기원 이십팔년 유월절에 예수와 그 신자들은 예루살렘으로 올라갔다. 그의 공적 생활의 첫 시작은 어머니를 위해 이루어졌지만, 둘째는 아버지 여호아를 위한 것이었다. 그는 '이교도의 뜰'의 어수선한 한가운데에 섰다. 환전상換錢商이 이교도의 돈을 세겔화로 환산한 가격을 외치는 소리가 경내에 울려 퍼졌고, 양과 소의 배설물 냄새가 코를 찔렀다.

어찌해서 민중은 그의 아버지의 성전을 악취나는 큰 마굿간으로 전락시켰는가? 금전과 같은 세속적인 것이 어째서 그의 아버지의 신앙과 관계가 있다는 말인가? 인간으로서의 예수는 마음에 충격을 받았다. 그는 갈색 눈을 크게 떴다. 그리고 인간들이, 아름다운 사상을, 조금씩이긴 하지만 한없이 왜곡해 가고 있다고 생각했다. 외치는 소리와 코를 찌르는 악취가 성전을 에워싸고 있다. 이것은 신성神聖을 더럽히는 것이라고 예수는 생각했다.

이 사람이 성내는 일은 드물었다. 성낼 때는 뇌우雷雨가 닥쳐오기 전과 같은 어둠과 고요가 있었다. 폭풍이 불어닥치기 전부터 그 내습의 조짐을 알았다. 그는 묵묵히 마룻바닥에서 몇 오라기의 밧줄을 주웠다. 끄트머리를 맺어서 채찍을 만들었다. 제자들은 이것을 보고 서로 얼굴을 마주보며 아무 말도 하지 않았다.

그는 넓은 대리석의 뜰을 걷기 시작했다. 커다란 오른손으로 밧줄을 휘두르고 있었다. 환전상이 놀란 얼굴로 겁에 질려서 테이블을 뛰어넘어 도망치는 것이 보였다. 그는 테이블을 발길질로 차 쓰러뜨렸다. 높이 쌓여

반짝거리던 화폐가 쟁그랑 소리를 내면서 널찍한 대리석 마룻바닥에 딩굴었다.

그가 환전상으로부터 발길을 돌려 안나스가 경영하는 시장으로 향하는 것을 보고 순례자들은 큰 소리를 냈다. 그는 소며 양의 고삐를 풀어 주었고 비둘기를 놓아 주었다. 예수는 거친 호흡으로 얼굴이 붉게 상기된 채 장터의 상인들을 향했다. "이 물건들을 가지고 여기서 나가라. 나의 아버지의 집을 장터로 만들지 마라!" 그는 외쳤다.

동물들은 경내를 뛰어다녔다. 환전상이나 상인들은 예수에게 덤벼들 용기가 없었다. 이미 순례자 중의 일부는 큰 소리로 예수를 성원하고 있었기 때문이다. 그들은 예수가 누구인지 몰랐으나 예수의 행위에 동조하고 있었던 것이다.

"이런 일을 한 이상, 무엇인가 징조를 우리에게 보여주겠소?" 하고 장사꾼 중의 한 사람이 물었다.

예수는 아직도 성이 풀리지 않아 모멸하는 듯이, 가슴을 두드리며 말했다. "이 성전을 허물면 나는 사흘 안에 다시 세울 것이다." 그들이 이 일로 인해 자기를 죽일 작정인 것을 그는 알고, 만약에 그렇게 되더라도 사흘 만에 다시 살아날 것이라고 말할 작정이었던 것이다. 그러나 그들은 이해가 가지 않았다. 그가 성전을 말하고 있는 것으로 생각하였다.

"이 성전을 세우는 데 사십육 년이 걸렸는데, 당신은 사흘 만에 다시 세울 수 있단 말이오?" 그들은 놀라며 말했다. 예수는 그들을 뒤에 두고, 군중 주위에 벌벌 떨면서 몰려 있는 제자들에게로 돌아왔다. 그리고 예수는 희생을 바칠 준비를 했다. 성전 바깥뜰에서 사람들이 수근거렸다. 저런 난폭한 짓을 하면, 온 팔레스타인에서 가장 세력이 있는 안나스를 적으로 만드는 결과가 될 것인데, 갈릴리 사투리를 쓰는 저 이상한 사나이는 위험한 광인狂人이다, 게다가 성전을 사흘 만에 다시 세운다고 말하는 이 사람을 제정신이라고 보기는 어렵다, 등의 말들이었다.

유월절이 끝나자 예수는 집으로 돌아갔다. 소박한 사람들과 함께 있는

것은 즐거운 일이었다. 그리고 그는 따뜻한 날씨, 유쾌한 날에는 갈릴리
호반의 모래벌을 걸으며, 사색도 하고 설교도 하였다. 그는 길을 걸으면
서 제자의 수를 늘려 갔으나, 그 방법은 무원칙적이라고 할 만큼 일정한
기준도 없는 듯했고, 그러고도 그는 그것을 아무렇지도 않게 생각하는 듯
했다.

그때까지 예수는 메시아('그리스도'라는 뜻이다. 그리스도는 그리스
말의 'Christos' 즉 '기름이 부어진 자'라는 뜻을 지닌 말에서 온 것으로,
메시아와는 사실상 동의어이다)라는 말을 통 쓰지 않았다. 그러나 그럴
때가 왔다. 그가 이 계시를 하기 위해 선택한 사람은 사마리아의 가난한,
유대인과의 혼혈로 태어난, 간통을 범한 여인이었다.

그는 사갈 마을 교외 어느 우물가에 혼자 걸터앉아 있었다. 오후의 기운
햇빛 속에 그리심 산이 보랏빛으로 어렴풋이 보였다. 여기는 사마리아인
이 예루살렘의 솔로몬 성전과 대항하여 성전을 세운 곳이다. 가까이는 예
언자 모세의 묘소며, 야곱의 우물이 있었다. 제자들은 동네로 먹을 것을
마련하러 가고, 예수는 우물가의 서늘한 습기가 감도는 돌에 앉아서 다리
의 피로를 풀고 있었다.

한 여인이 물을 길러 와, 예수는 그녀와 말을 주고받기 시작했다. 그러
는 동안에, 그는 그때까지 모르던 여인이 지은 죄까지 알고 있음을 보여주
었다. "너에게는 다섯 남편이 있었고, 지금 같이 살고 있는 그이는 너의 남
편이 아니다."

사마리아의 여인은 얼굴을 들고 예수의 얼굴을 빤히 올려다보았다. "당
신은 예언자이십니다! 우리의 조상은 이 산에서 예배하였고, 당신네 유대
인들은 예루살렘에서 예배해야 한다고 하십니다."

"너희들이 이 산이나 또는 예루살렘이 아닌 곳에서 아버지를 예배할 때
가 곧 올 것이다. 너희는 자신이 알지 못하는 것을 예배하고 있으나, 우리
는 알고 있는 분을 예배하고 있다." 예수는 여인에게 잠시 생각할 시간을
주었다. "구원은 유대인으로부터 온다. 그러나 참되게 예배하는 이들이

영靈과 진리로써 아버지를 예배할 때가 온다. 아니, 지금 와 있다. 아버지는 이러한 예배를 하는 이들을 원하고 계시기 때문이다. 하느님은 영이시므로, 예배하는 이도 영과 진리로써 예배해야 한다."

여인은 그의 말을 이해하고 힘을 얻었다. "저는 그리스도라고 부를 메시아가 오실 줄 알고 있습니다. 그분이 오신다면, 저희에게 모든 것을 알려 주시겠지요."

예수는 미소 짓고 솔직히 말했다. "너와 이야기하고 있는 내가 바로 그이다."

제자들은 주를 따라서 며칠이 걸려 갈릴리로 돌아갔다. 이때 예수에게 놀랄 만한 일이 있었다면 자기 고향 사람들이 그를 환영한 일이었다. 그는 일찍이 회당會堂에서, 예언자는 고향에서는 받아들여지지 않을 것이라고 말한 바 있었으나, 이제 고향 사람들은 그를 숭배할 듯이 환영했다. 그들은 가나에 이르는 길에 줄줄이 늘어서서 머리를 숙이고 미소 지으며 그의 뒤를 따랐다. 예수는 그 이유를 알고 있었다. 그들 중 많은 사람들이 유월절 행사로 예루살렘에 가 있었으므로, 예수가 환전상의 책상을 발길로 차쓰러뜨리고 그의 힘을 과시한 이야기를 들었기 때문이다. 예수에 대한 열광은 며칠 동안 계속되었다.

그들은 페레아에서 올리브 산으로 갔다. 그곳에서 어느 조용한 밤, 제자들은 예수가 무릎을 꿇고 별을 이윽이 쳐다보고 있는 것을 보았다. 그가 이러는 것을 전에도 본 적은 있었지만, 그들은 아직 그 의미를 몰랐다. 그들은 그가 아버지와 마음을 통하고 있다고 생각했다. 그것이 끝나자 한 사람이 조심조심 예수에게 물었다. "주여, 요한이 그 제자에게 가르친 것같이 저희에게도 기도하는 일을 가르쳐 주십시오."

어떤 의미에서 이런 요청은 뼈저린 비난이었다. 왜냐하면 유대인은 많은 기도의 말을 알고 있기 때문이다. 식전, 식후, 여러 가지 사태, 길보, 흉보, 매일의 근행勤行, 하루의 시작인 저녁, 죽음, 탄생, 안식일, 희생, 속죄,

감사, 추수, 일, 사랑하는 이 등을 위한 기도가 각각 몇 가지씩이나 있었다. 또한 신앙을 맹세하는 기도며, 열여덟 가지의 공식기도가 있었다.

"기도할 때에는 이렇게 하라" 하고 그는 무릎을 꿇었고, 그들은 그가 하는 대로 따랐다. 많은 유대인은 서서 기도하였으므로 이것은 새로운 방식이었다. 그들은 조용히 귀를 기울였다.

하늘에 계신 우리 아버지시여
이름의 거룩하심이 나타나며
나라가 임하시며
뜻이 하늘에서 이루어지듯 땅에서 이루어지옵소서.
오늘 우리에게 나날이 쓸 양식을 주옵시고
우리가 죄 지은 자를 용서하듯
우리의 죄를 용서해 주옵시고
우리를 시험에 들지 않게 하옵시고
또한 악에서 구해 주옵소서.

예수는 이것을 유일한 기도로서 그들에게 따르게 할 작정은 아니었다. 찬미, 겸손, 기원 등 기도에 필요한 세 요소를 포함한 예로서 이 기도를 제시한 것이다. 말하자면 청사진이다. 그들은 이 특별한 기도를 다 외고 있었다. 다만, 그 중의 두 사람은 어구語句에 차이가 있었다. 그리고 그들은 독자적인 기도를 연구했다.

미혹迷惑이 신성神聖과 반드시 모순되는 것은 아니다. 하느님이 인간의 마음 속에 머물렀을 경우에도, 예수는 단 한 번 결심이 동요되었던 때가 있었다. 초막제草幕祭(유대인의 추수 경축제—역자) 때의 일이었다. 갈릴리에서 그의 형제들이 이 제야祭夜 때 예루살렘에 가도록 그에게 권유했다. "이제 성공하기 시작했으니, 이 기회에 당신 자신을 분명히 세상에 드러내는 게 어떻겠소."

예수는 가지 않겠다고 했다. 예수는 그가 상대방의 약점을 폭로하기 때문에 세상 사람들은 자신을 싫어한다고 말했다.

"이 제전에는 가지 않겠습니다. 내가 행동할 시간은 아직 오지 않았기 때문입니다."

모두들 초막제에 참가하기 위하여 가 버렸고, 예수는 혼자 갈릴리에 남아 있게 되었다. 예루살렘에서는 이미 정치가들이 그의 생명을 노리고 있었고, 지금으로서 그는 인간들과 싸우지 않으면 안 되었다. 왜냐하면 그가 갈릴리에서 설교하면서 얻게 되는 이점과 예루살렘에서 바리새파의 시끄러운 질문을 받으며 감당해야 하는 손실을 저울질해야 했기 때문이다. 바리새파는 제자들에게, 메시아는 왜 이 대제大祭의 성전에 오지 않느냐고 물었다. 위험을 무릅쓰고라도 예수는 성전에 가지 않으면 안 되었다.

그는 딜레마에 빠졌다. 그는 인간을 구제하기 위해 이 땅에 왔다. 그러나 인간은 그를 죽이려고 꾀하고 있다. 예수는 영원의 길을 가르치려는데, 인간은 예수를 죽음에 몰아넣으려고 한다. 만일 그가 성전에 나타난다면 바리새파는 군중을 선동하고, 그를 살해하려는 준비는 급속도로 이루어질 것이다. 그러나 할 일은 아직 많이 남아 있다. 아직도 아버지의 많은 말씀을 전하지 않으면 안 되며, 신약新約을 가슴과 말로 체득해야 할 열두 제자에게는 가르칠 것이 너무도 많이 남아 있다.

갑자기 그는 예루살렘에 가기로 결심했다. 그는 혼자서 성도聖都로 향했다. 가는 도중에 군중을 피하면서 아무도 모르게 예루살렘에 도착했다. 경내의 대리석 포석鋪石 위에서 바리새파가 큰 소리로 말하고 있었다. "그 사나이는 어디 있어? 왜 그가 말하는 아버지의 집에 오지 않는 거야?"

그 말을 들은 군중들 가운데도 예수에 대해 '좋은 사람이다' 라고 하는 이도 있고, '아니, 그는 군중을 현혹하는 자다' 라 말하는 이도 있었다.

제전이 반쯤 지났을 무렵, 예수는 성전 계단에 올라서 설교하기 시작했다. 그는 손에 자그마한 책을 들고 있었다.

"저 사나이는 어떻게 해서 글자를 읽을 수 있지? 그는 정규 학교에서 배운 일도 없었는데" 하고 한 제사(祭司)가 말했다.

이 말은, 이 무렵부터 이미 예수의 신분은 성전 당국자에 의해 조사 연구되고 있었음을 보여주는 말이다. 그들은 예수의 신분을 알아보기 위해 사람을 갈릴리로 파견하여 그의 과거를 조사했음이 분명하다.

거기 서 있는 예수는 나이에 비해 늙어 보였다. 그의 공적 생활은 짧았지만, 눈 가장자리에 고뇌의 주름살이 잡혔고, 입가에는 피로가 새의 발자국 같은 선을 그어 놓고 있었다. 그는 가나의 결혼식 때보다 수척해 있었다. 소리는 전과 같이 힘찼고, 건장한 팔뚝은 말을 강조할 때마다 크게 움직였다. 그러나 그도 인간이었고, 사람들로부터 배척당하는 긴장이, 이 건장한 떡갈나무 둥치에 상처를 내기 시작한 것이었다.

"나의 가르침은 내 자신의 가르침이 아니다." 그는 군중들 머리 저쪽의 제사들을 의식하면서 말했다. "나를 보내신 이의 가르침이다. 하느님의 마음을 행하려고 생각하는 이라면, 누구라도 내가 말하고 있는 이 가르침이 하느님으로부터 말미암은 것인가, 그렇지 않으면 나에게서 나온 것인가를 분별할 수 있을 것이다. 자신에서 나온 것을 말하는 이는 자기의 영광을 구하지만, 자신을 보내신 이의 영광을 구하는 이는 진실하여, 그 자의 마음 속엔 거짓이 없다."

바구니 안에 담긴 달걀처럼 한결같이 무표정한 얼굴들이 그를 쳐다보고 있었다. 예수는 인간으로서 그들에게 이해시키려 하고 있는 것이다. 그는 외쳤다. "모세는 우리에게 율법을 주지 않았는가. 그런데 우리 가운데 그 법을 지키는 이는 한 사람도 없다. 너희는 왜 나를 죽이려고 하는가?" 사람들은 웃었다. 어떤 자는 입에 손을 대고 외쳤다. "이 사람, 정신이 좀 이상하군. 누가 당신을 죽이려고 한단 말이오?"

이전에 자신이 안식일에 병자를 고쳤을 때, 안식일을 어겼다는 이유로 자신에 대한 음모가 시작된 것을 그는 알고 있었다. 그러나 그의 앞에 서 있는 군중들은 그것을 몰랐다. 다만 군중 뒤쪽에 서 있는 몇몇 레위인들은 성전측이 이 신을 모독한 자에 대하여 마음의 준비를 갖추기 시작했다는 것을 알고 있었다.

그는 손가락 하나를 쳐들고 말했다. "내가 한 가지 일을 했더니 모두 그 것을 보고 놀라고 있다. 모세가 여러분에게 할례를 명했는데―이것은 모세가 만든 것이 아니라 그 이전 선조로부터 시작된 것이다―우리는 안식일에도 사람에게 할례를 베풀고 있다. 만일 모세의 율법에 어긋나지 않도록 안식일에도 할례를 받는 사람이 있다면, 안식일에 사람의 몸을 고쳐 주었다고 해서 어째서 그렇게 성을 내는가. 겉으로만 판단하지 말고 올바르게 판단하는 것이 좋을 것이다."

제전의 마지막 날에 성전 당국은 파수꾼을 보내어 예수를 잡으려 했다. 이것은 그가 예루살렘에 올라오기 전부터 예기하고 있던 위험이었다. 아직 붙잡힐 때는 오지 않았다. 파수꾼도 군중 가운데 섞여 있었기 때문에 예수의 말을 듣지 않을 수 없었다. 그들은 예수가 물과 하느님 부자父子의 신앙으로 살라고 하는 말을 듣고 말없이 걸음을 멈추었다.

예수가 말을 끝내자, 많은 사람들이 "이분이야말로 참된 예언자다," "그는 메시아다" 하고 말하는 것을 들었다. 어떤 사람은 의견을 달리했다. 성경에 의하면 메시아가 갈릴리 땅에 태어날 리가 없는데, 이 사나이는 갈릴리 출신이기 때문에 메시아일 수는 없다는 것이다. 메시아는 다윗의 피를 받아야 하고, 다윗의 동네 베들레헴에서 태어나지 않으면 안 된다고 전해 왔기 때문이다.

파수꾼이 대제사들 있는 곳으로 돌아오자 그들은 "왜 붙잡아 오지 않는가?" 하고 물었다. 그는 고개를 저었다. 그리고 대답했다. "이제까지 이런 말을 하는 사람은 한번도 보지 못했습니다."

바리새파 사람들은 얼굴을 서로 쳐다보았다. 그 중 한 사람이 소리쳤다. "너희도 속아 넘어가고 있는 것이 아닌가? 관리들이나 바리새파 사람으로서 그를 믿는 자가 과연 있었던가?"

이 이름없는 바리새파 사람은 공허한 메아리를 후세에 길이 전하는 다음과 같은 유명한 실언을 남겼다. 그는 노하여 말했다. "율법을 분별하지 못하는 이 군중은 저주받을 족속이다."

니고데모가 그 자리에 있었다. 그는 밤에 은밀히 예수를 만나러 가곤 했는데, 마침 그곳에서 그들이 주고받는 말을 듣게 되었다. 그는 양심의 가책을 받고 겁에 질려 입을 열었다. "우리들의 율법에 따르면, 우선 그 사람의 변명을 듣거나 그 사람이 한 일을 알아보기 전에는 심판할 수 없지 않소?"

바리새파의 사나이는 대산헤드린의 의원인 니고데모를 보고 킬킬 웃었다. "당신도 갈릴리 출신이오? 성경을 뒤져 보시오. 갈릴리에서 예언자가 나올 수 없다는 걸 알게 될 거요."

아침이 되자 예수는 다시 성전에 왔다. 이미 초막제는 끝나고 예루살렘의 시민만이 남아 있었다. 그는 이제 문제의 인물이 되어 있었으므로, 많은 사람들이 무리를 이루고 있었다. 그는 화제에 올라 있었다. 예수의 이야기는 갈릴리의 메시아를 알고 있는 사람이면 모두들 "나는 그를 보았다. 나는 그의 말을 들었다. 나의 생각으로 그는…" 하는 식으로 입에 오르내렸다. 사람들은 '이교도의 뜰'로부터 '여인의 뜰'로 통하는 돌계단 앞에 서 있었고, 그는 그들보다도 두세 단 높은 곳에 서 있었다.

그가 말하고 있을 때, 학자와 바리새파가 그의 앞에 겁에 질린 한 여인을 끌고 왔다. 오늘 아침 그들은 예수를 사랑과 긍휼이라는 함정에다 몰아넣을 계획을 꾸미고 있었다. 그녀는 간통 현장에서 붙잡힌 유부녀였다. 간통죄에 대한 율법은 명백했다. 모세로부터 전해진 그 율법은 어길 수 없는 것이었으므로, 결국 그녀를 돌로 쳐 죽여야 했다.

"선생" 하고 앞에 선 자가 큰 소리로 말했다. 예수를 여러 사람 앞에서 면박을 주고 그 가면을 벗길 심산이었다. "이 여자는 간통하는 현장에서 붙잡힌 사람입니다." 그들은 여인의 손목을 꽉 잡고 있었으며, 그녀는 쥐구멍에라도 들어갈 듯한 꼴이었다. 검은 머리카락이 그녀의 숙인 얼굴을 가렸다. 바리새파의 한 사람이, 그곳에 모인 사람들에게 그녀의 얼굴이 보이도록 늘어진 머리카락을 쓸어올렸다.

"모세는 율법 가운데서 이런 여자는 돌로 쳐 죽이라고 명했습니다마는, 선생은 어떻게 생각합니까?" 예수는 여자쪽을 보지 않았다. 그는 돌계단을 두 단 내려서서, 작은 모래땅 위에 묵묵히 몸을 구부렸다. 그리고 집게 손가락으로 작은 원을 그렸다. 만약 그가 율법을 지지한다면, 그가 (율법이 아니라) 여인에게 사형을 선고하는 결과가 될 것이다. 그렇게 되면 그것은 사랑과 용서의 가르침에 모순된다. 만일 그가 용서하라고 명한다면 위대한 모세의 높은 가르침(율법)을 위반하게 되는 것이다. 모세는 유대인을 억압으로부터 해방시켜 주고, 하느님과 계약을 맺어 주고, 십계+誡를 만든 사람이다.

드디어 그는 마치 율법에 따르는 듯 머리를 들고 말했다. "너희들 가운데 죄 없는 자가 먼저 이 여인에게 돌을 던지는 것이 좋겠다." 그는 다시 몸을 구부리고 모래 위에 원을 그렸다. 바리새파와 학자는 그의 말을 되씹으며 얼굴을 마주보았다. 그들은 이윽고 한 사람씩, 군중들의 눈에 띄지 않게 슬그머니 사라져 버렸다.

군중들은 기다리고 있었으나 예수는 아무 말도 하지 않았다. 그들은 초조한 듯 몸을 움직이고 있었고, 예수는 아직도 계속해서 모래 위에 손가락으로 그림을 그리고 있었다. 이윽고 예수는 얼굴을 들고 비로소 여인을 보았다. 그는 조용하게 말했다. "여인이여, 그들은 어디로 갔는가? 아무도 그대를 돌로 치지 않았단 말인가?" 여인은 작은 목소리로 대답했다. "아무도…." 그는 일어섰다. "나도 그대를 벌하지 않겠다. 돌아가라. 이후에 다시 죄짓지 않도록 하라."

기원 삼십년 삼월 초에, 베다니의 마르다와 마리아가 예수 앞으로 편지를 보내왔다. 그 편지에는 다음과 같은 내용이 씌어 있었다. "주여, 당신께서 사랑하는 이가 병을 앓고 있습니다." 때마침, 설교하고 있던 메시아는 말했다. "그 병은 죽을 병이 아니다. 그것은 하느님의 영광을 위한, 또한 하느님의 아들이 그것으로 인해 영광을 받기 위한 것이다."

그는 친구의 일은 걱정하지 않고 그 마을에서 계속 일했다. 이틀 후, 제자와 함께 있을 때 예수는 하던 이야기를 멈추고 파랗게 질린 얼굴로 말했다. "유대 지방으로 돌아가자."

"선생님, 유대인들이 조금 전에도 당신을 돌로 쳐 죽이려고 했는데, 또그곳으로 가십니까?" 메시아는 노한 얼굴로 대답했다. "하루에는 열두 시간이 있지 않은가. 낮에 걸으면 걸려 넘어지는 일은 없다. 이 세상의 빛을보고 있기 때문이다. 그러나 어두운 밤에 걸으면 걸려 넘어지게 된다. 그의 집엔 빛이 없기 때문이다."

그들은 대답하지 않았다. 그의 결심을 납득할 수 없었기 때문이었다. 그러나 그 결정에 따르려고는 생각했다. 예수는 말했다. "나의 친구 나사로는 자고 있다. 나는 그를 일으키러 간다." 제자가 물었다. "주여, 자고 있는 것이라면 별 염려 없는 것이 아닙니까?"

예수의 눈에 어린 슬픔은 깊어졌다. "나사로는 죽었다. 내가 거기 있지않았던 것이 너희에겐 다행스런 일이다. 이로 인해 너희가 나를 믿게 될것이기 때문이다. 자, 그가 있는 곳으로 가자."

예루살렘으로 가면 생명에 위협을 받게 된다는 것을 누구나 알고 있었기 때문에 제자들은 두려웠다. 그 중에 도마만은 "우리들도 가서 그분과함께 죽읍시다" 하고 동지들에게 제의했다.

베다니로 가는 길은 며칠이 걸렸다. 나사로는 이미 나흘 전에 죽었다.묘소의 조금 동쪽에 있는 집에는 유족인 자매를 위문하러 예루살렘에서온 사람들로 가득 차 있었다.

누군가가 예수와 열두 제자가 왔다고 말하자, 마르다는 급히 그들을 맞이하러 뛰어나갔다. 마리아는 집 안에서 조문객과 함께 있었다. 마르다는예수가 걸어오고 있는 것을 보고 울음을 터뜨리며 서러워했다. "주여, 만일 여기 계셨더라면 제 오라비는 죽지 않았을 것입니다. 주께서 하느님께

청하신 것은 무엇이든 이루어 주실 줄 알고 있습니다." 예수는 눈물로 얼룩진 그녀의 얼굴을 보았다. "네 오라비는 다시 살아날 것이다."

그렇게 말하고 그는 집이 있는 쪽으로 걸어갔다. 마르다는 슬픈 듯이 중얼거렸다. "최후의 심판일에 되살아난다는 것쯤은 저도 알고 있습니다." 메시아는 손을 가슴에 대고서 말했다. "나는 부활이며 생명이다. 나를 믿는 자는 설사 죽더라도 다시 산다. 또한 살아 있어서 나를 믿는 이는 영원히 죽지 아니할 것이다. 너는 이것을 믿는가?"

"주여, 믿습니다. 당신께서 이 세상에 오실 그리스도, 하느님의 아들임을 믿고 있습니다."

그녀는 황급히 동생 마리아를 불렀다. "선생님이 오셔서 너를 부르신다." 곧 마리아는 사과의 말을 하면서 집 안에 북적거리는 조문객 사이를 누비고 나왔다. 집 안에 있던 바리새파며 그 밖의 사람들은 마리아가 서둘러 집 밖으로 나가는 것을 보고, 조금 떨어진 묘소 쪽으로 가는 것이라고 생각했다. 그래서 그들도 그녀의 뒤를 따라 나왔다. 그녀는 예수에게 달려와, 바리새파 사람들이 보고 있는 앞에서 무릎꿇고 그녀의 언니와 함께 슬피 울었다. "주여, 만일 여기 계셨더라면 제 오라비는 죽지 않았을 것입니다."

바리새파의 사람들도 따라 울기 시작했다. 그들은 생전에 나사로를 좋은 사람, 좋은 친구로 생각하였고, 또한 처녀가 먼지 투성이가 되어 오라비의 죽음을 슬퍼하는 모습을 차마 볼 수 없었기 때문이다. 메시아는 주위를 둘러보면서, 많은 사람이 울고 있는 것을 알고 감동했다. (요한은 후에, '이 광경은 예수의 마음을 깊숙이 움직였다'고 기록하고 있다.)

"그를 어디에 안치하였는가?" 그는 말했다. "주여, 이리로 와 보십시오." 몇 사람이 함께 입을 열었다. 그들은 언덕길을 걸었다. 예수가 이마에 손을 얹고 울기 시작하는 것을 보고 놀라지 않는 사람이 없었다. 그는 안내하는 이를 뒤쫓아가면서 하염없는 눈물을 흘렸다.

"아! 얼마나 그를 사랑하고 계셨던가?" 어떤 사람이 말하자 다른 또 한 사람이, "그는 맹인의 눈을 뜨게는 하였으나 이 사람을 죽지 않게는 할 수 없었나 보군" 하고 좀 빈정대는 투로 말했다.

석판石板이 지하문 입구에 기대 세워져 있었다. "돌을 치우도록 하라." 예수는 조용히 말했다. 마르다가 뛰어왔다. 그녀는 무서움에 질려 있는 듯 보였다. "주여, 벌써 악취가 납니다. 나흘이나 되었으니까요."

"만약 믿는다면 하느님의 영광을 볼 것이라고 너는 말하지 않았는가?" 다시 예수는 조용히 말했다.

석판을 들어올려 치우자 어두운 내부가 보였다. 물이 미끈미끈한 바위 위에 떨어지고 있었다. 예수는 두 손을 모으고 하늘을 쳐다보았다. "아버지시여, 저의 소원을 들어 주심을 감사하옵니다. 당신께서 항상 저의 소원을 들어 주시는 줄 잘 알고 있사옵니다. 그러나 이렇게 구하옵는 것은, 곁에 서 있는 자들로 하여금 제가 당신께서 보내신 자임을 믿도록 하기 위해서이옵니다."

그는 두 손을 펴고 눈길을 무덤 입구에 집중시켰다. "나사로여, 밖으로 나오라" 하고 외쳤다. 사람들은 메시아를 보고, 또 무덤을 보았다. 아무 일도 일어나지 않았다. 예수는 앞을 향해 손을 내밀었다. 잠시 긴장의 시간이 흘렀다. 사람들은 숨을 죽였고 가슴이 몹시 두근거렸다. 그들은 침을 삼키며 무덤 입구 쪽에 눈길을 모으고 있었다. 갑자기 흰 형체가 보이더니 이윽고 그것은 흰 옷으로 나타났다. 그것은 천으로 챙챙 감겨 있었으므로 비틀거리며 밖으로 걸어 나왔다.

나사로였다. 사람들은 그를 보자 놀라 입을 벌렸다. 그는 폭 넓은 모슬린 천으로 싸여 머리도 보이지 않았고 손은 몸에 붙여 감겨 있었다. 머리를 감은 천 위에는 스카프가 매여 있었다.

"그를 풀어 주고 집으로 가게 하라." 예수가 말했다.

많은 바리새파 사람들은 비로소 그를 믿게 되었다. 그를 메시아로서 인정했다. 다른 자는 예루살렘으로 달려가 이 위대한 기적을 성전의 제사들에게 전했다. 이 소문이 퍼지자 가야바는 곧 대산헤드린을 소집했다.

모임은 어두운 분위기로 차 있었다. 그들은 예수와의 대결에서 패배 직전에 놓여 있는 것이다. 바야흐로 그들은 수천의 신도를 잃을 뿐 아니라, 바리새파도 그 수가 줄어들고 있었다. 중대 문제였다. 이 결정이 어떻든 간에 사태는 관망할 겨를이 없었다.

"어떻게 하면 좋겠소? 그는 이미 많은 기적을 행했고, 이대로 내버려 둔다면 모두 그를 믿게 될 것이오. 더욱이 로마인이 와서 우리들의 거룩한 땅과 인민도 빼앗아 버릴 것이오." 그들은 말했다.

이 말은 옳았다. 당면한 중대 문제를 그대로 명백하게 말한 것이다. 예수는 지금 예루살렘 교외에서 죽은 자를 부활시키고 있고, 내일은 성도 예루살렘에 들어가 예언자의 모습으로 나타날 것이다. 그리고 산헤드린의 의원이 말했듯이 예수를 방치해 둔다면, 머지않아 온 세계는 그를 믿지 않을 수 없게 된다. 불가능한 일을 마음대로 해내는 자를 믿는 것은 당연한 일이었다. 만약 그렇게 된다면 로마 군대가 동원되어 성전을 점령하고 제사장의 지위와 수입을 없애 버릴 것이다. 무슨 조치를 취하지 않으면 안 되었다. 어떻게 하면 좋을 것인가.

"여러분은 아무것도 모릅니다. 시민을 대신하여 한 사람이 죽음으로써, 온 민족이 망하지 않는 편이 낫다고 생각지 않으시오?" 대제사장 가야바는 침착하게, 비꼬는 어조로 힘주어 말했다.

가야바의 말뜻에는 예수에 대한 적의敵意가 숨어 있었다. 그는 자신의 지위를 지키기 위해서는 예수를 죽여야겠다고 생각했다. 그러나 가야바는, 자신이 하느님의 원대한 의도 중 일부를 맡아 역할하고 있는 줄은 전혀 모르고 있었다. 예수는 인류의 죄의 구원을 위해 죽지 않으면 안 된다. 그리고 누군가 그의 죽음을 선언하는 자가 필요하였다. 그가 바로 가야바였던 것이다.

그날 대산헤드린은 예수를 살해하기로 의결했다. 남은 일은 대제사장이 이미 의도한 계획을 실행하는 최선의 방법을 결정하는 일뿐이었다. 다만 여기에 산헤드린의 의사를 신속히 실행한다는 미명을 부여한 것이다.

이 일은 합법적으로 수행되어야 하며, 더욱이 이 갈릴리인의 신자들을 소란하게 해서는 안 되었다. 가야바는 세심한 주의를 기울여 행동해야 했으므로 예수를 대낮에 체포할 수는 없었다.

예수와 제자들은 그날로 베다니를 떠나서 에브라임으로 돌아왔다. 그들은 그곳에 이 주간 머물고, 삼월 마지막 주에 그곳을 떠났다. 전국에서 모여든 유월절 축제의 순례자로 인하여 예루살렘으로 향하는 인파는 끊일 사이가 없었다. 예수와 그 일행도 남으로 향하는 대상隊商에 합류하는 것이 당연하겠으나, 그들은 방향을 좀 달리하여 남동쪽 여리고로 향했다. 예수는 무의미한 행동을 취하는 일이 없었으므로, 여기에도 어떤 까닭이 있었던 것이다. 그는 이것이 최후의 여행이 될 것임을 알고 있었다. 에브라임은 갈릴리에서 예루살렘으로 가는 중간에 위치해 있어, 예수는 나사렛이나 가버나움의 여행단과 합류하여 성도로 들어감으로써, 그 고장 마을의 세력을 과시하는 일을 하고 싶지는 않았다.

예루살렘에서는 모든 제사祭司와 파수꾼에게 명하여 예수의 소재를 아는 자는 즉각 가야바에게 보고하도록 조치되어 있었다.

니산달 초(삼월 마지막 주)에 예수는 몇몇 제자들을 데리고 여리고에서 예루살렘으로 최후의 여행길에 올랐다. 제자들은 이번 여행길을 두고 지레 겁먹고 있었으므로 그 진행이 순조롭지 못했다. 그들은 길을 더욱 늦추려고 주의 뒤에서 꾸물대고 있기가 일쑤였다. 그는 걸음을 멈추고 그들을 불러 모았다. "우리들은 예루살렘에 올라가지만, 인자人子는 제사장과 학자들 손에 인도될 것이다. 그들은 그에게 사형을 선고하고 그를 조롱하고 채찍질하고 십자가에 매달기 위해 이교도에게 인도할 것이다. 그리고 그는 사흘 만에 부활할 것이다."

예수가 이렇게 말하자, 그들은 비로소 한가닥 희망을 품게 되어 다시 움직이기 시작하는 것이었다. 제자들은 메시아가 죽은 후에 부활하고 사흘이 지나면 그들과 다시 함께 있게 되리라고 거듭 들음으로써 절박해 오는 비극의 공포를 견뎌냈다. 이는 마치 절박해 오는 상황 속에서도 그 중 오직 하나의 희망만을 생각함으로써 견디기 어려운 고통을 잊을 수 있는 바로 그런 심정이었다.

이튿날, 그날은 올리브 산의 동쪽 비탈이 보이는 지점까지 갔다. 예수는 수난의 각오가 이미 되어 있었다. 기원 삼십년, 로마력 칠백팔십사년, 히브리력으로는 삼천칠백구십년 삼월 삼십일이었다. 그들이 베다니에 도착했을 때 예수는 환호 속에 영접되었다. 그는 영웅, 아니 영웅 이상으로, 전 인류를 구할 수 있는 존재였다. 나사로는 메시아를 눈물로써 맞이했고, 병이 고쳐진 부자 문둥이 시몬은 예수에게 조심성스럽게 인사했다. 마리아와 마르다는 경건한 마음으로 그를 맞았고, 베다니 사람들은 '호산나'를 외쳤으며, 예루살렘으로부터 온 나그네들은 그 앞에 머리숙였다.

문둥병자였던 시몬이 환영 연회를 베풀어 그 자리의 사람들이 모두 초대되었다. 나사로는 예수 이웃 자리에 앉았으나 마르다는 요리와 심부름을 겸해 맡아서 바삐 돌아다녔다. 생기있고 명랑한 분위기가 온 연회장에 넘쳐, 예수도 신자들과 섞여 여유있는 한때를 보냈다. 바깥에는 군중들이 예수를 보기 위하여 몰려 있었다. 모두가 그를 찬양하였으며, 직접 그 죽음을 확인했던 근처 사람들은 나사로를 몇 번이고 보고 만지고 거듭거듭 말을 건네며 주고받고 했다.

연회의 밝은 분위기는 모든 사람들의 마음을 사로잡고 있었다. 집안일을 하고 있던 마르다의 동생 마리아는 잠시 방을 비우고 인도산의 값비싼 향유인 감송유甘松油 사백오십 그램을 가지고 나왔다. 메시아에 대한 사랑의 표시로 그녀는 그것을 그의 머리에 조금 뿌리고, 일동이 그 사치스러움에 눈을 부릅뜨고 바라보고 있는 가운데 의자 다리 아래에 몸을 굽혀 메시아의 발에다 향유를 바르기 시작했다.

라벤더 같은 향기는 집안 가득 풍겼고 사람들은 놀라 마리아를 바라보았다. 그녀는 행복스러운 듯 미소지으면서, 향유를 예수의 발에 모두 바르고 나서 긴 머리카락으로 나머지 향유를 닦아내었다. 예수의 눈은 방 안의 한 사람 한 사람의 얼굴을 둘러보고 있었다. 감송유의 값은 이 연회의

비용에 비길 만큼 값비싼 것임을 누구나 알고 있었다.

그래도 아무도 그것을 비난하는 사람은 없었다. 다만 예수의 오른쪽 자리에 앉아 있던 유다가 몸을 일으켜 모두에게 들릴 만큼 큰 목소리로 말했다. "왜 이 향유를 삼백 데나리온 이상으로 팔아서 가난한 사람에게 나누어 주지 않습니까?" 얼마간의 시간이 흐른 뒤에 나온 발언이었으나 좋은 질문이었다.

"이 여인이 하는 대로 그냥 두어라." 예수는 유다에게 달래는 듯한 몸짓으로 말했다. "내 장례 준비를 위하여 그것을 장만해 두었으니까. 가난한 사람들은 항상 그대들과 함께 있으나, 나는 그대들과 언제나 함께 있을 수는 없다."

운명은 이미 결정되어 있었다. 일 주일 후에 죽을 것을 이미 알고 있는 예수는 그것을 되돌리려는 일은 하지 않았다. 그의 인간적인 면이, 사랑의 흔적을 필요로 했던 것으로 생각된다. 그래서 이 강인한 처녀의 공물貢物을 기쁘게 받아들였던 것이다.

일요일 아침에는 예수가 도착한다는 소문이 예루살렘 구석구석으로 퍼졌다. 사람들은 그 전날 저녁 무렵에 안식이 끝났으므로, 그에게 인사하기 위해 일부러 성전에서 베다니로 내려오기까지 했다. 그들은 예장禮裝을 하고 있어, 솔로몬의 행각 위 높은 대에서 보고 있던 제사장들은 노하여 나사로를 사형에 처할 것을 결의했다. 나사로가 죽은 자 가운데서 부활하였기 때문에, 예루살렘 사람들이 흥분하여 메시아에게 열광한 것을 그들은 잘 알고 있었다. 예수는 하느님에게 선택된 자가 아니라고 열렬히 우기던 사람 가운데도, 생각을 바꾸어 그를 환영하러 나서는 자가 많았다.

맑게 갠 밝고 서늘한 아침이었다. 아침 해가 이슬을 머금은 나뭇잎에 빛나고, 흰 대리석 성전 위의 드높은 하늘은 청자와도 같이 푸르렀다. 참으로 상쾌한 날씨였다. 얼마 안 되어 베다니로 향하는 길은 성전에 등을 돌린 사람들로 가득 찼다. 갈릴리 지방 순례자들에 섞여 많은 사람들은 야자나무 가지를 꺾어 그리스도가 가는 길 위에 깔았다.

베다니에서 예수는 유숙한 집 주인에게 감사의 말을 하고, 제자며 신도를 데리고 출발하려던 참이었다. 그들은 네거리까지 걸어갔다. 거기서 예수는 비탈에 자리잡은 한 마을을 가리키며 두 제자에게 말했다. "저기 저 마을로 가거라. 그곳에는 아직 아무도 타 보지 않은 노새새끼 한 마리가 매여 있을 것이다. 고삐를 풀고 그것을 끌고 오너라. 만약 누가, 왜 고삐를 푸느냐고 묻거든, '주께서 쓰고자 하십니다'고 대답하여라."

둘이 작은 마을에 들어가자, 키가 일 미터도 채 못 되는 노새 한 마리가 마을 울타리에 매여 있는 것이 보였다. 주위를 둘러보아도 아무 인기척이 없었다. 그들이 노새 고삐를 막 풀려고 하는데 두 사나이가 나타나 제자들을 의아스럽게 바라보며 말을 던졌다. "왜 노새새끼의 끈을 푸는 거요?" 예수의 심부름을 온 두 제자는 당황해하면서 말했다. "주께서 쓰시고자 하십니다." 노새의 주인은 머리를 숙이고는 말없이 가 버렸다.

두 제자는 노새를 끌고 돌아왔다. 노새는 그 지방에서는 흔히 볼 수 있는, 회색 털과 멋진 굽을 가진 놈이었다. 다른 사람들이 그 잔등에 망토를 씌웠다. 예수는 노새에게 등을 돌리고 옆으로 뛰어서 망토 안장 위에 올라탔다.

누군가가 밧줄을 잡고 끌어내었으나, 군중이 양쪽에서 밀치며 웅성대고 있는 바람에 일부러 노새 고삐를 끌 필요조차 없었다. 연도沿道에 가득 찬 사람들은 메시아를 보기 위해 비탈진 곳으로 오르지 않으면 안 되었다. 길가에 있는 사람들은 노새 굽 앞에 망토를 던지며, 구세주가 자기의 옷 위를 밟고 지나가는 것을 바라보며 행복해했다. 어떤 사람은 야자나, 피기 시작한 봄꽃을 던지기도 했다.

일행이 올리브 산 동쪽 비탈길을 올라 서쪽 비탈길을 내려가기 시작했을 때였다. 예수의 신자임을 자칭하는 자들이 성전 북동쪽 문에까지 널려 있었다. 이에 예수의 신자들은 소리높여 찬양하기 시작했다.

주 이름으로 오신 왕이시여!

축복을 받으소서.
하늘에는 평화,
지극히 높은 곳에는 호산나의 영광!

노새는 천천히 걸어가고, 군중은 사방에서 밀어닥치며 "다윗의 아들이여, 호산나" 하고 외쳤다. 사람들은 야자나무 가지를 던져서 성도까지의 길을 부드럽게 풍성히 깔았다. 바리새파는 손을 나팔 모양으로 입에다 대고서, 소란 속에서 큰 소리로 외쳤다. "선생님, 당신의 산자들을 꾸짖어 주시오!" 그러나, 군중들의 움직임에 흔들리던 예수는, 고개를 저으며 말했다. "너희에게 말하노니, 만일 그들이 침묵할지라도 돌이 외칠 것이다."

행렬은 올리브 산을 내려와 겟세마네 동산 부근을 지났다. 다시 기드론 내를 건너고, 흰 돌과 납골당이 있는 묘지를 지나, 성전과 안토니아 성 사이의 북동문으로 들어갔다.

로마의 파수병은 이 광경을 보고 상관에게, 행복스러운 유대인을 보러 오라고 소리쳤다. '호산나'의 외침은 하늘에 울렸고, 아버지들은 한 번만이라도 주의 얼굴을 보게 하려고 아이들을 들어올렸다. 한 무리의 사두개파 제사(祭司)들은 이 문을 통해 성전으로 들어가려고 하다가 군중에게 밀려 서쪽문으로 돌아가지 않으면 안 되었다. 그들은 예루살렘 군중에 대한 예수의 영향력에 놀라 가야바에게 보고하여 말하기를, 군중은 예수를 메시아로 인정하였을 뿐 아니라 바리새파나 장로의 일부도 이 사기꾼 앞에 무릎을 꿇었으니, 속히 손을 쓰지 않는다면 성전의 권위는 땅에 떨어지고 말 것이라고 역설했다.

예수는 성전문에 도달하여 노새 등에서 내렸다. (이것은 예언자 스가랴의 말을 실현하기 위해서다. 시온의 왕은 온유하게 노새를 타고 올 것이라고 말했다.—「스가랴서」9장) 그의 좌우와 뒤 삼면을 에워싼 인파는 '이교도의 뜰'에서 달려오는 순례자들 때문에 더욱 붐볐다.

예수는 울음이 북받쳐 자세가 흐트러졌다. 그는 흐느껴 울었다. 그는 머리를 숙이고, 무어라 중얼거렸다.

아, 예루살렘이여. 만일 너도 이날,
평화를 가져다주는 길을 알고 있었더라면!
그러나 불행하게도 지금 네 눈은 그것을 감추고 있다!
언젠가는 네 원수들이
주위에 성채를 쌓고,
너를 에워싸고 사방에서 밀려와
너와 그 안에 있는 네 자식들을
땅에 쓰러뜨리고,
성 안의 돌 하나라도
다른 돌 위에 남겨 두지 않을 날이 올 것이다.
그것은 너희가 하느님이 찾아오시는 때를
모르고 있었기 때문이다.
(이처럼, 기원 삼십년 사월 이일에, 예수는 기원 칠십년의 예루살렘 포위와 함락을 예언했다.)

노새 바로 곁에 있던 두세 제자밖에는 이 말을 듣거나 그의 눈물을 본 이는 없었다.

예수는 노새에서 내려 성전 경내에 들어섰다. 그의 눈에는 환전상과 동물장수들이 다시 장터를 벌여 놓고 있는 것이 보였다.

솔로몬의 행각 북쪽 입구에서, 제사장은 그가 군중을 떠나서 장사꾼들을 다시 경내에서 쫓아내는 것을 보고 있었다. 예수는 큰 소리로 외쳤다. "성경에 이르기를 '내 집은 만민의 기도하는 집이라' 고 기록하고 있는데, 너희들은 그것을 도적의 소굴로 만들어 버렸다."

그는 고위의 제사들이 서 있는 곳으로 걸어갔다. 경내를 뛰어다니고 있던 한 떼의 아이들이 걸음을 멈추고 서서 예수에게 웃음을 던졌다. "다윗의 아들에게 호산나, 주의 이름으로 온 자에게 축복 있으라!" 하며 아이들이 소리쳤다.

고위의 제사들은 당황해하며 말했다. "당신은 지금 그 말을 들었소?"

예수는 눈을 닦고, 어린이들에게 웃음을 보냈다. "그렇다. 듣고 있다. 너희는 '아기와 젖먹이의 입으로 찬양하게 하셨다'(「시편」 제8장)고 한 말씀을 읽은 일이 없는가?"

제사들은 몹시 화가 나 있었으므로 예수의 승리를 차마 볼 수가 없었다. 그들은 저주받은 인간들이었다. 그가 메시아라니, 그들에게는 이 순간 자체도 참을 수 없는 일이요, 또 성전의 경내에서 예수에게 무릎을 꿇어 가면서, 거짓 신을 받들고 있는 민중의 어리석음에 대해서도 견딜 수 없었다.

예수는 바깥 뜰을 돌았다. 사람들은 그에게 길을 비켜 주며 그를 보낸 하느님을 찬양했다. '이교도의 뜰'에 있던 그리스인들이, 얼굴빛이 검고 사람 좋아 보이는 빌립에게 접근하여, "여보게, 예수를 뵙고 싶은데…" 하고 부탁했다.

이 부탁은 빌립을 기쁘게 했다. 그는 다른 제자와 마찬가지로 오늘의 구세주의 승리에 대한 행복감에 도취되어 있었다. 예수도 무서운 일(그의 죽음까지도)을 예언하고 있었으나, 보라, 민중은 그를 메시아라고 부르고 있지 않은가! 오늘은 예수가 이 세상의 왕국을 여는 첫째 날인 것이다.

빌립은 기쁨으로 흥분하고 있었으나, 예수에게 직접 접근할 용기는 없었다. 그는 건장한 어부 안드레에게 가서 그리스인들을 가리키며, 저들이 예수를 만나고 싶어한다고 말했다. 안드레는 이 일을 좀 생각해 보고 나서, 함께 예수에게 말하러 가자고 말했다.

메시아는 두 사람의 말을 듣고 걸음을 멈추었다. 그리스인들은 이내 곁에 다가와 예수가 설교하는 것을 듣게 되었으며, 다른 사람들도 그의 말을 들으려고 주위로 모여들었다. 그는 그의 빛나는 눈을 주위 사람들의 얼굴

하나하나에 집중시켰다.

"인자人子가 영광을 받을 때가 왔도다. 그대들은 잘 알아들으라. 만일 밀알 하나가 땅에 떨어져 죽지 않는다면, 그것은 단 하나의 낟알로 남아 있을 뿐이다. 그러나 죽으면 풍성한 열매를 맺게 되리라. 자기의 생명을 아끼는 이는 이를 잃을 것이고, 이 세상에서 자기의 생명을 버리는 이는 그것을 보존하여 영원한 생명에 이를 것이다. 만일 나를 섬기려고 하는 이가 있다면 나를 따라 오라. 그러면 내가 있는 곳에 나를 섬기는 사람도 있을 것이다. 만일 나를 섬긴다면 아버지께서 그를 소중히 여겨 주실 것이다."

그는 말을 마치고 발밑을 보았다. 그리스인과 제자들, 그리고 민중은 예수의 말을 더 잘 이해하려고 얼굴을 마주보았다. 많은 사람은 그의 말을 옳게 파악하여, 메시아에게 봉사하려면 목숨을 아껴서는 안 되고, 그렇게 함으로써 영원한 생명과 아버지 하느님의 영광을 받을 수 있다고 생각했다.

예수는 군중의 머리 위를 둘러보았다. 기뻐하는 것이 아니라 슬퍼하는 듯 보였다. 그는 말을 계속했다. "지금, 내 마음은 어지럽도다. 내가 무슨 말을 해야 할 것 같으냐? '아버지여, 이 고난에서 나를 구해 주소서' 이겠느냐?" 그는 고개를 저었다. "아니, 아니다. 나는 바로 이를 위해 고난을 맞이한 것이다." 그는 한숨을 삼키며 체념한 듯 조용히 입을 열었다. "아버지시여, 이름을 영광되게 하소서!"

그때였다. 산 위에서 뇌성과 같은 굉음이 울리며 어떤 소리가 들려왔다. "나는 이미 영광을 나타냈으나, 또다시 영광을 나타낼 것이다." 군중 가운데서 어떤 이는 망토로 몸을 꽁꽁 감쌌다. 그리고 많은 사람들이 말했다. "뇌성이 울린 것이야."

"아니야. 천사가 그에게 말씀하신 게 틀림없어."

예수는 말했다. "저 소리는 나를 위해 난 것이 아니다. 너희를 위하여 났다. 지금 이 세상은 심판받을 때이다. 지금이야말로 이 세상의 괴수가 쫓겨날 때이다. 그리고 내가 이 땅에서 올려질 때, 모두를 내게로 끌어들일 것이다."

사람들은 어리둥절했다. 수염을 훑으며 서로 얼굴을 마주보았다. 그들은 '올려진다'는 말을 들었으나, 그것은 '나무를 어깨에 멘다'와 같은 뜻을 지닌 당시의 관용어로서, '십자가에 매달린다'는 의미였다. 그러나 이 일과, 인자人子 또는 이 세상의 왕과 어떤 관계가 있는 것인가. 인자가 어째서 올려지는 것인가. 누구의 손으로, 왜? 메시아는 영광에 싸여서, 아마도 천사의 군대에 에워싸인 구름을 타고 다윗 동네 베들레헴에서 오게 되어 있다고, 몇백 년 전부터 그들에게 약속되어 있었다.

그들은 공손하게 물었다. "율법에 따르면, 메시아는 영원히 살아 있다고 들었습니다만, 어째서 인자는 '올려져야 한다'고 하십니까? 그 '인자'란 누구입니까?"

"빛은 아직 잠깐 그대들과 함께 여기 있다. 빛이 있는 동안에 걸어서, 어둠이 뒤따르지 않게 하라." 이 말은 "메시아가 있는 동안에 빨리 그를 받아들이도록 하라. 그렇지 않으면 메시아는 가고, 사람들은 영적인 암흑 속에 남겨지고 만다"는 뜻임을 사람들은 미처 깨닫지 못하였다.

성전 높고 깊숙한 곳에서 바리새파가 아래의 영광을 내려다보며 외쳤다. "보라, 세계가 그의 뒤를 뒤따르고 있다!"

예수는 성전을 나와 제자들과 함께 베다니로 되돌아왔다. 그들은 만족스러웠다. 그들의 발걸음은 한결 가벼웠고, 그는 이 종려주일棕櫚週日(부활절 직전의 일요일—역자)에 벌어진 예수의 대승리를 이것저것 상기하고 있었다. 예수가 머리를 숙이고 길바닥의 돌을 유심히 내려다보면서 걷고 있었는데, 그들은 이를 의식하지 못했다. 그에게 승리감은 없었다.

이것은 하느님의 진리의 완전한 승리는 아니었다. 이날은 예수의 생애 가운데에서 그가 가장 널리 인정된 때요, 민중이 그를 이해하려고 가장 열의를 보인 때요, 그를 민중이 찬양한 때이기는 하였으나, 여전히 그들은 그의 사명을 모르고 있었다. 그들의 질문이 그것을 말해 주고 있었다.

그와 종자從者가 성벽으로 둘러싸인 예루살렘을 빠져나왔을 때, 제자 한 사람이 크고 육중한 돌이며 희게 빛나는 성전의 광경에 감탄하여, "선생님, 저것을 보십시오!" 하고 예수 앞에 서서 뒤쪽을 손가락으로 가리켰다. "얼마나 아름다운 조각들인지! 얼마나 훌륭한 건물인지!"

이 제자는, 간접적으로 예루살렘 파멸의 예언에 대해서 물은 격이 되었다. 주는 그를 슬픈 듯이 바라보았다. "이 커다란 건물이 보이느냐? 그 돌 하나라도 부서지지 않은 채, 다른 돌 위에 남아 있을 수 없게 될 것이다."

두세 사람은 밝은 기분으로 걸어가다가 멈춰 서서, 이 말에 귀를 기울였다. 그리고 이 말을 생각했다. 그들은 돌들이 포위 공격으로 무너지리라는 것을, 그렇게 될 운명이었음에도, 그땐 상상도 할 수 없었다. 이 말을 생각하면 할수록, 이 세상의 종말을 뜻하는 것이라고 그들은 확신했다.

이것도 항상 민중의 관심을 끄는 문제였다. 그들은 율법의 일부로서, 언제인지는 모르지만 이 세상의 종말이 오리라는 것을 들어왔기 때문이다. 그때면 제자들은 이 문제에 대해 예수에게 아무것도 묻지 않았지만, 마음으로는 올리브 산정山頂 가까운, 큰 바위 있는 곳에 이르기까지 말할 기회를 기다리고 있었다. 그가 자리에 앉자, 베드로, 야곱, 요한, 안드레 등이 친구에게 대하듯 격의 없이 물었다.

"저희에게 말씀해 주십시오. 언제 그러한 일이 일어나나요? 세계의 종말이 올 것을 보여주는 표적은 무엇일까요?"

메시아는 저녁해를 바라보고 앉아 있었다. 성도聖都는 윤곽만이 검게 그림처럼 버티고 있었다. 대기는 벌써 서늘해졌다. 아래쪽 비탈에서는 수천의 가족이 유월절을 축하하는 임시 오두막집을 짓고 있었다. 앞으로 한 시간이 흐르면 성전의 스물네 대문은 닫히고, 이윽고 제사들이 제단의 바위를 씻고 야간용 불을 지피기 시작하면, 성전에서는 흰 연기가 하늘로 오를 것이다.

"그 일은 일어날 것이지만, 곧 일어나는 것은 아니다."

메시아의 목숨은 앞으로 이삼 일밖에 남지 않았다. 그는 이 동안, 성전에서 환자를 고치고 사람들의 마음의 병을 고치고 있었다. 저녁에 예수와 제자가 경내에서 떠난 후, 유다는 그대로 남아 있었다. 그는 할 일이 있다고 투덜거리고 있었다. 유월절 축제는 가까워 오고, 따라서 회계책會計責에겐 중대한 책임이 있었다. 예수는 이 분주한 듯한 사나이를 보고 아무 말도 하지 않았다. 밤이 되자, 그는 다른 사람을 데리고 어디로인지 가 버렸다.

유다는 혼자였다. 그는 바깥 뜰에 혼자 서서 생각하고 있었다. (이 아래의 상황 대부분은 복음서를 비롯해 권위있는 서적에 근거한 내용이 아니다. 나머지 부분, 특히 사람의 대화며 제사와의 거래는 「마태」「마가」「누가」 등의 복음서에 의한 것이다.) 그는 역사의 십자로에 있었다. 자기 의지로 어느 길을 택할 수도 있었다. 이 영리한 회계책의 뱃심에는 한 가닥의 불안이 일었다.

해 지기 조금 전, 몸에 망토를 감은 채, 분주한 이 작은 사나이는 경내를 가로질러 돌계단을 오르고 다음 구역 안으로 들어갔다. 그는 급히 그것을 넘어 다시 계단을 올라서 제사의 구역으로 들어갔다. 거기서 그는 가야바가 있는 곳으로 데려다 줄 것을 청했다. 제사들은 조소로써 그를 맞이했음이 분명하다. 왜냐하면, 제사들은 가야바하고만 만나야 된다고 고집하는 수백 명의 어리석은 자들의 청원으로 귀에 못이 박힐 정도였기 때문이다. 그들은 이 사나이를 조롱하며 유다에게 그와 약속이 있는지 물었다. 제사장을 여기로 불러올까, 아니면 유다에게 시내의 가야바 저택까지 모셔다 드릴까 하고 희롱조로 물었다.

그들은 심술궂은 인간들이었다. 아랫사람에게 좀처럼 친절한 태도를 취하는 일이 없다. 그들은 문이 닫히기 전에 유다를 쫓아내려고 생각하고 있었으나, 예의 갈릴리 사람(예수)에 관한 일로 가야바와 만나고 싶으며, 관련 정보를 제공하는 대가로 돈이 필요하다고 유다가 말하자, 그들의 태도는 일변했다.

그들은 정색하고 대했다. 그리고 유다는 또한 자기의 신변이 어떻게 될

지 모른다는 생각에, 자기는 예수에게 선택된 한 사람이라고 조심조심 말했다. 그러자 제사들은, 왜 갈릴리 사투리가 아닌, 유대 사투리를 쓰냐고 물었다. 유다는 제자 열두 사람 가운데서 자기만이 유독 유대 지방 출신이라고 설명했다.

그제서야 그들은 경의를 표한 다음, 유다의 심경이 변하여 달아나지 않도록 그를 에워쌌다. 그들은 유다를 호위하여 제사장의 집으로 갔고, 그들 중 한 사람은 앞서 달려가 가야바에게 이 큰 뉴스를 알렸다. 제사들은 이 새로운 친구의 요청을 주선해 줄 것을 자청했고, 예수의 제자들의 반응을 알아보기 위해 예수에 대한 험담을 늘어놓았다.

보랏빛 저녁 어스름 속을 뚫고, 그들은 거리를 가로질러 밀고자를 제사장 집의 중정中庭으로 안내했다. 유다는 배반자인 자기가 오히려 배반당하지 않을까 은근히 걱정했다. 그는 자기가 그들이 쫓고 있는 예수의 제자라고 털어놓았다. 이것은 그 자체로도 이미 범죄가 된다. 그러므로 유다는 거래를 할 대등한 인물이 못된다. 그가 열두 제자 중의 한 사람이라고 하는 자백을 들은 제사 중 두 사람의 증언만 있으면 돌로 타살될 수 있다.

그가 밝은 달빛에 싸인 호화롭고 큰 뜰을 둘러보면서 기다리고 있을 때, 제사들이 사환에게 그를 손가락질하며 속삭이고 있는 것이 보였다. 그들이 대리석 포도鋪道에 침을 뱉는 몸짓에서, 그는 자신이 그 행위로 하여 모멸당하고 있음을 알았다. 그는 태연하였다. 권력있는 가야바의 신임이 있으면 그들 부하들도 그를 환영할 것이다.

현관 쪽이 시끄러워지더니, 장로들에게 둘러싸인 제사장이 긴 돌계단을 통해 뜰로 내려왔다. 그는 유다가 있는 곳으로 걸어왔다. 유다는 제사장과 만나는 영광을 누려 본 일은 이번이 처음이었다. 가야바 역시 그때까지 유다를 본 적이 없었던 것은 물론이다. 가장 타기唾棄할 인간이, 이 최고 권력자의 한 사람을 바라보았다. 제사장도 침착성을 잃고 있는 배반자를 내려다보았다.

두 사람의 흥정이 시작되었다. "그를 당신에게 인도하면 얼마 주시겠소?" 유다는 우선 돈 문제부터 시작했다.

　제사장에게는 몇 가지 궁금한 것이 있었다. 그러나 이 사나이가 틀림없는 예수의 측근자임을 확신했을 때, 전율과 같은 희망이 그의 몸속을 달음질했다. 남모르게 예수를 넘겨주면 성전 전 재산의 반을 유다에게 줄 약속을 해도 좋았다. 그렇더라도 그는 지나치다고 후회하진 않을 것이다. 그러나 가야바도 율법을 알고 있었다. 이제는 유다도 독신죄瀆神罪의 공범이었다.

　그래서 그는 냉정하게 예수의 제자를 향해, 이 일의 대가로 은 삼십 세겔을 줄 것이나, 그 일은 곧 여호아에 대한 봉사로서 해야 할 중대사라고 말했다. 회계책은 승낙했다. 그러고서 가야바는, 예수를 백주에 체포하는 것은 어디서도 위험함을 강조했다. 이 일을 유월절 축제가 끝날 때까지 연기할 수밖에 없다 해도 좋았다. 왜냐하면 많은 신자 앞에서 그를 붙잡는 것은 좋지 않기 때문이다.

　유다는 이해했고, 가야바에게 다음과 같이 약속했다. 유다는 예수가 있는 곳으로 돌아와서 적당한 시기를 기다린다. 야간에, 아무 소동을 일으킬 위험도 없이, 이 일이 성사됨 직한 때에, 상황을 가야바에게 알린다.

　대화는 끝났다. 둘은 함께 미소 짓고 끄덕이면서 흥정을 마쳤다. 파수꾼들은 떨어져서 유다가 조용하게 돌아갈 수 있도록 도왔다. 그는 가운데 뜰로 나와 거리에 나섰고, 다시 올리브 산으로 발길을 재촉했다.

# 기원 삼십년 사월 칠일

April 7, A.D. 30

기원 30년 4월 7일
# 자정 달밤의 겟세마네로

제자들은 예수가 이렇게 수다스러웠던 때를 본 일이 없었다. 더욱이 그는 단호한 투로 말했다. 조금 걸어가는데 예수가 걸음을 멈추었다. 제자들이 은색 달빛 속에서 불길한 혼처럼 예수를 둘러쌌다. 그는 일이 분 동안 힘차게 말하고 자기 둘레를 반원으로 둘러싼 제자들을 천천히 바라보았다. 그가 말을 끝내자 그들은 에워쌌던 반원을 풀고, 예수는 앞에 서서 걷기 시작한다.

한밤중이 지나서, 예수와 열한 사람의 제자는 아래 못을 지나 '샘의 문'으로 향했다. 순례자들이 동쪽 언덕을 내려와서 문으로 들어왔다. 예수는 왼편으로 구부러져 도시의 동벽 기슭을 돌고 있는 흰 길로 나아갔다.

달은 벌써 기울기 시작하여, 그들이 걷고 있는 길 위에 성벽의 그림자를 던지고 있었다. 길은 기드론 내에서 몇십 센티 정도밖에 높지 않았으나, 니산달의 냇물은 수량水量이 그리 많지 않았다.

그들은 성벽 기슭에 몰려 있는 기혼Gihon 마을을 왼편으로 바라보고 냇물 저편 언덕 실로암 촌의 고대高臺를 멀리 바라보면서 걸었다. 이 부근에는 수천의 가족이 성도聖都 주변에 야영하고 있고, 미풍이 불어오면 캠프 불의 재탄이 빨갛게 빛났다. 여기서부터 올리브 산까지는 약간 구불구불한 언덕길이었다.

도로는 성벽에서 떨어져 있었으므로, 그들은 아름다운 성전을 바라볼 수가 있었다. 한밤중이 지났으므로 솔로몬의 행각行閣에는 램프가 늘어서 있고, 그 멀리 아래쪽에는 성벽이 갈색을 띠고 당당하게 솟아 있었다. 성벽은 십일 미터의 높이로서, 그 위에 솔로몬의 행각이 무수한 인공 형광으로 비춰어 웅장하고 냉엄하게 서 있었다. 다시 그 위에, 커다란 성전의 동쪽 벽 사층까지 미치는 금포도송이의 부조浮彫와 금색의 뾰족한 첨탑이 니산의 흰 달빛을 받아 빛나고 있었다.

예수는 빛나는 포도송이의 부조를 바라보며 잠시 가다가 발을 멈추었다. "나는 참된 포도나무요, 나의 아버지는 농부이시다. 내게서 뻗어나 있는 가지들 가운데 열매를 맺지 않는 것은 아버지께서 모두 잘라 버리시고, 열매를 맺는 것은 더욱 풍성한 열매를 맺도록 손질하여 깨끗하게 다듬어 주신다."

일행은 곧 다시 걸음을 계속했다. 제자들은 피곤했다. 그날은 아침부터 강행군이었다. 새벽녘에 베다니를 떠나며 예수는 어머니의 뒷일을 그곳 마리아와 마르다 자매에게 부탁했다. 지금은 이미 한밤중이 지났다. 어부들의 눈은 아래로 처지고 발걸음은 느려졌다. 게다가 스승이 많은 이야기를 했으므로, 그것을 기억하기만도 머리가 아플 지경이었다. 오늘 밤 메시아로부터 최후의 가르침을 받는 것이며, 그 말을 실천하려면 외워두어야 한다고 생각했으므로, 그들은 불만을 터뜨리지는 않았다. 그만큼 그들은 인간적이었다. 야곱은 겸손한 성격 때문에 오히려 장래에 어떤 일이 있을지 잘 알지 못하였는지도 모르나, 젊은 요한은 사랑하는 예수의 고난과 죽음의 임박을 인식하고는 넋을 잃고 있었음이 틀림없다.

"아버지께서 나를 사랑하시듯 나도 너희를 사랑한다. 내 사랑 안에 머물라. 만약 내 계명을 지킨다면, 너희는 내 사랑 안에 있는 것이다. 그것은 내가 내 아버지의 계명을 지킴으로써 그 사랑 안에 있음과 마찬가지다. 내가 이렇게 말한 것은 내 기쁨이 너희 안에도 머물게 하기 위해, 또한 너희의 기쁨이 넘쳐흐르게 하기 위한 것이다."

그들은 잠시 계속해서 걸었으며, 드디어 성벽 밖의 묘지 아래에 도착해 있었다. 어둠 속에 무덤이며, 유골 항아리가 부러진 많은 이 모양으로 드러나 보였다. 이 부근에서 그들은 기드론 내의 돌다리를 건너 오늘밤 휴식할 겟세마네로 향하는 길로 접어들었다.

세 개의 사당祠堂—그 하나는 압살롬을 기념해서 세운 것으로, 오백 년 동안 쓸쓸히 외롭게 서 있었다—근처에 오자, 예수는 그들을 잠시 바라보았다. 이전에 예수는 죽은 사람의 기념비를 부정한 일이 있었다.

예루살렘과 올리브 산 사이의 조그마한 골짜기에 있는 겟세마네—기름짜는 틀이란 의미—에서 백팔십 미터쯤 되는 데까지 왔다. 내를 건너서 잠시 걷고 있자니 동네는 점점 멀어져 갔다. 겟세마네로부터 서쪽 사백 미터쯤 되는 곳에 성벽과 성전이 있다.

기름 냄새가 배어 있는 크고 둥근 착유기搾油機가 있는, 오래된 바위굴까지 오는 동안 예수는 아무 말도 하지 않았다. 걷고 있는 동안 쭉 그는 자기가 선택한 지도자들에게 신약新約의 기본적인 것을 전달할 일만을 생각하고 있었다. 그들에게 착실한 뿌리가 있으면, 주의 가르침이 뻗어나가 새로운 가지를 내고, 그의 축복과 비적秘蹟을 넓힐 것이다. 그들은, 지금 형편으로는 아직 그를 이해하지 못하는 젊은 세대에게 새로운 뿌리를 내리고, 인간의 역사상 일찍이 없었던 장대한 정신문화운동을 개시할 것이다. 아버지 하느님과 아들 그리스도, 그리고 그들이 오늘 밤 비로소 안 일이지만, 그들을 찾아올 성령이라는 가호자加護者에 관한 진리를 이해하는 것은 그들에게 있어서 절대 필요한 것이었다.

이들 단순하고도 신앙심 있는 사람들에게는 예수의 진리를 이해하려는 것은 복잡하고 고통스러운 일이었다. 그러나 예수가 떠난 후에도, 의식하지 못하는 사이에 각자의 마음에 성령이 머물러, 하느님께서 여러 가지 일을 나타내시고 기억력을 돋우시어 예수의 말을 분명하고도 착오없이 상기시켜 주실 것을 생각하자 그들은 적이 위안이 되었다.

그들은 여리고에 이르는 가도의 갈림길 가까이서 한길을 버리고 오솔길로 들어섰다. 달빛을 흠뻑 뒤집어쓰고 그들은 산기슭의 작은 올리브나무 사이로 나아갔다. 예수는 아직 할 일이 남아 있음을 알고 있다. 제자에게 장래 일을 말해 두지 않으면 안 된다. 그들은 미래의 시련에 대해서 아무것도 알지 못하고 있다. 쉽게 굽어지고 꺾이는, 인간이라는 갈대였다. 어떤 자는 오늘 밤에 있을 첫번째 시련에조차 견디지 못할 것임을 그는 잘 알고 있었다. 그렇더라도 그는 말해 두지 않으면 안 된다. 훗날 그 말을 상기함으로써 그의 예언이 험난한 현실을 이겨나갈 제자들의 무기가 될 것이므로.

"만약 이 세상이 너희를 미워한다면, 너희보다 먼저 나를 미워한다는 사실을 알아두어라." 예수는 석회암을 뚫어 만든 동굴로 들어가면서 말했다. "만약 너희가 이 세상에서 태어난 자라면, 이 세상은 너희를 자기의 것으로서 사랑했을 것이다. 그러나 너희는 이 세상의 것이 아니다. 오히려 내가 이 세상으로부터 너희를 택했느니

라. 그러므로 이 세상은 여러분을 미워하는 것이다."

이러한 말은 그들이 어릴 적부터 들어 왔던 메시아에 대한 생각과는 딴판이었다. 그는 이 세상의 미움에 대하여 마치 기정사실과 같이 말한다. 그러나 그것은 제자들의 지식과는 어긋나고 있었다. 심판하는 자리에서 예수의 곁에 있는 승리감은, 공포와 미래에 닥칠 이 세상의 적의敵意에 대한 경고로 변한 것이다. 그를 둘러싸는 영광스런 옥좌에 앉게는 되지 않는 것이다. 들으려 하지 않는 사람들에게 그의 말을 전하지 않으면 안 된다. 그들은 들으려 하지 않을 뿐더러, 조롱하고 욕하고, 하느님의 말을 전하기 위해 보내진 자를 잔혹하게 죽이려고까지 한다. 이때, 그들에겐 승리의 환상은 사라졌을 것이다. 열광적으로 목숨을 내던지는 용기를 가진 베드로조차 지금은 죽음에 대한 종교적이고 사내다운 승리감을 상실하고 있었다. 제자 도마는 장차 순교殉敎한다는 참혹한 진리에 대하여 거역하지 않고 체념하여 따르게 된다. 뒤에 그는 그 역할을 자진해서 맡은 최초의 인간이 되었다.

기원 30년 4월 7일

# 오전 한시 고독한 기도

일은 끝났다. 설교도 기적도 제자에 대한 훈계도 예언도 마지막이었다. 앞으로는 기다리는 시간이다. 이제부터 약 구십 분간의 자유로운 시간의 여유가 있으나 그 시간에 해야 할 중요한 것은 아무것도 없다. 그는 제자들 앞에서 하느님 아버지께 분명히 자신의 심정을 고백했다. 올바른 성직자라면 어느 누구라도 그러하듯이, 우선 자신을 위해 기도하고, 다음에 자기의 사랑의 가르침을 사람들에게 전할 제자들을 위해 기도했다. 끝으로 그는 과거, 현재, 그리고 미래의 신앙 깊은 이들을 위해 기도했다.

그 뒤는 기다리기 위한 시간이었다. 그는 기울어진 달빛을 온몸으로 받으면서 초목이 무성한 숲을 거닐 만도 했다. 제자들과 처음 만났을 즈음의 이야기며, 많은 유대인이 각지에서 모여들어 그를 정말 메시아라고 믿었던 때의 이야기들을, 동굴 안에서 열한 제자와 주고받아도 괜찮았다. 또 바로 지난 일요일(여기서 일요일은, 오늘날 종려주일이라고 부르는 날을 말한다)에, 수백의 군중이 축제 기분 속에서 그를 다윗의 후예라고 불렀고, '호산나'의 외침이 산이 떠나갈 듯이 베다니로부터 예루살렘까지 울려퍼져, 그 울림이 광택 어른거리는 성전 기둥기둥에 울렸던 일을 말할 만도 했다. 그들은 승리의 이야기를 해도 떳떳하였다.

그러나 예수는 베드로와 야고보와 요한을 불렀다. 예수가 특히 신뢰하고 있는 이 세 사람은 그를 따라서 동굴을 나와 오솔길의 회색 계단을 가로질렀다. 이 길은 성전에서 기드론 내를 거쳐 올리브 산 정상으로 통해 있었다. 그들은 이 계단을 횡단하여 조그마한 올리브 동산 가운데로 들어갔다.

그곳은 언제나 따스함이 감돌고 있는 곳이었다. 성벽의 도시 높은 곳은 추웠고, 바람을 많이 받았다. 지금도 망토를 입은 순례객들이 황금문을 통하여 성전으로 가는 모습이 보였다. 올리브 산의 정상도 추웠다. 그러나 기드론 내에 가까운 골짜기는 따스하고 습기가 있었다. 이곳은 해질 때까지 햇볕이 잘 드는 양지바른 곳이었다.

세 사람은 예수의 뒤를 따랐다. 그는 나무 그늘에서 발을 멈추었다. 달빛이 얼룩무늬를 그리고 있는 나뭇가지 아래서 그들은 예수의 얼굴을 바라보았다. 그의 얼굴에는 공포가 어려 있었으며, 길고 가는 손은 떨리고 있었다. 얼굴은 창백했고 입술은 긴장이 풀려 약간 벌어져 있었다. 그러나 눈만은 사물을 꿰뚫어 보려는 듯, 크고 또렷하게 떠 있었다.

베드로, 야고보, 요한은 그를 구하려고 했다. 그를 위로하려고 했다. 그러나 메시아는 고개를 저었다. 그를 구한다고 하는 것은 인간으로서는 불가능한 일이었다. 지금으로서 그는 하느님이라기보다는 인간이기 때문이다. 인간이었기 때문에 그는 모든 고통을 받아야 했다. 또한 인간으로서 예수는 다른 모든 인간과 똑같은 신경조직을 가졌을 뿐 아니라, 게다가 그는 비상한 민감성과 함께 기쁨을 깊이 느끼는 정서가 있었다. 그러나 하느님의 아들로서 그는 겪어야 할 운명을 알고 있었다.

그들은 예수가 매우 지쳐 있구나 생각했다. 이것은 참으로 이상한 일이었다. 왜냐하면 겨우 이삼 분 전만 해도 그는 제자들에게 전도에 관한 가르침을 말하였고, 그 말이 끝났을 무렵엔 원기가 왕성했었기 때문이다. 그들은 눈길을 딴 데로 돌렸다. 메시아의 얼굴에서 나약한 공포의 모습을 본다는 것은 어딘가 잘못된 일이라고 그들은 생각한 것이다.

예수는 손을 쥐어 두 주먹을 가슴에 대었다. "나는 슬픔에 겨워 죽을 것만 같구나." 그는 큰 소리로 괴로운 듯이 말했다. 세 사람은 슬픈 얼굴로 그를 바라보았다. 그는 나무 사이로 빛나는 무수한 별들을 바라보고 있다가 골짜기 바로 저쪽의 성전으로 다시 눈길을 보냈다.

"너희는 여기에 있으되, 잠들지 않도록 하여라" 하고 그는 부탁이라도 하듯 말했다. 그들은 묵묵히 고개를 끄덕이고, 그가 낮은 나뭇가지 밑을 지나 조금 떨어진 곳으로 가고 있는 뒷모습을 지켜보았다. 그는 그곳의 큰 반석 위에서 걸음을 멈추었고, 잠시 그곳에 무릎을 꿇고 있었다. 이윽고 그는 압박해 오는 죽음의 공포로 말미암아 자신을 잊고 바위 위에 엎어지듯이 쓰러지며 큰 소리로 부르짖었다.

"나의 아버지시여, 만일 하실 수 있다면 아무쪼록 이 잔을 제게로부터 멀리해 주옵소서." 이 애원하는 말은 무의식중에 입 밖으로 튀어나온 것이었다. "그러나…" 하고 그는 자기가 두려워하고 있다는 그 자체에 대해 다시 두려워하듯이 말했다. "제 뜻대로가 아니라, 아버지의 뜻대로 이루어지도록 하옵소서."

그가 하느님의 아들로서 죽더라도, 그 행위는 사소한 사건이며 희생은 무시되어야 할 것임을 예수만큼 잘 알고 있는 이는 없었다. 지금부터 숨이 그칠 때까지는, 그와 함께 길을 걸었고 같은 괴로움을 견뎌 온 누구보다도 더 고통스러우리라는 것을 그는 잘 알고 있었다. 다만 기다린다는 것이 참기 어려운 일이었다. 그 일 분 일 분이 한 인간으로서, 하느님, 유일한 하느님의 승리를 위한 비상한 용기를 필요로 하는 시간이었다.

열일곱 살쯤 된 마가가 겟세마네로 뛰어든 것은 마침 이때쯤이었다. 그는 숨이 턱에 찼으며, 잠옷 차림 그대로였다. 그는 길 옆 동굴 있는 곳으로 가서 흥분된 어조로, 거기서 잠들어 있던 여덟 사람에게 자기 집이 갑자기 습격받은 사실을 전했다. 몽둥이를 든 사나이들이 성전의 장로학자, 바리새파며 로마병이 성전 파수꾼들의 안내를 받아 밀어닥쳐서 집 안을 뒤지고 예수를 찾으면서 그가 있는데를 대라고 윽박질렀다. 주위는 온통 소란스러워졌다. 많은 사람들은 횃불을 들었고, 몇몇 사람은 긴 장대 끝에 랜턴을 달고 있었다.

고급장교와 장로들은 마가의 부친을 심문하고는 그곳을 떠났다. 그들이 성전으로 가고 있다고 누군가가 말했다. 이 소식을 들은 여덟 사람 가운데 한 사람이 길을 가로질러서 예수에게로 달려갔다. 예수는 보이지 않았다. 그래서 거기에 기다리고 있던 베드로와 다른 두 사람 요한과 야고보에게 작은 소리로 그 사실을 알렸다. 알리러 온 소년 이외의 사람들은 그저 놀랄 뿐이었다. 아마 제자들은 마가의 집을 습격해서 예수를 찾지 못한다면, 그것으로 사태는 마무리지어질 것이라고 생각했음에 틀림없다. 길 건너쪽의 여덟 사람과 동산 올리브 나무에 기대고 있던 세 사람이 모두 잠들어 있었다는 사실만으로도 그들의 무심한 심적 상태는 증명되는 것이다.

요한은 가끔 눈을 뜨고서 공포에 찬 예수의 목소리를 들었다. 메시아를 사랑하고 있고 마음으로부터의 공감을 가지고는 있었으나, 그의 졸린 눈꺼풀이 잠들지 말라는 주의 명령을 무시하고 감겨 버리고 말았다. 이와같이 하여 작은 동산 숲속에서 하느님의 자비를 구하는 소리가, 지쳐 잠에 떨어진 건장한 사람들의 코고는 소리에 섞여 울려 퍼졌다.

이처럼 예수는 이 겟세마네 동산에서 참으로 고독하였다. 그는 기도하면서 깊은 고뇌를 견디기 어려웠다. 자리에서 일어선 그는 무서운 환상에 놀라 몸을 움츠렸다. 그리고 인간다운 어떤 위로를 갈망했음인지 세 사람이 있는 곳으로 되돌아왔다. 그가 불안을 느끼고 있는 것은 분명했다. 그의 육신은 갑자기 늙은 듯 앞으로 구부정하게 되었다. 보통 때는 자연스럽게 어깨 위에 드리워 있던 머리카락이 마구 흐트러졌고, 몇 가닥은 땀으로 이마에 달라붙어 있었다.

그는 잠들어 있는 세 사람을 내려다보고 마음 아파했다. 요한이 돌아누우면서 눈을 뜨고, 다른 사람을 흔들어 일으켰다. "왜 자고들만 있는가? 유혹에 빠지지 않도록 깨어서 기도하라." 예수가 말했다.

그를 호위할 자들이 중얼중얼 변명하면서 일어서려는 것을 보자 그는 낙담하였다. 열두 제자는 원래 아버지가 택하신 자들이지만, 예수는 이 세 사람에게 특별한 명예를 부여했다. 베드로, 야고보, 요한만이 산 위에서 예수가 변용變容하는 것을 보기도 했고, 이 세 사람만이 죽은 야이로의 딸을 부활시키는 현장에 입회했던 것이다.

예수는 다시 기도하러 갔다. 이번에는 전보다도 더 격심한 고뇌가 밀어닥쳤다. 세 사람은 그가 자리를 뜨자 이내 다시 잠에 떨어졌다. 예수는 이번에는 무릎을 꿇고 이마를 바위에 대고 있었다. 기도하면서 격한 고통을 받고 있는 것같이 몸을 앞뒤로 움직였다.

한 번, 그는 소리높이 "아버지여!" 하고 불렀다. 때로는 빨리 중얼거리듯이, 혹은 천천히 크고 뚜렷한 소리로 기도했다. 한 번 눈을 바위 위쪽으로 올려뜨고, 그는 기도를 멈추었다. 천사가 보인 것이다. 그것은 몹시 빛나고 있었으나, 그는 그것으로는 용기가 일지 않았다. 천사는 아무 말도 하지 않는다. 그 침묵의 의미는, 아마 아버지는 예수의 고난을 덜어 주기 위해서는 아무 일도 하지 않는다는 뜻이었으리라.

그는 침착하게 손을 짚고 일어서서, 기꺼이 그에게 생명을 바치겠노라고 말했던 세 사람이 있는 곳으로 되돌아왔다. 그들은 아직도 자고 있었다. 베드로가 반쯤 눈을 떴을 때, 예수는 속삭이듯 말했다. "시몬아, 자고 있는가. 너희는 한때도 나와 함께 깨어 있지 못하느냐. 유혹에 빠지지 않도록 깨어서 기도하여라." 예수는 한숨을 쉬었다. "마음은 열렬하나 육신이 약하구나."

이는 이 경우에 그들에게도 예수 자신에게도 들어맞는 말이다. 그의 육체는 약했다. 혼의 온힘으로도 육신의 고통을 눌러 두기 어려웠던 것이다. 하느님은 그에게 인간의 모든 약점을 갖추게 할 것이라고 이사야는 예언하였으나, 이제 한없이 많은 죄의 무거운 짐이, 무릎꿇고 이 잔을 받으려고 아버지에게 고하는 그의 두 어깨에 지워져 있었다.

얼굴과 이마에 빛나고 있는 땀의 빛깔이 변해 왔다. 그 빛은 붉은 빛을 띠었고, 그 빛은 점점 짙어져 갔다. 그는 괴로워하면서도 그것이 피라는 것을 알았다. 그것은 얼굴 위로 흘러 조용히 턱에 미쳤다. 일부는 바위에 방울져 떨어지고, 일부는 수염에 흘러 굳어 버렸다.

의학적으로는 이것을 혈한증血汗症이라고 한다. 공포가 거듭되고 고난이 잇달아 닥치면 지극히 민감한 사람으로서, 이 고통을 참을 수 없게 되었을 때에 이런 증상이 일어난다. 그때 환자는 의식을 잃는 것이 보통이다. 이 증상이 일어날 때에는 피하皮下의 모세혈관이 극도로 팽창하고 땀샘과 접촉하여 혈관이 파열되는 것이다. 피는 땀이 되어서 흐르는데, 보통 이 현상은 전신에 일어난다.

의사인 누가는 후에 이렇게 기록하고 있다. "그의 땀은 핏방울이 되어서 땅에 떨어졌다."

기원 30년 4월 7일

# 오전 두시 나를 배반한 자가 가까이 왔다

밤은 조용했다. 겟세마네 동산에는 마른 나뭇잎들의 바삭거리던 소리도 이제 아주 잠잠해졌다. 잠시 동안 베다니 가도를 예배하기 위해 성전 쪽으로 걸어가는 신도들의 발소리가 들려왔으나, 이제 그 소리도 끊어지고 아무 소리도 들리지 않았다. 이때 예수가 바위에서 눈길을 들어 올렸더라면, 황금문을 드나드는 사람의 왕래가 끊어진 것을 알아차렸을 것이다.

들벌레도 벌써 그 단조로운 혼잣노래를 그만둬 버렸다. 달은 크게 서쪽으로 기울어지고 성전의 검은 그림자는 허공에 걸려 있었다. 언덕 위에서는 양치기의 휘파람 소리가 멀리서 쓸쓸히 들려왔다. 검고 차가운 기드론 내의 흐름조차도 소리를 죽이고 둥근 바위 위를 미끄러지듯 힌놈 계곡 쪽으로 흘러가고 있다. 이제는 숨막히는 기다림의 정적靜寂만이 가득 차 있었다.

성벽 안에서, 예루살렘은 서서히 잠을 깨고 있었다. 오늘 밤은 네 시간 정도 자거나, 그나마도 아예 자지 않고 유월절의 기쁨을 즐기는 것이 보통이었다.

유월절 축연은 끝나고 온 나라의 가정에서는 감격의 말들이 조용하고 엄숙하게, 그러나 열렬하게 오갔다. "한없이 자비하신 하느님이시여. 저희가 메시아의 때와 그 후에 올 세계와 만나게 하소서."

새벽 예배자는 솔로몬의 행각으로 바삐 걸음을 옮겼다. 혼탁한 오감五感이 이곳의 아름다움으로 씻은 듯이 맑아지기 때문이다. 선線을 새겨 넣은 주열柱列이 당당하게 늘어서 있고, 샌들 소리가 대리석 바닥에 메아리쳤다. 오늘 밤과 같은 달 밝은 밤에 동쪽을 바라보면, 올리브 산의 정상 저쪽의 모압 산맥으로부터 사해死海에 이르기까지가 한눈에 들어온다. 아래에는 성벽과 기드론 내, 저쪽에 베다니로 가는 길이 어둠 속에 은색으로 새겨져 있고, 그 아래에 겟세마네 둘레의 작은 나무숲이 검은 녹색을 띠고 있다.

출입구 저쪽 어디선가 새하얀 복장을 한 악사樂士들이 이 시각부터 핑크색 아침빛이 들이비칠 때까지 군중에게 인기있는 찬가를 연주하고 있었다. 성전 다른 곳에서는 마그라파라고 불리는 일종의 오르간이, 수많은 등 아래로 군중의 샌들이 이 뜰 저 뜰로 돌아다니는 그 발걸음에 맞추어 울려 퍼지고 있었다. 그날 밤, 신앙깊은 많은 유대인들은 출입구에 서서 중얼거렸다. "하느님은 진실로 우리에게 자비를 베풀어 주신다."

그들의 눈이 미치는 기드론 내 저쪽 기슭의 관목숲 속에 하느님의 아들이라고 자칭하는 자가 피땀을 흘리며 암석 위에 누워 있다고 들려 준다 해도, 예수를 믿지 않는 자에게는 축제의 흥분과 즐거움이 식을 리가 없었을 것이다. 만약 이 고뇌하고 있는 자가 진정한 메시아라면 바위에 엎드려 울고 있을 것이 아니라 성전 깊은 곳에 앉아 있어야 하지 않겠는가 생각하고, 순례자들은 아무런 관심도 보이지 않았을 것이다. 게다가 이러한 일을 잘 알고 있는 제사장이 메시아 앞에 엎드려 머리를 숙여야 하는데, 그를 작은 겟세마네에서 울게 내버려 둔다는 게 과연 말이 될까?

아니, 순례자들은 현명하게 대답할 것이다. "그에게 성전의 막을 찢게 해 보라. 그렇게 한다면 나는 믿겠다."

그 이상 의논의 여지는 없다. 성전의 장막은 이 세상에서 가장 무겁고 크고 아름답다. 그리고 참된 메시아만이 그러한 상징적인 일을 할 수 있을 것이기 때문이다.

큰 출입구에서 신앙 깊은 사람은 유다 일행이 나가는 것을 틀림없이 보았을 것이다. 그들은 황금문을 빠져나갔다. 이 문은 커다란 이중 아치 문으로, 성전 아래 성벽에 있는 출입구였다. 횃불이며, 등불이며, 칼, 몽둥이 따위를 든 사람들은 위에 있는 사람들의 관심을 끌었음이 분명하다.

더욱이 성벽에서 보고 있던 사람은 묘한 느낌을 받았음에 틀림없다. 바리새파가 로마의 군대들과 함께 걸어가고 있는 광경은 일찍이 본 일이 없었기 때문이다. 또 로마군이 사두개파의 장로와 행동을 같이하는 모습도 본 일이 없었던 것이다. 이 세 그룹의 선두에 선 자는 가롯 유다로, 독신자瀆神者로 몰린 예수의 열두 제자 중 한 사람이었다. 이 행렬의 장長은 천부장千夫長으로, 성벽을 나와 계곡으로 통하는 경사진 돌계단을 내려와서 걸어갔다.

이들의 합작合作은 기념할 만한 것이었다. 이 모임은 그 자체로서는 별로 새로운 것은 아니었다. 실제로 팔레스타인 통치에 있어서 바리새파가 사두개파와 협동하는 일은 종종 있었다. 위에서 보고 있는 이의 눈에 이상하게 보인다는 것은 바리새파가 이교도인 로마군과 함께 있다는 사실이었다. 바리새파는 어느 경우든 종교적 순수를 표방하고 있었기 때문이다. 그들은 그들의 세계를 유대적인 세계와 비유대적인 세계 둘로 나누어서, 비유대적인 광경이나 냄새나 소리나 어느 것과도 관계를 가지려 하지 않았다.

예수의 바리새파와 학자들에 대한 감정은 다음 두 개의 문장 속에 명백하게 드러나 있다. "학자와 바리새파가 모세의 교좌敎座에 앉아 있다. 그들이 말로는 다만 의식의 율법을 지키고 행하라고 하지만, 그들의 방식에 따르면 행하지 말라는 말로 끝난다."

겟세마네로 향하는 일행 중에는 스파이 임무를 띤 헤롯 왕의 부하도 있었을 것이다. 헤롯은 제사나 로마인으로부터 들은 사건의 보고를 믿지 않았기 때문이다. 스파이는 정치적인 그룹을 만들고 있지는 않았다. 또 그들은 각기 소속된 정치조직 속에서 명성을 얻고 있는 자들도 아니었다. 그들은 헤롯 안디바를 지지하는 무책임한 유대인일 뿐이었다. 그리고 그들의 왕은 갈릴리의 폭군이요, 하느님이 아니라 자기 자신을 믿고 있는, 유대의 피가 섞인 사나이였다.

보기 흉한 긴 행렬이 계곡으로 나아가 그 선두가 산기슭에 닿았을 때, 유다는 행진을 멈춰 달라고 부탁하고, 학자 우두머리와 로마인을 가까이 불렀다. 그들이 기름짜는 곳에 도착했을 때, 약한 빛 속에서는 누가 누군지 분별이 잘 안 되고 도망쳐 가는 흰 옷밖에 보이지 않으리라고 생각했으므로 유다는 말했다. "내가 입맞추는 사람이 바로 그이요. 그를 붙잡아 데리고 나오시오. 조심해야 되오."

습격 현장의 책임자들은 고개를 끄덕였다. 이것은 좋은 생각이고, 귀찮아질 걱정이 없다. 그들은 피해다니는 제자들은 제쳐 두고 다만 유다에게 따라붙어서 그가 입맞추는 사나이 쪽으로 가기만 하면 될 것이다.

한편, 동산에서 예수는 바위에서 몸을 떼고 일어섰다. 그의 얼굴은 냉엄한 모습을 되찾았다. 그가 세 사람의 제자가 있는 곳으로 되돌아오자 세 사람은 곧 일어섰다. 이제는 인간의 고독한 서글픔이라는 고뇌를 뛰어넘어서 그는 인자(人子)다운 긍휼을 보였다. "이제는 잠을 자고 쉬도록 하여라." 그는 말했다. 그가 떠나려고 할 때였다. 나무 사이 저쪽으로 횃불이며 등불의 빛이 보였다. 금속방패가 부딪치는 소리며, 사람들의 두런거리는 소리가 들려왔다.

잠시 후 예수는 베드로, 야고보, 요한이 있는 곳으로 되돌아왔다. "때가 왔구나. 인자는 이제 죄인의 손에 넘어간다." 예수는 말했다. 그들은 놀라 어안이 벙벙하여 쳐다보았다. 예수는 나직한 목소리로 말했다. "자, 일어나 가자. 나를 배반한 자가 가까이 왔구나."

기원 30년 4월 7일
# 오전 세시 붙잡힌 예수

세 사람은 급히 일어섰다. 야고보와 요한은 다른 사람에게 알리러 길을 가로질러 달렸다. 베드로는 과연 그답게 주의 곁에 머물렀다. 거의 그와 때를 같이하여, 온 동산은 관목이며 꽃 사이를 돌아다니는 불빛, 시끄러움, 사람의 그림자로 가득 찼다. 동굴에서 잠자고 있던 여덟 사람과 젊은 마가는 겨우 구십 미터 앞의 베다니 가도로 도망칠 수도 있었다. 그들은 불의의 경보警報를 받고 망연하고 질린 상태가 되었다. 그래서 그들은 도망쳐 나가지 않고, 법률이 예수에 대하여 어떤 태도를 취할 것인가를 관망한다기보다는, 메시아가 습격자를 어떻게 하는가를 보러 길을 가로질러 동산 쪽으로 걸어갔다.

현장은 혼란스러웠다. 예수의 모습과 얼굴은 횃불로 환하게 비춰어 있었고, 베드로는 그 곁에 떨면서 서 있었다. 다른 제자들이 다가가 본즉, 숲은 사람들로 꽉 차 있는데, 예수에게 급히 근접하려는 자는 없는 듯이 보였다. 사람들은 발이 걸려 넘어질 뻔하기도 하고, 서로 부르기도 했고, 그 중에는 군대도 섞여 있었으나 예수가 서 있는 공지에는 아무도 접근하고 싶지 않은 듯이 보였다.

드디어 유다가 공지에 나아가서 예수를 보았다. 유다의 눈은 행복한 놀라움으로 크게 벌어져 있고, 입에는 미소를 띠고 있었다. 그는 두 손을 벌리고 메시아 곁으로 재빨리 다가갔다. "선생님, 안

녕하십니까?" 하고 실격한 제자 유다는 말했다. 성전의 파수꾼이
며 병사의 무리 가운데에서 그가 튀어나오는 것을 보고 다른 제자
들은 놀랐는지도 모른다. 그러나 유다가 체포되었다고 생각했을
수도 있다. 회계책은 예수를 껴안고 입술을 그의 볼에 가져가려고
했다. 예수는 연민의 시선으로 유다를 바라보았다. "유다야, 너는
입맞춤으로써 인자를 배반하는가?" 유다가 대답할 겨를도 없었다.
파수꾼과 군대의 일부가, 그리고 제사며 바리새파 학자까지도 공
지 둘레에 서 있었다. 예수는 (예측된 사실이지만) 시치미를 떼고
성전에서 몰려온 사람들을 바라보며 물었다. "누구를 찾느냐?"

"나사렛의 예수를…" 하고 그들은 입을 모아 대답했다.

"내가 그이다" 하고 예수는 양손의 손가락 끝을 가슴에 대고 말
했다. 바로 옆에 있던 자들은 뒷걸음질을 쳤다. 다시 혼란이 일어
났다. 성전의 파수꾼들은 그의 기적에 대해 분명히 들은 바 있었으
므로 두려워하고 있었다. 로마병들은 그들 임시 동맹자의 하는 짓
거리를 못마땅하게 여기고, 뒷일을 떠맡겠다고 나섰다.

"누구를 찾고 있는가?" 예수는 침착하고도 또렷한 어조로 말했
다. "나사렛의 예수를…" 하고 로마인도 가세하여 큰 소리로 대답
했다.

"내가 바로 예수라고 말하지 않았는가?" 조용해지자 예수는 말
했다. "나를 찾는다면, 이 사람들은 가도록 하라." 그는 풋내기 제
자들을 가리켰다. 습격자들은 용기가 났다. 그들은 앞으로 나와,
그의 몸에 손을 대려 하지는 않고 주위를 에워쌌다. 유다는 그 자리
를 떠나서 군중 속으로 자취를 감추었다.

"그대들은 강도를 대하듯이, 칼이며 몽둥이를 가지고 왔구려."

예수는 성전의 당국자들을 향해 말했다. 그 말소리에는 모멸하는 투가 섞여 있었다. "매일 그대들과 함께 성전에 있을 때에는 왜 나를 붙잡지 않았는가?" 그들은 잠자코 있었다. 눈길을 딴 데로 돌리는 자도 있었다. "그러나, 성경의 말씀은 성취되지 않으면 안 되는 것이다." 그는 조용히 말했다.

뒤에 있던 제자 가운데 한 사람이 베드로에게 칼 한 자루를 건넸다. 그는 그것을 빼어 들고 한마디 말도 없이 예수 앞으로 나가 휘둘러 허공을 끊었다. 그는 제사장의 하인을 노린 것이나, 칼이 날아오는 순간 그는 머리를 비켰다. 그러나 그 순간 그의 귀 한쪽이 베어져 떨어졌다. 천부장千夫長은 난투를 예상하여 부하들에게 칼을 빼라고 명령했다.

예수는 놀랐다. 그는 베드로를 향해 엄하게 꾸짖었다. "칼을 거두어라. 아버지께서 주신 잔은 마셔야 하지 않겠느냐?" 베드로는 분부대로 칼을 칼집에 꽂았다. 하인은 머리 한쪽 옆을 더듬으며 비명을 질렀다.

예수는 한 손으로 그를 꽉 누르고 다른 한 손을 한쪽 귀에 대었다. 말쿠스라는 이 사나이는 바로 상처가 나았으나, 아무도 그 사실을 알아차리지 못했다.

로마인은 이러한 연극 같아 보이는 짓거리는 이제 이것으로 충분하다고 생각했다. 그들은 앞으로 나와 예수를 체포했다. 로마의 군사 훈련소에서 받은 정식 절차는, 피체포자의 오른쪽 손목을 쥐고, 뒤로 비틀어 올려 손가락이 어깨뼈에 닿도록 하고, 동시에 발등을 짓누르는 것이다. 이것이 이날 예수가 받은 최초의 육체적 고통이었다.

성전의 파수꾼들은 이교도의 면전에서 수치를 당하지 않으려고 다른 한쪽 손을 뒤로 돌려 밧줄을 꺼내어 손을 결박하고, 다시 밧줄로 느슨하게 목걸이를 했다. 예수는 그들이 하는 대로 내맡겼다. 이제야 예수는 포박되었고 희생자도 나지 않았으므로, 레위인은 용기를 내어 명령을 내렸다.

천부장이 죄수를 정작 재판하기 위해 성전으로 데리고 갈 것인가, 분명히 해 두자고 옥신각신하는 소리가 숲 속에서 들렸다. 사두개, 바리새 양파의 간부는 상의하여, 죄수를 어떻게 해서라도 제사장 집으로 연행해야 한다고 말했다. 한편 로마의 대장들은 성전의 문을 거쳐 되돌아가야 한다고 우겼다.

로마인은 하느님을 모독한 범인犯人을 눈여겨 보았다. 평범하고 양순한 인간으로밖에 보이지 않았다. 그는 조용히 서 있었다. 머리를 숙였으므로 턱수염이 가슴에 닿았다. 성전의 파수꾼들은 그에게 여러 가지 질문—주로 구세주라고 자칭한 일 따위—을 던졌다. 그는 머리를 숙인 채였다. 이교도들은 주위를 돌아보며, 죄수의 일당들이 예수보다 더 악당의 낯을 하고 있다고 생각했다.

누군가가 예수를 난폭하게 밀어젖혔고, 행진은 시작되었다. 폭도들은 그의 전후좌우를 둘러싸고 있었다. 제사들을 모든 것이 손쉽게 이루어진 것을 기뻐하고 있었다. 예수는 주문을 외워 파란 불, 지옥의 불로 그들을 전멸시키는 일도 없었다. 이것은 결국 그가 모든 사람과 다름 없는 인간으로서, 메시아가 아니라는 증거였다. 메시아라면 그들을 죽일 힘이 있을 것이다. 힘을 부리지 않는 것은 힘이 없다는 증거다. 그 힘이 없으면 그는 체포되어서 새로운 사기꾼으로 인정받게 된다.

그도 한물 가기 시작했다고 그들은 생각하였다. 그가 갈릴리에서 사랑의 가르침을 전파하는 일만 하고 있었더라면, 언젠가는 부자富者라도 되었을 것이다. 그러나 그는 그렇게는 하지 않고, 예루살렘을 느닷없이 방문하지 않으면 안 될 난경難境에 봉착했다. 그리고 예루살렘은 정작 예언자도 죽인다고들 하지 않는가. 한낱 나사렛의 요술쟁이가 무엇이 될 것인가.

행렬 뒤쪽에 걸어오던 파수꾼 중 어떤 자가 제자들이 따라오고 있는 것을 알아챘다. 그들은 서로 눈짓으로 신호하고, 뒤돌아보며 쫓아가는 시늉을 했다. 그러자 제자들은 일제히 도망쳐, 곧 어둠 속으로 모습을 감추었다. 로마인들은 그들의 재빠른 동작에 대해 웃어댔다. 어떤 파수꾼은 젊은 마가를 쫓아가 그의 잠옷자락을 움켜잡았다. 마가는 정신없이 제 옷을 풀어헤치고 알몸뚱이로 도망쳤다.

행렬은 겟세마네에서 베다니 가도로 나왔다. 거기서 왼편으로 구부러져 언덕을 오르고, 시의 북쪽에서 안토니아 성 출입구로 통하는 길로 접어들었다. 예수는 머리를 숙인 채 조롱하는 말에는 대꾸하지 않았으며, 두 손을 뒤로 묶이고 느슨한 밧줄 목걸이를 건 채 맨발로 걸었다.

일행이 성벽 안으로 들어서자, 천부장은 부대를 정지시키고 유대인에게 더 볼일이 없느냐고 물었다. 그들은 별로 없다고 대답하고, 죄인은 원래 성전법聖殿法 위반이므로 제사장에게로 연행해야 한다고 말했다. 로마인들은 자기들이 왜 이곳에까지 불려와서 이 일에 이렇게 많이 동원되었는지 새삼 의아하게 생각했다.

다시 행진은 시작되었으나 다행히 예루살렘 동북부에는 밖에 나와 있는 사람은 조금밖에 없었다. 그들은 멈춰 서서, 등불이며 횃불이며 시끄럽게 행진하는 군대들이며, 그 중앙에서 걷고 있는 죄수를 자꾸 바라보았다. 그러나 예수에 대해 특별한 감정을 보이는 자는 없었다. 실제로 이제까지 아무도 그를 예수로 알아보는 자는 없었다.

제사들은 죄수를 연행하면서 우회迂廻한 것을 내심 기뻐하고 있었다. 그들의 목적에 들어맞았기 때문이다. 이 시각이 되면 성전에는 예수의 신자들이 모여 있을 것이며, 예수가 결박되어 황금문을 지나가면 신자들은 떠들어대거나 울거나 할 것이고, 파수꾼과 충돌할는지도 모른다. 이리 되면 일은 확대되어 폭동이 일어날 수도 있고, 빌라도가 군대를 성전에 투입하지 않으면 수습되지 않을 것이다.

이 일행은 안나스와 가야바 집 앞에 있는 커다란 뜰에 도착했다. 그리고 하인이 안에서 문빗장을 따자 서로 축하의 말을 주고받았다. 여느 때 같으면 작은 문으로 들어올 것이나, 승리하고 돌아오는 자를 맞이하기에 그 문은 너무 작았다. 그들은 희생자를 밀어붙이면서 넘쳐흐르듯이 안으로 들어왔다. 램프가 다시 켜졌다. 이 사나이를 자세히 보려는 자들이 안에 몰려 있었기 때문이었다. 대산헤드린의 의원들은 즉시 호출되어 가야바 집에서 뛰어나왔다. 그들은 달리면서 바닥에 걸리지 않도록 흰 윗옷자락을 당겨 올렸다.

집 안의 여자들은 어두운 발코니로 나와서, 사나이들이 그렇게도 열심히 얘기해 왔던 죄수를 보려고 몰려 서 있었다. 체포에 가담한 일부 사람들은 안나스 노인의 처소로 달려가, 하느님을 모독한 위인은 지금 집 앞에 감시를 받으며 서 있다고 보고했다. 가야바는 돌 계단을 침착하게 내려왔다. 지금 드디어 그와 만나는 순간에 이르자 그는 급하게 서둘지 않았다.

그의 첫째 관심은 예수와 만나는 일이 아니라, 그를 체포할 당시의 상황에 대해서였다. 로마인의 태도며, 예수의 제자들의 상황이며, 산헤드린의 의도에 반항하는 민중의 저항 유무 등에 관한 것이 관심의 초점이었다.

대제사장은 다음과 같이 보고를 받았다. 만사가 순조롭게 진행되었다. 이 사건은 사람의 눈을 끌지 않도록 처리되어 거리의 사람들은 이 사건이 일어난 것조차 알지 못한다. 가야바는 만족스러웠다. 그는 하느님과 성전을 위해 좋은 일을 했다. 유대 지방에 생긴 종기를 도려낸 셈이다. 그는 네모지게 깎아 손질한 수염을 부드럽게 쓰다듬으며, 소위 메시아란 자를 하나야의 처소로 연행하도록 명령했다. 하나야란 그의 장인 안나스의 히브리 이름이었다.

이것이 사교적인 수완이었다. 가야바는 기다리고 있어도 좋았다. 즉 죄수의 얼굴은 자신이 처음 보았으니, 최초의 심문은 안나스에게 맡기는 편이 여러 면에서 좋았다. 게다가 가야바는 그의 장인이 무엇을 할 것인가를 환히 내다보고 있었다. 장인은 대제사장과 대산헤드린이 심문하도록 죄수를 다시 돌려 보내 줄 것이다.

그러므로 장인에 대해 이와같이 정중한 태도를 취하여 손해볼 일은 하나도 없었다. 가야바는 성전의 파수꾼이 예수를 연행하여 뜰 저쪽으로 가는 것을 바라보고 있었다. 그들은 뒤에서 예수를 난폭하게 밀어 젖혔으므로, 그는 돌 위에서 비틀거렸다. 가야바는 이러한 일보다 체포의 일행에 가담했던 사두개파며 바리새파가, 지금은 화기애애하게 오늘 밤의 성공을 서로 축하하고 있다는 사실에 한층 흥미를 느꼈다.

이것은 가야바에게 중요한 일이었다. 사두개파의 두목인 그로서 산헤드린의 안팎에서 완강한 바리새파에게 치를 떨고 있었기 때문이다. 오늘 밤 입장이 다른 두 개의 파벌이 단합하고 있는 데에 그는 자랑스러움을 느꼈다. 가야바가 회의의 대표자를 임명하고, 그들이 파수꾼과 행동을 같이하여 모든 것이 합법적으로 진행되도록 확인시켜 주었기 때문에 가능했다.

그리고 가야바 이외의 누가 감히 로마인을 함정에 빠뜨릴 만한 덫을 만들 수 있단 말인가. 야만스러운 이교도에게는 아무런 흥미도 없는 내정문제에 대하여 원조를 얻으려고, 거의 머리를 조아리다시피 하며 빌라도에게로 갔던 것은 누구였던가. 그가 바로 가야바다. 그리고 마침내 예수에 대한 사형판결을 내리게 될 경우, 티베리우스 카이사르의 군대를 동원하여 체포를 방조하면서, 빌라도가 이 판결을 승인하지 않는다는 말이 어찌 있을 수 있겠는가. 만약 빌라도가 처형을 승인하지 않는다면, 그는 무고한 사람을 체포하기 위해 두 개 중대의 병력을 동원한 셈이 된다. 이것은 황제에게 보낼 헤롯 왕의 비밀보고의 좋은 자료가 될 것이다.

아니 빌라도는 덫에, 그것도 벗어날 수 없는 덫에 꽉 걸리고 만 것이다. 그러면서도 지금 가야바의 관심의 초점은 그것도 아니었다. 그가 가장 정신을 빼앗기고 있는 것은, 하인을 더 보내어 대산헤드린의 전원이 특별집회에 출석하도록 요청할 필요가 있다는 생각이었다. 또한 성전의 레위인들 중에서 증인을 모아, 회의석상에서 예수가 '이교도의 광장'에서 자기를 인자라고 지칭했다는 것을 증언시킬 필요가 있다. 또한 더욱 날이 밝은 다음에, 형의 확정을 위해 빌라도에게로 예수를 연행할 때, 그를 둘러싸는 시민들이 그에게 반감을 가지고 있다는 것을 보이기 위해 성전에서 시위운동을 할 사람을 미리 수배해 둘 필요가 있다.

그가 이러한 일들을 생각하고 있을 때, 누군가가 어두운 곳에 서 있는 한 사나이를 가리켰다. 유다였다. 그는 자기의 면밀한 계획 수립을 잠시 멈추고 말했다. "그에게 돈을 지급하라. 그를 성전으로 데리고 가서, 전에 결정한 대로 은화 서른 닢을 주어라."

그의 말대로 처리되었다. 이 작은 사나이는 시온 산 옆의 길로 불친절한 안내를 받으며 두로베온의 작은 골짜기로 들어가 높은 길을 거쳐서 성전으로 안내되었다. 거기의 간부 제사들에게 가야바의 명령이 전해졌다. 제사들은 은화를 세고 있는 동안 유다로 하여금 두 손을 내밀고 있도록 했다. 작은 화폐는 하나씩 그의 촉촉한 손바닥 위에 소리를 내면서 떨어졌다. 그는 제사가 수를 세고 있는 소리에 맞추어서 고개를 까딱였다. 그 수는 마침내 삼십이 되었다.

유다는 감사하다는 말을 하며 제사에게 공손히 머리를 숙였다. 그는 돈을 전대에 넣었고, 그것은 다시 옷주머니 속으로 들어갔다.

이리하여, 그는 자기에게 영원한 생명을 약속한 그의 스승을 판 것이다.

기원 30년 4월 7일
# 오전 네시 산헤드린의 재판

안나스는 죄수를 집 안에 들이고 싶지 않았다. 현관으로 나와 예수를 앞으로 데려오도록 하였다. 파수꾼들은 예수를 모멸하기 위해서가 아니라 이 노인 앞에서 열심히 일하고 있다는 것을 보이려고 그를 밀어젖혔다 끌어당겼다 했다. 예수가 우물쭈물하고 있으면 그를 발길로 걷어찼다.

노인은 걸터앉아서 이 젊은 사나이를 유심히 바라보았다. 무엇을 생각했는지 어떤 질문을 던졌는지는 아무도 모른다. 그는 의자에 앉아서 예수를 바라보고, 무슨 까닭으로 이 하잘것없는 젊은이가 구세주인 체하였는가를 멍청히 생각하고 있었는지도 모른다. 이 사나이는 미치광이는 아닌 것 같았다. 일 년 이상 전부터 들어오는 정보에 의하면, 아무래도 그 반대인 듯했다. 나사렛의 예수는 지적知的인 인간이다. 그가 어느 학파에 속하는지는 아무도 모르지만, 율법에 정통하고 있다. 그는 키가 크고 농부답게 떡 벌어지고 튼튼하다. 그는 술을 좋아하는 것도 아니다. 어느 여자와도 혼약한 바 없고, 털끝만큼의 스캔들도 없다.

그렇다면 그는 왜 메시아가 되지 않으면 안 되었던가. 이 년 넘게 이 사나이는 온 팔레스타인 땅에 긴장을 고조시키는 원인이 되어 왔다. 처음에는 그가 태어난 갈릴리에서, 그 후에는 예루살렘, 더 나아가서는 여리고에서. 그의 교리의 근본은 사랑이었다. 그것은 늙은 제사장의 눈으로 본다면 위험한 것은 아니었다. 그러나 민중이 성전에 대해 등을 돌리기 시작했다. 처음에는 조금씩, 후에는 점점 많은 사람이 그렇게 되었다. 안나스 노인은 누구였는지는 기억이 없으나, 어느 사나이의 보고에 의하면, 최근 예수가 거리에 나서자 수많은 군중이 일과 농장을 버리고 그를 따랐다고 했다.

안나스는 오랜 동안 예수를 바라보고 있었다. 자기로서는 이 사나이를 심판하지 않으리라 생각했고, 가야바에게 일임하리라 마음먹었다. 중요 문제를 심판할 때에는 대산헤드린의 의원이 스물세 명 이상 출석해야 한다는 율법이 있으므로, 지금쯤이면 사위가 벌써 의원들을 호출하여 모으고 있을 것이라고 생각했다.

조만간 성전에서 도전해 올 것을 알고 있었을 터인데, 어째서 메시아 행세를 했는지에 대해 질문하는 것은 역시 흥미있는 일이었다. 사실 성전을 적으로 삼을 수 있는 가능성은 자칭 메시아로서의 성공에 비례하는 것이다. 이 사나이는 대성공을 거두었다. 그래도 안나스의 환전 테이블을 밀어 쓰러뜨리거나 안나스의 동물시장을 비난만 하지 않았더라면, 성전을 적으로 삼아 신을 모독한 벌을 씌울 일은 없었을는지도 모른다.

안나스는 무늬옷을 늙은 몸에다 휘감고 있었다. 그는 예수에게 왜 이단의 교리를 가르쳤는가고 물었다. 또 제자들은 누구며 몇 사람이나 되는가를 물었다. 예수는 이윽고, 아버지의 면전(성전)에서의 그 행위에 대한 책임을 묻는 사나이를 한동안 바라보고 있었다. 예수는, 유대인이 노인에게 대할 때 가지는 공손한 태도로 말했다. "나는 세상 사람들에게 공공연히 말해 왔소. 모든 유대인이 모이는 회당이나 성전에서 항상 가르쳐 왔소. 무슨 일이든 숨어서 말한 적은 없소. 왜 나에게 새삼 묻는 것이오?"

재판법에 의하면, 증인 이외의 자의 증언을 강요하는 것은 법에 위반된다는 것을, 안나스와 마찬가지로, 예수도 알고 있었다. 또한 법에 의하면 예비심문을 받을 의무는 없었다.

"내 말을 들은 사람에게 물어 보시오" 하고 그는 참을성 있게 말했다. "내가 말한 것은 그들이 알고 있을 것이니까."

파수꾼 가운데 한 사람이 예수 앞으로 나가 그의 뺨을 치고 소리쳤다. "대제사장께 그 무슨 무례한 대답을 하는가?" 예수는 맞은 아픔을 떨어 버리려고 머리를 흔들면서 파수꾼에게 말했다. "만일 내가 말을 잘못했다면 잘못한 이유를 말하시오. 만일 바른 말을 했다면 어찌하여 나를 치는 것이오?" 안나스 노인은 빙그레 웃으며 고개를 저었다. 그는 일어서서 예수를 가야바에게 보내도록 명령했다.

밤 바람은 제법 추웠다. 습기찬 바람이 서쪽에서 불어왔다. 성전 파수꾼들은 망토를 위에 걸쳐 입고 화로에 불을 피웠다. 그들은 대제사장 집 뜰 앞쪽에서 화로를 삥 둘러앉아 있었다. 빨간 석탄이 불꽃을 튀기면서 그들의 얼굴을 붉게 물들였다.

그들과 함께 몸을 구부리고 불을 쬐고 있던 사람 가운데, 예수가 지극히 사랑하고 있던 젊은 제자 요한이 있었다. 그는 베드로와 함께 습격부대의 뒤를 따라와 예수의 모습이 문안으로 들어가 보이지 않을 때까지 뒤에서 바라보았다. 뒤를 따를 것인가 말 것인가 두 사람은 서로 의논했다. 요한은 들어가자 하고, 베드로는 신중을 기해야 된다고 주장했다. 예수가 안나스의 집에 있을 즈음 이 젊은 제자는 작은 문을 두드렸다.

한 처녀가 그곳을 지키고 있었는데, 그녀는 문을 조금 열고는 램프를 든 채 요한의 얼굴을 보았다. 두 사람은 인사를 교환했고, 그는 바로 안에 들어가도록 허락받았다. 요한과 그 일족은 대제사장과 평소에 교분이 있었기 때문이다. 청년은 뜰을 어정버정 돌아다니며 파수꾼들에게 말을 붙이려고 했다. 죄인이 어디로 연행되어 갔는지 퉁명스럽게 묻고, 그러고는 다른 사람들과 함께 불 곁에 웅크리고 끼어들었다.

자기가 의심받고 있지 않음이 분명해지자 그는 일어서서 짐을 나르는 여인에게 말을 걸어 자기 친구가 문 밖에 있다고 말했다. 그는 그 친구의 신원은 절대 확실하다고 보증했다. 문지기 처녀는 베드로를 안에 들어가게 해 주었다. 그녀는 램프불을 어둡게 하였으나, 헝클어진 엷은 빛깔의 머리카락이며 수염을 가진 두툼한 가슴의, 깊은 목소리를 가진 사나이를 보았다.

"당신도 저 사람의 제자 가운데 한 사람이 아닌가요?" 그녀가 물었다. 베드로는 주저하며 침을 삼키고 처녀를 쏘아보았다. "아니오. 그렇지 않소" 하고 그는 언성을 높여 말했다.

요한은 그를 데리고 불 곁으로 갔다. 베드로는 망토를 턱까지 끌어올린 채 몸을 구부리고 불에 손을 쬐었다. 어디선가 닭이 홰를 쳤다. 파수꾼들은 예수를 습격하던 일이며, 병사들이 놀라게 했을 때 제자들이 도망치던 꼴을 흥미진진하게 이야기하고 있었다. 요한은 그 대화에는 끼어들지 않았고, 베드로도 잠자코 있었다. 불 저편에 있던 사나이가 베드로를 자꾸 바라보자, 우두머리 제자는 망토를 코 위에까지 끌어올렸다. 그 사나이는 베드로를 가리키며, "당신은 그들 중의 한 사람 같은데" 하고 말하자 베드로는 고개를 가로저었다. "아니, 아니오." 하고 망토 속에서 큰 소리로 부인하였다.

산헤드린의 의원은 죄수가 대제사장의 사실私室로 연행된 후에도 속속 모여들고 있었다. 늦게 온 자들도 죄수가 누구이며 어떤 혐의인지 이미 알고 있었다. 왜냐하면 갈릴리의 메시아의 문제가 최근 최고회의 석상에서 진지하게 토론되어, 그에게 죄를 씌울 좋은 방안에 대하여 여러 가지 계획이 진행되어 왔었기 때문이다. 그러므로 도착이 늦은 의원들도 세 단의 반원형으로 배열된 의원석에 앉아 재판의 진행을 중도에서 들어도 그 내용을 이해할 수 있었다.

예수는 의원들에게 호감을 살 만한 모습을 하고 있지는 않았다. 볼이며 수염에 피가 말라붙어 있었고, 옷은 연행자들에 의해 떠밀리거나 발길로 채이거나 하여 더럽혀져 있었다. 아무것도 걸치지 않은 발은 더러워져 있었다. 갸름한 얼굴은 핏기가 가시어 창백하였다. 그가 마지막으로 휴식을 취한 이래 여러 가지 고통스러운 일들을 겪었기 때문이었다. 눈은 벌겋게 충혈되고 눈꺼풀은 부어 있었다. 이삼 미터 떨어져서 보면 그는 하잘것없는, 친구도 없는 범죄자처럼 처량하게 보였다.

여기저기서 그에게 질문이 던져졌으나, 그것에 대답하거나 고개를 젖는 일조차 없었다. 제사장은 큰 소리로, 예수를 지지하는 증인은 앞에 나와서 증언하라고 말했다. 그 말소리는 큰 방 안에 울려 메아리쳤다. 아무도 나서는 사람은 없었다. 문을 열고 방 안으로 들어와 "이 사람은 좋은 사람입니다. 평화로운 사람입니다. 이스라엘 십이지족을 구원하기 위해 온 참된 메시아입니다"라고 말하는 사람은 아무도 없었다.

논고는 상인의 환문(喚問)으로부터 시작되었다. 규정에 의하면, 한 번에 한 사람씩 증언을 듣게끔 되어 있었다. 그 대부분은 성전의 하인들로서, 일흔한 명의 의원들은 그들의 말을 들었다. 그들 증인은 가슴을 치면서, 이 갈릴리 출신의 사나이가 여호아 하느님으로부터 보내졌다고 자칭하는 것을 자신의 귀로 똑똑히 들었노라고 선서했다. 그들은 여러 가지 사실을 증언했다. 그리고 재판의 정당한 절차를 밟기 위해, 의원들은 증인에게 날카로운 질문을 퍼부었는데, 그 결과 증인들의 말은 앞뒤가 맞지 않아 신빙성이 없었다. 장로들은 얼굴을 마주보았고, 더욱 많은 증인들이 불려나갔다. 그들의 말은 서로 엇갈렸으므로, 증언이 거짓이라는 것을 입증하기 위해 심문할 필요조차도 없었다.

예수는 잠자코 서 있었다. 그를 죽이려고 적극적으로 움직이는 유대인은 적고, 그가 메시아라고 믿는 유대인은 많은데, 전자는 그에게 죄를 씌울 수도 없고 후자는 그를 구하기 위해 손끝 하나 까딱하지 않는다는 사실은, 예수조차도 하나의 아이러니라고 여길 수밖에 없었을 것이다.

제사장은 신분이 높은 증인을 불러냈다. 그들은 확실성의 차이는 있었으나, 성전이 무너져도 사흘이면 그것을 다시 세울 수 있다고 한 예수의 말을 들었다고 증언했다. 기원 일세기경 팔레스타인 화법의 어려움은, 예수가 '자신의 몸'을 '이 성전'이라고 말하였는데, 제사들은 그것을 '솔로몬의 성전'이라는 의미로 해석한 일에 잘 나타나 있다.

그렇더라도 그 말은 하느님을 모독하였다고는 말할 수 없다. 그러므로 중대 범죄도 아니다. 바리새파는 일상 법률을 설명할 경우보다 극단적인 과장을 하는 경향이 있었다. 이 죄인에 대한 특별한 혐의는 그 자체로서는 중요한 것이 못 되고, 무엇보다도 중요한 것은 로마 총독이 그를 죄인으로 보도록 범죄 사실을 구성하는 일이다. 그것을 가야바 이외의 그 방에 있는 자는 모두 두려워하고 있는 듯 보였다. 물론 예수가 하느님의 아들이라고 자칭한 일조차도 별로 쓸모가 없다. 왜냐하면, 참된 메시아가 이 세상에 오는 것이 온 유대인의 최후 최대의 소망이라 하더라도, 그를 이교도의 총독 앞에 내세운다면 조소만을 살 것이다. 그러나 딴 증거가 없으면 이것으로 임시변통을 하지 않으면 안 된다.

가야바는 예수가 사람들을 미혹시켜 우상숭배로 이끌었다는 죄를 확정할 수만 있으면 좋겠다고 생각했다. 이 죄목이 가장 형편에 알맞았다. 로마인들은, 이런 예언자들이 드디어는 민중을 로마로부터 떼어 놓는 결과를 만든다는 것을 알고 있었으므로, 정치적인 것이든 아니든간에 대중에게 새로운 사상을 부여하는 자에게 늘 주의를 게을리하지 않았다.

백성을 미혹시킨다는 혐의는 많은 증인들에 의해 증언되었다. 그러나 모세의 율법에 의거한 필요한 조건, 어떻게 해서 언제 말했는가를 일치해서 증언하는 두 사람을 얻어낼 수는 없었다. 그리고 이 혐의도 성립되지 않는다. 가야바는 우스운 입장에 빠져 들어갔다. 그의 예수에 대한 소송은 죄목 하나하나에 대하여 증언할 증인이 부족했기 때문에 실패하기 시작하고 있었다.

그래도 그는 일어섰다. 몸에 법복法服을 걸치고 뾰족한 모자를 쓴 모습으로 준엄하게 예수를 가리키며 말했다. "그대는 자기 변호를 전혀 하지 않는가?" 예수는 대답하지 않았다. "이 사람들이 당신에 대하여 불리한 증언을 하고 있는데, 어떠한가?"

이 말은 학식있는 재판관으로 하여금 어처구니없는 의아한 표정을 짓게 하였는지도 모른다. 예수는 여전히 잠자코 있었다.

대제사장은 서 있었다. 죄수가 침묵을 지키고 있는 한 대산헤드린은 산회散會하지 않으면 안 된다. 가야바는 절망하여 거의 호소하는 듯한 심정으로 외쳤다. "그대는 하느님의 아들 메시아인가. 살아계신 하느님께 맹세하고 우리에게 대답하라." 그는 정면으로 예수를 바라보고 있었다. 그러나 대답을 얻을 가망은 없었다. 이 죄인이 법률에 정통하고 있다는 것을 알고 있었다. 예수가 메시아가 아니라고 말한다면 많은 신자들에게 거짓말을 하고 있었던 것으로, 아무 사명을 지니지 않은 보통 인간일 뿐이라는 것을 인정하는 결과가 된다. 또 메시아라고 말할 경우, 하느님을 모독한 것으로 유죄가 된다. 왜냐하면 의원들이 보는 바로는 그는 메시아도 아니고, 메시아라고 그들을 믿게 하는 것도 불가능했다. 따라서 지금까지 침묵을 지켜 왔듯이 이 최후의 질문에도 대답하지 않는다면 예수는 가야바의 집에서 자유의 몸의 되어 나가게 될 것이라고 생각했다. 가야바는 이러한 사정을 잘 알고 있었던 것이다.

그러나 예수는 그렇게 하지는 않았다. 가장 위험한 시점에 와서 그는 자진해서 발언했다. 가야바는 드디어 체면을 만회하게 되었다.

"그렇다." 예수는 놀란 제사를 향해 말했다. "그대가 말한 대로다. 그러나 말해 두노니, 인자人子가 전능하신 분 오른쪽에 앉고 하늘의 구름을 타고 옴을 그대들은 보게 될 것이다."

대제사장은 참으로 어려운 고비를 넘겼다. 모든 증인이 모두 그 증언에 실패했는데, 예수는 자기 스스로를 고발한 것이다. 그는 가야바가 원하는 대로의 형태는 아니지만 스스로 자신의 유죄를 주장한 것이다. 설사 법률이 피고의 말은 증거가 되지 않는다고 결정한다 해도 이제 어리석은 증인들은 필요치 않다. "그렇다. 그대가 말한 대로다." 이 말로써 충분했다. 대산헤드린의 전의원은 예수가 유대를 구하기 위해 하느님이 보낸 자라고 선언한 사실의 증인이 되었다.

이 이상 말하는 것은 자칫하다가는 이 혐의를 무효화할 우려가 있다. 그래서 가야바는 두 손으로 법복의 깃을 잡고 옷을 정확히 두 부분으로 찢었다. "저 자는 하느님을 모독했다." 대제사장은 외쳤다. "무엇 때문에 이 이상 증인이 필요하겠는가." 그는 되도록 속히 재판을 끝내고 싶었다. "여러분은 지금 이 자가 신을 모독하는 말을 들었을 것이오. 여러분은 어떻게 생각하오?"

투표할 필요는 없었다. 재판관의 면전에서 죄가 행해진 것이다. 그들은 입을 모아 대답했다. "그는 사형에 처해져야 마땅하오!" 가야바는 죄수를 끌어내어 잘 감시하라고 명령했다. 하인은 그를 현관에서 돌 계단 아래 뜰로 끌어냈다. 그들은 밤새도록 무료하였으므로 유죄판결의 소문은 죄수가 뜰에 내려서기도 전에 뜰에 퍼져 있었다.

기원 30년 4월 7일

# 오전 다섯시 새로운 희생의 날이 밝다

제사祭司 몇 사람이 와서 예수에게 질문했다. 그는 대답하지 않았다. 키가 큰 예수는 아예 사람들이 눈에 들어오지 않는다는 듯, 머리 위 저 먼 곳을 보고 서 있었다. 손은 뒤로 묶인 채 두 발을 조금 벌리고 서 있었다. 제사들은 이제 그를 똑똑히 관찰할 수가 있었다. 그러나 아무리 보아도 그의 어디가 저렇게 많은 사람들의 마음을 끌어당기는가 이해할 수 없었다. 사람들은 조심조심 그가 있는 곳으로 와서 같은 질문을 되풀이하였다. "당신은 어디서 힘을 얻었소?" 그들은 그때 무언가 불가사의한 일, 이를테면 포석鋪石에서 불꽃이 너울거리며 치솟는다든가, 돌연히 뇌성이 울린다든가 하는 따위 일이 일어나지는 않을까 두려워하고 있었다. 그러나 아무런 일도 일어나지 않았으므로 그들은 혐오하는 표정을 짓고는 발끈해서 가 버렸다.

　파수꾼들은 숯을 가득 피운 화로를 예수가 서 있는 구석으로 옮겨 놓았다. 슬픈 듯한, 수염을 기른 얼굴은 불빛으로 하여 빨갛게 물들었다. 파수꾼들은 예수가 제사들의 질문에 응하지 않았다고 해서 화가 나 있었다. 그것은 무례한 일이다. 그래서 그들은 자기들도 두세 번 질문해 보고는, 대답이 없으면 그를 치면서 질문을 되풀이했다. 그들이 교대로 예수 앞에 서서 심하게 매질할 때마다 그의 머리는 좌우로 움직였다.

사람들은 이 전리품을 놀리기 시작했다. 맨손바닥으로 치거나, 머리며 가슴이며 배를 주먹으로 때리거나 했다. 예수가 앞으로 쓰러질 듯하면 머리를 때려 상체를 도로 일으켰다. 그들은 바로 곁에 서서 얼굴에 침을 뱉기 시작했다. 침이 그의 볼에 보기 흉하게 튀어 붙었다.

그들 중의 누군가가 더 재미있는 놀이를 고안해냈다. 그는 무명 조각을 가지고 와서 예수의 눈을 가렸다. 그러고는 그의 앞을 춤추듯 뛰면서 얼굴을 때리고 웃으면서, "누가 때렸는지 알아맞혀 봐라" 하고 그를 심술궂은 이름으로 불렀다. 또 천하고 더러운 이름으로 부르기도 했다. 그는 벌써부터 지쳐 무릎이 구부러져 왔다. 그러면 그들은 예수를 떠받쳐 혼자 설 수 있을 때까지 기다리고 있다가 다시 그를 때렸다.

이 죄인은 대산헤드린에 의해 사형이 선고되었다. 그들의 경험으로 보아, 죄가 확정된 죄수는 파수꾼의 학대와 조롱의 대상이 되는 것이 합법적으로 인정되어 있었으므로, 비난을 받는 일은 없다고 생각하고 있었다. 죄수가 투석投石으로 죽임을 당하거나 혹은 교수형, 화형火刑이 될 때까지 의식을 잃지만 않으면 파수꾼들이 문책되는 일은 없었다.

이 사나이는 나약하다고 그들은 생각했다. 삼십 분 정도밖에 견디지 못하는 것을 보면, 최근 식사가 충분하지 못했거나 휴식이 부족했던 것이다. 그는 녹초가 되어 쓰러질 듯 무릎을 꿇었다. 파수꾼이 그를 안아 일으켰을 때 그의 눈자위가 위로 향해 있음을 알았다. 빨간 불의 열기를 받아, 머리며 볼이며 이마의 찢어진 상처와 피는 그의 얼굴을 생생하게도 무참히 만들고 있었다. 수염은 피에

엉겨 굳어져 있다. 파수꾼들은 그를 세워두느라 애를 먹었다.

날이 밝자 곧 성전으로 죄수를 연행하라는 대제사장의 명령이 전달되었다. 파수꾼은 물을 길어 와서 눈을 가렸던 헝겊으로 예수의 얼굴을 닦았다. 성전에 연행해 갈 때 불쌍한 몰골로 해 두어 아침 예배자들의 동정을 사게 되는 것은 그들의 바라는 바가 아니었다. 예수가 자기 혼자 설 수 있게 되었을 무렵, 뜰에 어렴풋한 분홍빛 아침햇살이 퍼졌다. 배를 맞은 것은 큰 타격이었다. 그는 몸을 구부린 채 절뚝거리는 다리를 끌며 불가로 다가갔다. 그는 몸을 곧게 펴기조차 힘들어 보였다.

근무 중인 레위인 한 사람이 성전의 제일 높은 탑 위에 있었다. 그의 짙은 갈색 눈은 지평선 위에서 새벽의 창백한 빛이며 붉은 기운을 찾아냈다. 아래쪽에서는 신분이 높은 제사가 부하를 거느리고 위를 쳐다보고 있었다. 레위인은 아무 말도 없이 사해 저쪽 모압 산맥 위의 지평선을 뚫어져라 바라보고 있었다.

그의 눈은 일순간도 그 방향에서 떠나지 않았다. 만약에 그가 의무를 소홀히 했다면, 그는 아래를 내려다보고 하얀 성전이며 거리며 그 아래 기드론 내에 그만 황홀해졌을 것이다. 그리고 그의 말한 마디를 기다리고 있는 군중이 넘쳐흐르듯이 붐비는 스물네 개 성전 문을 한눈에 볼 수 있었을 것이다. 약간만 시선을 옮기기만 하여도 올리브 산 비탈에 수천의 순례자들이 움직이고 있는 것을 볼 수 있었을 것이다. 그러나, 그에게는 신성한 의무가 주어져 있었다. 눈알이 머리에 얼어붙는 한이 있더라도 눈을 돌리려고 하지 않았다. 많은 집에서 연기가 솟아올라, 보이지 않는 천장에 가로놓인 베일과 같이, 예루살렘 위에 나직이 퍼져 있는 줄을 조금도 모른 채 그는 앞만 내다보고 있었다. 북에서 오는 길은 산악지대를 막 벗어나면 서문 밖에서 욥바로부터의 길과 합쳐진다. 서문 밖에는 골고다라고 하는 곳이 있는데, 두 갈래 길은 바로 거기서 하얀 십자가 모양으로 엇갈리고 있었다.

하늘은 밝은 흰빛을 띠었다가 점차 장밋빛으로 바뀌었다. 그리고 이 빛깔은 누른빛에서 다시 바뀌어 말할 수 없이 선명한 핑크빛깔로 변했다.

그 빛깔은 번져서 하늘에 온통 퍼졌다. 일에 열중하고 있던 레위인은 이제야 태양이 산 위로 떠올라오는 것을 보았다.

그는 입에다 손을 갖다 대고 외쳤다. "아침해가 비추기 시작했다!" 아래에서는 높은 신분의 제사가 의식에 따라 큰 소리로 질문을 던졌다. "하늘은 헤브론까지 밝았는가?"

그곳은 성도聖都에서 백십 킬로미터 떨어진 곳에 있다. 레위인은 이마에 손을 갖다 대고 남쪽 산들을 바라보다가 베들레헴 저쪽에서 헤브론의 빛나는 성벽을 찾아냈다. 시각은 다섯시 사십육분이었다. 아래의 제사는 다시 그 아래를 향하여 손뼉을 쳤다. 뜰에서는 제사 몇 사람이 기다란 은나팔을 입에다 맞춰 대고 동시에 세 번씩 불었다. 그 소리는 거리의 성벽 안에 메아리쳐 울려퍼졌다.

광택나는 돌바닥의 넓은 방에서는, 다른 제사가 두 명의 조수를 거느리고 나무망치를 집어 들고 큰 종을 두드렸다. 그 소리가 사라지기 전에 제사나 순례자들은 일제히 하느님 앞에 꿇어앉았다. 향긋한 냄새를 풍기는 연기가 푸른 구름과도 같이 성소聖所에서 뻗어 올라 아침 대기 속으로 퍼져 나갔다.

이날은 오랜 관습의 희생에서 시작하여 새로운 관습의 희생으로 끝나는 날이었다.

가야바의 집에서는 산헤드린의 의원이 회합을 갖기에 적당한 시간을 기다리고 있었다. 그들이나 그의 하인들은 뜰을 드나들고 있었고, 그 중의 어떤 자는 큰 외의<sup>外衣</sup>와 뾰족한 모자를 쓰고 있었다. 피고를 보기 위해 잠시 발을 멈추기도 했으나, 그 밖의 사람들은 무관심했다. 심부름꾼이 자주 드나들고 있고, 또 병사들이 현관에 모습을 나타내기도 하여 집은 매우 분주해졌다. 이 소란만 없다면 이곳은 즐거운 집이었다.

장로들은 종교 사기꾼을 교묘하게 붙잡았고, 그뿐 아니라 그를 완전히 속여 신을 모독한 죄를 뒤집어 씌웠다. 여러 사람 앞에서 이 사나이는 자기를 뻔뻔스럽게도 메시아라고 말했다. 그 때문에 산헤드린의 온건한 두세 명의 의원은 예수가 미치광이가 아닌가 생각하게 되었다. 만약 그가 미치광이라고 인정된다면, 그를 사형에 처하는 것은 법률상 금지되어 있다. 그러나 온건한 사람들도 다수의 과격파에게 묻혀 넘어가고 말았다.

예수는 이미 유죄로 확정되었다. 이제 낮에 그에게 판결이 내려지기만 하면 일은 매듭지어진다. 혹시 예수가 메시아인지도 모른다고, 다소 양심의 가책을 느끼는 의원은 뜰 구석으로 가서 그를 바라보았다. 그에게는 하느님다운 데라곤 없었다. 그는 그냥 인간적일 뿐이고, 지금의 상태로는 극히 보기 흉한 몰골의 인간으로밖에는 보이지 않았다. 그의 얼굴은 찢어지고 벗겨지고 부어 있었고, 볼에는 검붉은 긴 상처가 생겼고, 눈은 부어올라 있었다. 두 손은 묶인 채 떨리고, 몸은 늙은이처럼 사뭇 구부정해져 있었다.

메시아라고? 천만에! 그는 대중의 마음과 신앙에 커다란 해를 끼쳤기 때문에 붙잡힌 죄인일 뿐이다. 만약 그의 신자들이 이런 지경이 된 그의 모습을 본다면, 성전 안에서 폭동이 일어날 것이고, 제사장의 옷을 입은 인간은 아마 난폭한 폭도들에 의해 돌에 맞아 박살이 날 것이라는 것을 장로들은 알고 있었다.

대산헤드린은 비공식 회의를 열고, 비공식 재판을 행했다. 그래서, 가야바가 준비되면 의원들은 성전에 모여 바보스런 사나이를 사형에 처하자는 결의안을 통과시키게 될 것이다. 이것이 공식적인 방법인데, 그 증서는 총독에게로 가지고 가서 승인을 받도록 되어 있었다. 비밀히 예수의 제자가 된 한두 사람을 제외하고는 이 무리의 사람은 누구도 그를 가엾이 여기지 않았다.

아침 햇빛 속에서 한 하인이 현관으로 내려와서, 죄수를 성전으로 연행한 다음 거기서 대제사장의 지시를 기다리게 하라고 파수꾼에게 일렀다. 밧줄이 느슨해진 채 예수는 뜰에서 끌어내려졌다. 밖에서는 문 맞은편 가로수가 늘어선 길에서 몇몇 사람이 서서 그를 바라보고 있었다. 그 중에는 메시아에게 접근하려는 두세 사람도 있었으나, 그들은 붙잡힐 위험이 있을 정도로 가까이 가지는 못했다.

그들은 슬픈 심정으로 바라보고 있었다. 예수가 눈을 들어 길 맞은편 사람들의 시선과 마주치자, 그 두세 사람은 무의식중에 울음을 터뜨리고 눈길을 돌렸다. 예수는 시온 산 지역을 넘어 두로베온 골짜기로 내려가서, 성전으로 통하는 높은 도로를 통해 대체로 북동北東 방향으로 연행되었다. 거리에서는 많은 사람이 그를 보았으나, 부어오른 검붉은 얼굴이 자기들이 믿는 메시아, 나사렛의 예수인 줄은 알아보지 못했다.

가야바 집 밖에서 기다리고 있던 자 중에는 유다가 끼여 있었다. 그는 자기가 한 일의 대가로 돈은 받았으나 자기의 주인이 어떻게 되어 있는지를 알고 싶었다. 그는 기다리고 있었다. 그리고 예수가 끌려 나왔을 때 유다는 그 광경을 보고 심중이 불쾌해졌다. 그는 충격을 받았다. 회오悔悟의 마음이 그를 사로잡았다. 그는 예수가 메시아라고는 믿고 있지 않았으나, 자기의 경험에 비추어 그를 이 세상에서 제일 훌륭한 인물이라고는 생각하고 있었다.

예수를 연행하는 일행은 유다의 앞을 지나갔다. 유다는, 예수가 발이 걸려 넘어질 뻔하면 파수꾼들이 쥐어지르거나 발길로 차는 것을 보았다. 그의 슬픔은 공포로 바뀌어 몇 번이고 자문自問하였다. 이럴 작정은 아니었다. 예수가 형에 처해진다 해도 갈릴리나 더 먼 지방으로 추방될 정도에 그칠 것이라 생각했던 것이다. 이렇게까지 일이 확대되기를 바란 것은 아니었다.

유다는 왈칵 화가 치밀어 왔다. 어떻게 되어 가는 것인지 알아보지 않으면 안 되었다. 그는 망토로 얼굴을 깊숙이 가리고, 그 소부대를 뒤쫓아 자기의 위대한 친구 예수와 일정한 거리를 두고 따라가기 시작했다.

기원 30년 4월 7일

# 오전 여섯시 신을 모독한 사형수

유다는 자신이 배반한, 상처입은 사나이의 뒤를 쫓아갔다. 그 일행은 산쪽에서 성전으로 연결되는 크시스투스라는 고가도로로부터 다시 훌다문을 향해 걸었다. 유다는 참배자들 틈에 끼여, 사람의 눈을 피해서 성전 안으로 들어갔다. 그는 이제 깊은 공포에 빠져 있다. 만약 예수의 손을 움켜잡고 도망칠 수만 있다면. 또 가야바에게로 되돌아가서 그와 타협이 이루어질 수가 있다면. 좀이 쑤시는 듯한 언짢은 기분이 이제 와서는 공포의 감정으로 바뀌어 버렸지만, 그것은 예수에 대한 신앙도, 또는 우정으로부터도 아니었다. 왜냐하면 배반자에게는 신앙도, 우정도 가질 자격이 없기 때문이었다. 유다의 마음을 괴롭힌 것은, 이 사나이가 자기에게 해를 끼치는 자에게조차 자상하고 친절했던 지난날의 추억이었다. 이미 너무나 늦어 버린 지금에 와서 유다는 예수가 고통받는 것을 차마 볼 수가 없었던 것이다.

성전 남서쪽 구석에는 돌로 된 방이 하나 있었다. 그 인접지역은 실로 못까지 펼쳐진 넓은 경내境內였다. 이 방에서는 대산헤드린이 열렸다. 벽의 안쪽은 무늬가 있는 검정과 흰색의 대리석이고 석 줄의 의자가 반원형으로 배열되어 있어 그 그림자가 맞은 편 벽에 비치고 있었다.

예수는 이 안으로 연행되어, 그 반원형 의자의 줄과 마주보고 서게 하였다. 육십 미터쯤 떨어진 곳에서는 끊일 사이 없이 사람들이 그의 아버지를 예배하고 있다. 삼십 미터쯤 떨어진 곳에서는 예수를 따르는 많은 유대인들이 아침 햇빛을 담뿍 받으며 행각 근처를 걷고 있다. 그리고 어떤 이는 다른 사람을 향해, 이렇게 날씨가 좋은데 예수는 성전에 와서 설교를 하든지 병자를 고치든지 하지 않고 어디에 있는가 하고 묻고 있었다. 그러나 그가 서 있는 이 방에서는, 그는 위험한 인물로서 체포되어 그 아버지의 땅에 평화를 보존키 위해 곧 비밀리에 처형되지 않으면 안 된다.

이러한 일은 그의 부어오른 얼굴에 쓴웃음을 짓게 할 만하였다. 그의 발의 근육은 피로 때문에 경련을 일으키고 있었다. 그의 혀는 피가 말라붙은 입술과 닿아 있다. 그는 심한 갈증을 느꼈다. 그러나 물을 요구한다는 것은 어리석은 짓이었다. 그것은 그를 조롱하는 자들에게 잔혹한 놀이를 하나 더 알려 주는 결과가 된다. 그는 조용히 아버지를 향하여, 더욱 힘을 주옵소서 하고 기도했다.

장로들이 느린 걸음으로 엄숙하게 들어와서 그의 쪽으로 힐끗힐끗 눈길을 보내면서 각자 자리에 앉는 것을 보고 예수는 몸을 바로 세워 천장이며 정면을 바라보았다. 그들 의원들은 예수 맞은 쪽에 앉았고, 전부가 자리에 앉았을 때 가야바가 입장하여 지체없이 증거를 조사하기 시작했다. 그는 이 죄인에 관해서는 시간을 낭비하지 않았다.

또한, 그에게 무언가 말을 시키려고도 하지 않았고 빈정거리지도 않았다. 가야바는 더 큰 목표를 생각하고 있었다. 그것은 예수의 사형이었다. 그래서 그는 출석하고 있는 일흔 명 의원을 향해 연설하고, 그들은 그 결론을 듣고 있었다. 그들은 수염을 쥐어 훑듯이 만지작거리며 어떤 대목에 가서는 찬성하는 뜻으로 고개를 끄덕이기도 하고, 입술에 힘을 주어 대제사장의 의견을 생각하고 있는 듯 천장에 시선을 보내기도 했다.

대제사장은 의원들의 기억을 되살리려는 듯이 말했다. 그들의 앞에 서 있는 사나이는 하느님을 모독한 죄로써, 사형에 처해져야 할 죄인이고, 증거를 조사한다든가 그대들이 죄를 인정한다든가 하는 따위 일은 벌써 문제가 되지 않는다는 것을 법정이 이미 결정한 것이다. 따라서 이제는 판결을 확인하기 위해 그들은 한 사람 한 사람 정식으로 선서하지 않으면 안 된다. 일반적인 경우라면—그는 겉으로만 감동적인 어조로 말했다—법에 규정되어 있는 바와 같이, 하루 더 심의를 거듭하는 것이 온당하겠지만, 얼마 후에 다가올 안식일에는 심의를 할 수가 없다. 그는 의원들의 기억에 호소했다. 피고가 병자를 고치거나, 눈먼 소경을 회복시키거나, 죽은 듯이 보이는 실신 상태의 이웃을 일어서게 하거나, 모두 이런 따위 일을 안식일에 행하여 부단히 이 신성한 날(안식일)의 율법을 더럽혀 왔다. 법률이 규정하고 있는 바와 같이 칼로 사람을 죽인 자는 칼로 죽여야 마땅하다면, 하느님을 모독한 자는 당연히 신성한 안식일이 시작되려는 일몰 직전에 처형해야 하며, 그만큼 온당한 방법은 없을 것이다.

"그는 신을 모독하는 말을 했소" 하고 가야바는 외쳤다. 서기들은 제일 젊은 의원부터 출석 점호를 했다. 의원들은 차례로 일어서서 "그는 유죄로, 사형"이라고 말했다. 아무도 이의를 내세우는 자는 없었다. 점호가 끝나자 서기는 피고의 이름과 용의容疑와 유죄 결정, 그리고 판결을 기록했다. 이 기록은 죄수에 대한 판결의 승인을 위해 로마 총독에게로 가져가야 한다.

대산헤드린의 의원 가운데 두 사람이 궐석이었다. 피고의 친구인 니고데모와 아리마대 요셉의 자리였다. 예수의 생명을 좌우한 자의 수는 예수 나이의 배가 되는 도합 예순여덟 명이었다. 가야바는 의장으로서 투표권이 없었다.

대제사장은 자리에서 일어서서 방 뒤쪽으로 갔다. 그리고 쓰고 있던 모자에서 자신의 직무를 나타내는 금띠를 떼었다. 그것은 오랜 전설로서, 속죄를 위한 최후의 날이 왔을 때 하느님이 금띠에 쓰인 이 말을 읽으시고 기뻐하시면 신을 모독한 모든 자를 용서하신다고 전해오고 있는 것이다.

죄수의 결박은 이 짧은 회의 동안 풀려 있었다. 그는 손목을 문지르고 배를 움켜쥐고 있었다. 가야바는 의장석 뒤쪽에 앉아서 학자들과 낮은 목소리로 무언가 상의하고 있었다. 다음에는 예수를 빌라도에게로 연행하지 않으면 안 된다. 체포, 재판, 범인의 유죄 결정에 이르는 길고 어려운 과정 중에서, 이제부터 가야바가 가장 두려워하고 있는 과정이 남아 있는 것이다. 냉정한 인간이라면, 빌라도의 비방이나 조롱이나 히브리 법률에 대해 당혹스러운 체하는 꼴이나 주장을 부인하는 일, 교묘하게 숨기고 있는 유대인에 대한 조소 등은 참을 수가 있었다. 그러나 만약 그가 이 죄는 사형에 처할 만큼 중한 것이 못 된다고 거절하고 만다면, 논리와 공정에 근거한 호소가 아무 소용이 없게 될 것이다. 예수는 석방되고 이제까지보다 더 열렬히 민중 가운데 파고들어 그의 말을 널리 전파할 것이다. 이리 되면 그들의 운명은 끝장나고 만다. 어떻게 해서든지 민중을 성전에 붙잡아 두어야 한다.

가야바와 자리를 같이하고 있던 학자 가운데 한 사람이 이삼 일 전에 목격한 사실을 이야기했다. 즉, 그때 예수는 로마 돈을 보고 "카이사르의 것은 카이사르에게로 돌리라"고 했다고 말했다. 의원 중의 일부 사람들은 이 말 속에 어떤 사상의 싹이 있을 것이라고 하여 여러 가지로 의논이 오갔다. 이 갈릴리 사람(예수)이 말하려고 한 뜻이, 로마의 과세와 로마 돈에 의한 납세를 지지하여 빌라도를 기쁘게 해 주기 위한 것은 아니었다. 이 말을 좀 왜곡해서 해석하여, 그자가 민중에게 황제에 대한 반역을 권장하고 있다고 총독에게 고할 수도 있다. 즉 로마 법률에 대한 반역을 선동하고 있었다는 셈이다. 그렇게 되면 빌라도는 사건의 진상을 어느 정도로 알고 있을지라도 이 예수라는 사나이를 석방하지는 못할 것이다. 만일 시리아의 대사나, 로마의 티베리우스 황제의 제위를 부정하라고 가르친 인간을 빌라도가 감히 석방이라도 했다는 소문이 전해지는 날이면, 빌라도는 일신의 자유조차 위태롭게 될 것이다.

대제사장은 이 문제를 고려해 보자고 약속했다. 불과 이 년 전에 가야바는 총독 때문에 무력해 가는 권력을 둘러싸고 빌라도와 싸우지 않으면 안 될 일이 있었다. 빌라도에게, 황제의 얼굴을 그린 맹세의 방패를 예루살렘 성내로 가지고 들어오게 해서는 안 된다고 사전에 일러 왔었다. 만일 이것을 어기면 유대인들은 폭동을 일으킬 것이라고 경고해 두었다. 그런데 빌라도는 수백 개의 방패를 성전 경내에 면한 안토니아 성 성벽 위에 늘어놓았다.

가야바와 안나스는 상의해서 직접 티베리우스 황제에게 항의했다. 황제는 즉각 빌라도에게 명령을 내려 방패를 치워서 가이사랴의 아우구스투스 신당에 봉납하도록 했다.

방패가 성벽에서 내려질 때, 가야바는 민중을 안토니아 성 가까운 '이교도의 뜰'로 모이도록 했다. 사람들은 조소하는 말을 퍼부었으나, 빌라도는 한마디의 대꾸도 못 했다. 결국 그는 히브리인에게 진 것이다. 당시 사람들은 이 사건을 기억하고 있었다. 또 그들은 빌라도가 고가도로 건설을 위하여 성전의 돈을 강제 징수한 일이 있었던 것도 잊지 않고 있었다.

대제사장은 빌라도가 예수의 사건으로 다시 말썽을 부릴 것이라고 짐작하고 있었다. 이것은 빌라도가 이 죄인을 감싸고 있기 때문은 아니었다.

이 죄수 역시 빌라도에게는 그리 중요치 않은 일개 시민에 불과했다. 예수의 생명은 총독에게는 아무런 의미도 없었다. 가야바는 로마인을 예수의 체포에 가담하도록 교묘하게 끌어넣기는 했지만, 빌라도가 가야바와 그의 장인을 난처하게 만들기 위해서는, 합법적이든 아니든 간에 무엇이든 해낼 것이라고 가야바는 걱정하고 있었다.

뿐만 아니라, 팔레스타인의 내정문제에 대해서는 저주스런 이교도들은 개입하지 않도록 되어 있었다. 빌라도는 이제까지 별문제 없이 유대인들의 사형 판결을 승인해 왔다. 골고다 언덕에 세워져 있는 세 개의 나무기둥은 최근 몇 사람의 죄수를 책형磔刑하는 데 쓰였다. 물론 로마인들은 저들의 법률을 어긴 범인이거나 국가에 대해서 죄를 범한 유대인이거나 간에 모두 이 기둥을 사용하였다. 바로 어제 대산헤드린은 두 사람의 죄인에게 판결을 내렸고, 그들은 안토니아 성의 토옥土獄에서 책형을 기다리고 있다. 빌라도는 조금도 주저하지 않고 이 판결을 승인했다.

오늘 아침에도 빌라도는 우물쭈물하지 않을 것이다. 가야바와 그의 사두개파의 작은 그룹은 부질없는 걱정을 하고 있는지도 모른다. 그들은 영리한 인간이었으므로, 솜씨있게 처리하기 위해 예수의 종교적인 면을 되도록이면 과소평가하는 것이 좋다는 것을 알고 있었다. 그를 갈릴리 출신의 시시하고 품위없는 종교 사기꾼으로 보이게 하지 않으면 안 된다.

이 사나이에게 많은 신자가 있다는 사실을 빌라도가 눈치챘다면 만사는 끝장이다. 왜냐하면 총독은 곧 유대인 상호간의 분쟁을 야기시키려 들 것이다. 만약에 팔레스타인을 분열시키는 데 성공한다면, 그는 쌍방의 약점을 손아귀에 쥐게 될 것이다. 이것은 위정자의 처지에서 보면 더 말할 나위 없이 안성맞춤이었다.

장로들 중의 한 사람이 하나의 안을 제의했다. 빌라도 면전에서 군중을 모아 예수를 꾸짖고 욕하면 효과적일 것이라는 제안이었다. 그들은 이처럼 손쉬운 방법이 의외로 무서운 무기가 될 수 있다는 데 놀라워했다. 누구를 모으면 좋을까? 성전의 파수꾼이나 경관을 차출해내면 좋을 것이다. 성전에 소속되어서 생계비를 타 쓰고 있는 자들은 그들의 호구지책을 위해서도 일해야 한다. 그들의 신앙 따위는 문제도 안 될 것이며, 나사로가 죽은 자 가운데서 되살아났다는 터무니없는 이야기를 그들이 믿고 있는지 아닌지도 별문제가 아니다. 그들은 시키는 대로 해낼 것이다.

그리하여 많은 성전의 고용인을 모아서 몇 사람의 제사가 지휘하도록 결정했다. 거리를 통과해 안토니아 성까지 행진할 때에는, 그들이 죄수의 둘레를 빈틈없이 에워싸서 예루살렘의 신자들은 예수에게 근접도 못하게 하고, 누가 죄수인지 구별할 수 없도록 해 버린다. 그러고서 안토니아 성에서 고용인들은 제사들의 지시에 따라 움직이고, 제사는 성의 이중문에서 맨 먼저 큰 소리를 지르기로 했다.

가야바는 이제야 마음이 놓였다. 제사와 고용인이 성전에서 나올 수 있는 준비가 되면, 곧 죄수에게 출발 준비를 시키라고 그는 명령했다.

예수는 그동안 서서 기다리고 있었다.

유다는 사원 입구에 서서 그 소란을 바라보고 있었다. 최고회의의 재판 결과를 듣는 것이 무서웠다. 그러나 아직 듣지 못하고 있다는 것도 무서웠다. 사자使者들은 달려나왔다가 곧 다시 되돌아갔다. 제사는 작은 소리로 말을 주고받고, 가다오다 엇갈리는 순례자들의 질문을 매정하게 묵살했다. 유다는 난간에 기대어 서서 흑갈색 옆 얼굴에 아침 햇살을 받고 있었다. 몇 번이고 안에서 어떤 일이 일어나고 있는가 똑똑히 물어 보려고 했지만, 그때마다 그런 것을 캐묻다가는 자기의 신변이 위태로울 것이라고 생각되었다. 그들은 예수를 구하려 한다고 말로는 그러면서도, 실은 그를 고발할는지도 모른다. 유다를 제외하고 가야바와 두세 사람 이외는 최고회의에서 예수를 구류하고 있는 것을 알지 못했기 때문이다.

배반자는 거기에 서 있는 사람 중에서는 늙어 보였다. 태양은 사정없이 그의 움푹 패어 들어간 볼이며, 눈 아래에 처진 가죽 같은 피부를 내리쬐었다. 그는 물어야만 했고, 알아야만 했다. 그는 자기가 고향 가롯에 그대로 있었더라면 좋았을 걸 하고 생각했다. 거기서의 생활은 별로 귀찮은 일이 없었다. 여호아께 거역하는 따위

일에 참여하지 않았더라면 좋았을 걸 하고 생각했다. 걱정되어서 머리가 돌 것만 같았고, 근심이 끊이지 않았다.

　제사들이 지금 과오를 범하고 있다고, 어떻게 해서든지 그들에게 이해시키지 않으면 안 된다. 예수는 아무 죄도 범하고 있지 않다. 아무 나쁜 일도 저지르지 않았다. 그는 새벽녘에 희생으로 바치는 어린 양과도 같이 더럽혀 있지 않다. 가야바에게 이것을 이해시킬 수만 있다면 모든 일은 잘 되리라고 유다는 확신하고 있었다. 왜냐하면, 가야바야말로 공정한 인간으로서 율법을 실행하는 사람이어야 하겠기 때문이다. 유다는 점점 초조해졌다. 온몸의 피부가 불쾌하게 느껴졌다. 사람들은 그의 거칠어진 눈 표정이며, 손으로 자신의 허벅지와 목덜미를 마구 쥐어뜯고 있는 야릇한 동작에 눈길을 보내기 시작했다. 몇몇 사람들은 멈춰서서 그를 쳐다보며 웃었다. 그는 그 사람들을 쏘아보았다. 자기의 손을 보고 더럽혀져 있는 것을 알았다. 황급히 그는 손을 옷 속으로 찔러 넣었다. 손은 돈을 넣어두는 낡은 가죽 에이프런에 닿았다. 유다는 불쾌하게 자기를 둘러싸고 있는 사람들의 얼굴을 바라보았다. 그 어떤 자는 얼굴 모양이며 태도가 예수와 닮아 있었다. 그는 자기가 미친 것이 아닌가 무서워졌다. 이 작은 사나이는 손가락을 관자놀이에 갖다 대고 군중 속으로 달음질쳤다. 그는 하마터면 사자使者와 부딪칠 뻔하자 멈춰서서 숨이 턱에 닿아 헐떡이며 최고회의의 결정이 어떻게 되었는가 물었다. 사자는 그런 질문에 응답할 시간이 없다고 말했으나 유다는 끈질기게 묻고 또 물었다. 갈릴리 출신의 예언자가 어떻게 되었는지 알아야겠다고 그는 애원했다.

　사자는 말했다. "아아, 그자 말인가? 그자는 오늘 아침 나무에 매달리게 될 거야."

기원 30년 4월 7일

# 오전 일곱시 배반자의 최후


유다는 사자使者의 옷을 움켜잡았다. 그는 다짜고짜 대제사장과 당장 만나게 해 달라고 졸랐다. 사자는 그를 옆으로 거칠게 밀어젖혔다. "대제사장께서는 바빠서 너 같은 미치광이에게 틈을 낼 수가 없단 말야." 그는 소리쳤다. 유다는 자신과 사자를 둘러싸고 있는 사람의 울타리를 흘낏 보았다. 유다는, 어째서 이러한 아무것도 아닌 일이 이렇게까지 확대되었는지 설명하려는 데 그들이 방해하려 들고 있다고 생각했다.

그는 침을 삼키고 차근차근 말을 꺼내려고 마음먹었다. 그는 진심으로 후회할 참이었는데, 소리는 기어들어가고 떨려 아무도 그의 말귀를 알아들을 수가 없었다. 사람들은 드디어 킬킬거리며 웃기 시작했다. 사자도 따라 웃었다. 그리고 빙 둘러싼 사람들을 헤치고 제사의 편지를 전하기 위해 걸음을 옮겼다. 유다는 여전히 쉰 목소리로 투덜대면서 사자에게 또다시 간청했다. 사자가 오히려 잰걸음으로 가려고 하자 유다는 협박했다. "은화 삼십 닢을 되돌려 주겠소." 대제사장은 정의에 입각하여 죄수를 돌려보낼 것이다. 이것은 오직 정의를 지키느냐 무시하느냐의 문제라고 유다는 혼자서 중얼거렸다.

눈앞에 서 있는 사람들의 형체가 점차 흐릿해져서는 흰 대리석 주열柱列로 녹아들어 가고 말았다.

194  기원 삼십년 사월 칠일

그는 또다시 고독했다. 자기의 목을 움켜쥐고 그도 인파를 밀어 제치고 달리기 시작했다. 그는 출입구에서부터 북쪽 제사의 뜰을 향해 달렸다.

그는 놀랄 만큼 민첩하게 사람들 사이를 뛰어, 군중 가운데를 뚫고 나가기도 하고 미끄러지기도 하고 부딪치기도 하였다. 그러고도 사과의 말을 건넬 정신이 없었다.

유다는 제사의 뜰에 다다르자 공물供物을 바치는 방으로 들어갔다. 몇 사람의 제사가 거기서 이야기를 나누고 있었다. 돈을 지급한 사람은 이들이었으므로, 그들은 유다를 기억하고 있었다. 그를 보자 제사들은 말을 그쳤다. 그는 공손히 인사를 하기도 하고 손바닥을 마주 비비기도 하고 미소하기도 하면서 그들에게 접근해 갔다. 그는 청이 있어서 여기에 왔으므로, 그들에게 서먹서먹한 기분을 갖게 할 필요는 없었다. 그래서 그들의 고자세에는 아랑곳하지 않는 체했다.

그는 입술을 굳게 다물고 결코 큰 소리를 내지 말아야겠다고 결심했다. 그는 헛기침을 하고 애써 상냥한 표정을 지으며 말했다. "죄 없는 사람을 배반한 것은 나의 잘못이었소." 제사는 서로 얼굴을 마주보고 나서 배반자를 바라보았다. 그들은 이 사나이에게 눈꼽만큼의 동정조차도 가질 수 없었다. 대제사장이 어리석은 위험 인물(예수)을 인도하는 건에 관해서 이 사나이와 상의하고 돈을 지급하여 결말을 지은 것이다. 예수가 어떻게 되었는지, 제사는 알지도 못했고 또한 별 관심도 없었다. 이 사나이에게 은화 삼십 닢을 성전 예산에서 지급하라는 명령을 받고 그대로 시행했을 뿐이다. 이 거래에는 증인도 있다. 그는 지금 무엇을 바라고 있는 것인가.

"그게 우리에게 무슨 상관이 있단 말인가?" 그 중 지위 높은 자가 말했다. "그것에 관해서 우린 아무것도 모른다네."

유다는 입을 열고 무언가 말을 꺼내려고 했지만, 이내 입을 다물어 버렸다. 그 말이 준 충격은 견디기 어려운 것이었다. 그들에게는 모르는 사실이었던가? 그 거래 자체가 온통 잘못된 것이었다. 그는 또 무언가 얘기하려고 했으나, 제사들은 저희끼리 활발히 의논하고 있었고, 죄를 고백하려는 또 다른 참회자들이 바로 동쪽 문밖에서 안으로 들어와 헌금하려고 기다리고 있었다. 유다는 울고 싶었다. 그러나 회개의 눈물은 나오지 않았다.

그는 거기 서서 험악한 눈초리로 제사를 쏘아보고 있었다. 이 당황해하는 배반자의 판단력은 제자리걸음을 하고 있었다. 제사들의 말에 비춰, 사태는 이미 그들의 손이 미치지 못하게 되었다는 것을 그가 분명하고도 뼈저리게 깨달은 것은 이때였다. 예수를 구하기 위한 일에 그들은 아무 도움도 주려 하지 않았다. 그리고 유다가 스스로 말했듯이, 그가 죄 없는 인간을 배반하였다면, 그것은 그의 죄이지 그들의 죄일 수는 없었다.

유다는, 잠시 어떤 결심도 하지 못하고 망연히 서 있었다. 이윽고 그는 어떤 결정을 내렸다. 돈을 갚으면 살인한 죄는 씻을 수가 있으리라. 비열한 행위에 대해 아무 대가도 받지 않는다면, 그것은 비열한 행위라고 말할 수는 없을 것이다.

그건 당연한 일이다. 법률에 의하면, 상거래에 있어 쌍방이 서로 물품의 수수授受를 끝내지 않으면 완전한 거래가 성립된 것이 아니다. 그렇다. 가야바는 예수를 인수했다. 그러나 유다는 돈을 되돌림으로써 이 계약을 무효화하리라.

그는 옷 속에 손을 찔러넣고, 돈이 들어 있는 에이프런의 긴 가죽 끈을 풀고 은화를 꺼냈다. 제사들은 말을 그치고 그를 응시했다. 유다는 조급하게 서른 개의 은화를 세었다. 혹 잘못해서 서른하나가 아닌가 하고 다시 한번 세어 보았다. 서른이었다. 그는 그것을 오른손에 움켜쥐고 저주의 말과 함께 마루바닥에 내던졌다.

'쨍그렁' 하는 돈 소리가 큰 방 안에 메아리쳤다. 던져진 돈은 빙글빙글 돌면서 마루 위를 구르다가 동작이 점점 느려져 드디어 그 자리에 동그라졌다. 유다는 손에 에이프런을 움켜 쥐고 가죽끈을 늘어뜨린 채 출입구로 향해 도망쳤다.

젊은 레위인 한 사람이 돈을 하나하나 주웠다. 그것에 손을 대면 부정타리라는 양심의 가책을 느끼면서. 다른 제사들도 같은 심정이었다. 이 돈은 피가 묻은 돈이어서, 회계로 되돌릴 수는 없다고 생각했다. 하느님께 바치는 물건이, 여호아에 대한 진심에서 바쳐진 것이 아닌 돈으로 하여 더럽혀져서는 안 된다. 레위인이 반짝반짝 빛나고 있는 돈을 주워 가지고 왔을 때, 그에 대한 논쟁은 아직도 계속되고 있었다.

아무도 그것에 손을 대고 싶지는 않았다. 제사들의 깨끗한 체하는 꼴을 바라보고 있던 나이든 제사가, 빈민을 구제하기 위해서라면 피로 더럽혀진 돈이라 하더라도 써서는 안 된다고 규정한 법률은 없다고 말했다. 순례자 가운데서 성전의 경비로 매장해 주어야 할 신원 불명의 사망자 때문에 해마다 성전에서는 골치를 앓고 있다고 다른 한 사람이 덧붙여 말했다. 제사들은 고개를 끄덕였다. 그러자 나이 든 제사가 힌놈 골짜기 저쪽에 있는 행려사망자 매장용 항아리를 파는 사나이를 동료들에게 상기시켰다.

그들은 항아리를 샀다. 그것이 '항아리의 뜰'의 제1호가 되었다. 그곳은 하셀다마, 즉 피의 뜰로 알려졌다.

유다는 성전에서 뛰어나왔으며, 그 기세로 죽을 때까지 내내 달릴 것처럼 보였다. 그는 망토 자락을 꽉 움켜잡아 당겨 올리고 있었고, 또 한 손으로는 그의 에이프런을 휘두르고 있었다. 그는 거의 방향도 없이 마구 달리며 사람들에게 부딪치기도 했다. 드디어 그는 서남쪽으로 가는 크시스투스의 고가도로를 건너 두로베온 골짜기 서쪽 비탈을 달려갔다.

그의 가슴속은 불타는 듯했으므로 필사적으로 공기를 빨아들였다. 그러나 그는 걸음을 멈추지 않았다. 그는 장님처럼 움푹 파인 눈을 하고 짧은 다리로 달리며 이 도성都城의 부자들이 사는 주택 구역을 빠져나갔다.

축제일 아침에 산책을 하고 있는 사람들은 그의 거동을 보고 이상히 여겼다. 지나치는 그에게 소리를 지르는 사람도 있었으나 유다의 귀에는 들리지 않았다.

폭넓은 로마의 새하얀 돌계단에까지 이르자 그는 금세 굴러떨어질 정도로 급히 뛰어올랐다. 그리고 하늘을 향해 우뚝 솟아 있는 푸른 사삼나무 사이를 달려 빠져나갔다. 그의 이 사이로 숨소리 아닌 가느다란 울음소리가 새어 나왔다. 그는 성벽 옆까지 달려왔으나, 나갈 구멍을 찾는 짐승 모양으로 오른쪽으로 꺾여 서쪽으로 달려갔다. 베들레헴으로 통하는 문 있는 데까지 왔다. 많은 사람들이 안으로 들어오는 참이었다. 그는 그들 인파를 손발로 헤치면서 나아갔다.

성밖 힌놈 골짜기로 통하는 오솔길을 그는 달려갔다. 그가 오래

전에 사려고 돈을 낸 적이 있는 작은 땅을 가로지르고 있었지만, 유다는 깨닫지 못했고, 그러려고도 하지 않았다. 이제야 그는 속도를 늦춰 걷고 있었다. 그 앞은 낭떠러지였기 때문이다. 아래쪽에는 성벽을 쌓다 남은 들쭉날쭉한 바위덩어리가 여기저기 뒹굴고 있었다.

조심조심 걸어 나가자, 한 그루 무화과나무가 있는 곳이 나왔다. 그 무화과는 길에서 조금 벗어난 곳에 서 있었고, 골짜기 위쪽으로 새 가지가 자라나 있었다. 그는 나무줄기에 발을 딛고 세게 밀어 보았다. 나무는 거의 움직이기 않았다. 그의 숨결은 참혹할 정도로 격렬했다. 주위를 둘러보았으나 아무것도 눈에 띄지 않았다. 그는 손에 쥔 돈전대의 끈을 내려다보았다.

그는 나무줄기를 기어 올라갔다. 그리고 튼튼한 가지에 다다랐다. 유다는 몸을 뻗쳐 가지를 흔들려고 했다. 가지는 약간밖에 움직이지 않았다.

가지에 올라타고는 조금 앞으로 나가, 굵은 가죽끈을 거기에 묶었다. 그러고서 그는 에이프런 저쪽에서 끈을 꺼내어 그것을 자기 목에다 꽉 감았다. 귀 뒤쪽에서 몇 번이고 감아 매고는 천천히 조심하면서 가지에서 뛰어내렸다. 작은 사나이는 잠시 동안 두 손으로 나뭇가지를 붙잡고 있었다. 그의 눈은 태양을 쳐다보면서, 뼈아픈 경험을 두려워하는 어린애처럼 흐느껴 울고 있었다.

그는 한쪽 손을 놓고는 또 한쪽 손을 놓았다. 나무에서 일 미터 떨어져 아침 햇살을 받으며, 천천히 흔들리는 시계추처럼 그의 목은 대롱대롱 매달렸다. 그의 몸이 흔들릴 때마다 나뭇가지는 우직우직 소리를 냈다. 이삼 초쯤 지나 그는 한쪽 끈에 손을 뻗어 그것을 움켜잡고 몸을 들어올리려고 했다. 입은 벌어져 비뚤어져 있었으나 소리는 나오지 않았다. 발은 떨리면서 거의 가슴까지 끌어올렸다.

그는 몸을 끌어올리려고 한 번 더 안간힘을 써 보았다. 이윽고 손은 힘없이 늘어졌고, 몸은 커다란 호선弧線을 그리며 흔들렸다. 우지직하는 큰 소리를 내며 가지가 부러졌다. 가지는 줄기에서 찢어져, 유다는 돈주머니와 함께 막대기에 매달린 꼭두각시처럼 힌놈 골짜기 아래로 떨어졌다. 유다의 몸뚱이는 바닥에 부딪쳐 두 번 다시 움직이지 않았다.

유다는 열두 제자 가운데서 최초로 죽었다. 자신이 배반한 메시아보다도 먼저 죽은 것이다.

제사들은 먼저 회의장에서 나왔다. 다음으로 예수를 둘러싼 파수꾼이 뒤따랐다. 그 뒤로 레위인이며 성전의 고용인이 떼지어 나왔다. 그들은 변장하고 있었으므로 성전에서 일하고 있는 사람인 것을 아무도 몰라보았다.

그들은 성전 가운데를 통하여 북쪽으로 가서 그 앞에 있는 안토니아 성으로 예수를 데리고 갈 수도 있었다. 그러나 그들은 숨겨야 할 것이 있었으므로, 그를 성전 서쪽 하스모네안 궁전 가까운 큰 길로 데리고 갔다. 그런 다음 북쪽으로 방향을 꺾었다. 꽤 많은 군중 때문에 죄수는 길 한복판을 걷지 않으면 안 되었다. 전후좌우에는 많은 사람들이 에워싸고 있었다. 이날 아침 우연히 길을 걷고 있던 사람들은, 죄수가 연행되고 있는지, 제사나 레위인이 의식을 위해 어디론가 가는 길인지, 통 영문을 몰랐다.

대제사장은 이미 안토니아 성 성문에 와 있었다. 안에 들어가면

몸이 부정타므로 동서로 통하는 길에 세워진 이중 아치에 서서 이교도의 사자를 안에 들여보냈다. 그리고 대산헤드린은, 민중을 현혹하여 유대 왕이라고 참칭僭稱한 나사렛의 예수라고 하는 자를 독신죄瀆神罪를 범한 것으로 판정했다고 알렸다. 또한, 이 예수는 체포되어 법에 의해 재판을 받고 사형이 선고되었으니, 될 수 있으면 티베리우스 황제의 총독은 최고회의의 요청에 응하여 이 판결을 승인하고 안식일이 오기 전 오늘 안으로 처형해 주십사 하고 일러 보냈다.

로마인은 유대인처럼 아침 일찍 일어나는 편이었으나, 로마의 식민지 관리는 특히 일러서, 그들은 오전 여섯시에서 정오까지 일을 하고 그 나머지 시간은 편히 쉬면서 이야기하거나 여행이나 시찰도 하며 보냈다. 가야바의 청원을 전달하는 사자는 돌을 간 뜰을 지나고 경사진 돌 계단을 올라 성의 거주구로 가서 총독 앞에 섰다. 그 전달 사항은 큰 소리로 읽혔으나, 그 내용에 관해서 총독은 아무 언급이 없었다. 다만 대제사장에게 거기서 기다리고 있으라는 말을 전하도록 사자에게 분부하였다.

이것은 무례함을 공공연히 드러내 보인 것으로, 가야바는 이미 예상하고 있었던 일이었다. 그는 장로들과 섞여 아치 아래에 서서 저주스런 이교도의 보초가 담당 구역을 돌아다니고 있는 것을 보고 있었다. 언젠가는 하느님의 도우심으로 성도聖都는 저들을 쫓아버리리라. 그는 사두개파의 자기 일가의 내력과 저력을 알고 있듯이 이 강력한 성의 역사와 힘도 알고 있었다. 더구나 그저 알고 있는 데 그치지 않고, 지나칠 정도로 상세히 알고 있었다. 성의 병영이나 지하실 모두가 유대인에게 점령된다 하더라도, 로마군의 사수射手가 네 개의 탑에서 적을 전멸시킬 수 있도록 구축되어 있었다. 더욱이 불리한 것은, 이교도들은 성전의 북쪽을 내려다보고 있었다. 가야바는 익히 알고 있었다. 즉 이 성의 또다른 특색으로, 구조부대가 야간에 거리의 성벽 아래를 지나지 않고도 성으로 들어갈 수 있게 되어 있었다. 폭동이 일어났을 때 로마 병사가 지하 출입문을 통해 성전 경내에 침입해 온 것을 대제사장은 목격한 경험이 있었다. 수천에 이르는 여러 군단은 팔레스타인의 동부 국경과 가이사랴에 병력을 배치하고 있었으나, 그럼에도 빌라도는 항상 상당수의 군대를 안토니아 성에 주둔시켜, 만약 대제사장이 성을 습격하려는 야심을 일으키더라도 스물네 시간 이내에 성도의 약탈 작전을 즉각 행동으로 옮길 수 있었다. 그렇다는 사실을 생각만 해도 대제사장은 온순해지지 않을 수 없었다.

가야바는 한숨을 쉬었다. 그는 오가는 로마인을 바라보고 있었다. 아치 밖에 서 있던 장로 한 사람이, 길을 지나 예수가 오고 있다고 말했다. 거의 그와 때를 같이해서 빌라도는 부하를 거느리고 발코니에 그 모습을 나타냈다.

기원 30년 4월 7일
# 오전 여덟시 빌라도의 심문

제사들은, 예수와 파수꾼에게 군중을 헤치고 앞으로 나오도록 명령했다. 예수는 대제사장보다 약간 앞서, 안토니아 성의 아치 문 앞까지 연행되었다. 큰 뜰 저편에 로마의 군복을 입은 시리아인들이 쉬고 있었다. 그들은 부관들에게 호위된 총독이 서 있는 발코니를 쳐다보았다. 그가 약간의 몸짓을 하기만 하면, 시리아인은 아치 밑에 서 있는 유대인들을 학살하리라. 그들은 그 신호를 기다리면서 쳐다보았으나, 빌라도는 군중을 향하여 몸짓을 하고 측근들과 작은 목소리로 이야기할 뿐이었다.

한 사환이 황제라도 앉을 법한 호화로운 의자를 들고 왔다. 총독은 성전에 가장 가까운 오른쪽 계단을 내려와 돌을 간 뜰에서 몇 단 올라간 곳에 멈춰 서서, 그곳 층계참에 놓인 의자에 걸터앉았다. 예수는 부어오르고 검붉게 멍든 눈으로 이것을 보고 있었다. 그는 짧은 한 오라기의 밧줄로 두 손을 뒤로 한 채 결박되어 군중 앞에 홀로 서 있었다. 예수가 로마 황제의 총독을 보는 것은 지금이 처음이었고, 빌라도 역시 예수를 보는 것은 처음이었다.

두 사람은 서로 상대방을 대단한 존재라고는 생각지 않았다. 메시아는 이 로마인을 오십 세 정도의 귀족적인 작달막한 남자로밖에 보지 않았으며, 신경질적인 인상이라고 생각했다. 그는 눈알을 희번덕거리며 주위의 작은 움직임에도 눈길을 돌렸다. 머리카락은 잿빛으로 변해가고 있었으며, 값비싼 복장과 금빛 샌들로 몸을 감싸고 있었다. 머리를 숙이고 성 안으로 가 버린 부관들 대신 두 명의 호위병이 나왔다. 호위병은 짧은 윗옷을 입고, 두 발을 벌린 채 앞에 세운 창을 움켜쥐고 있었다. 총독이 본 예수는, 입술이 부어오르고 볼이 변색되어 있는 키가 큰 유대인이었다. 의복은 피로 얼룩져 있고 더럽혀져 있었다. 예수의 뒤에는 대제사장과 제사의 간부가 있었고, 그들은 이교도를 앞에 두고 유순한, 그러면서도 불안한 태도를 보이고 있었다. 그 뒤에는 아치로 넘쳐들 만큼 많은 군중이 운집해 있어, 어떤 자는 벽 램프의 가로대에 매달리기까지 했다.

총독은 오른손을 높이 들었다. 이삼 초 지나자 군중의 웅성거림이 조용해지고 아베나달이라는 이름의 백부장百夫丈이 뒤뜰에서 네 부대를 인솔해 나와 죄수의 곁에 대열의 위치를 정했다. 성전의 파수꾼들은 뒤로 물러섰다. 이때부터 예수에 대한 성전법의 집행은 로마인의 손으로 넘어갔다.

빌라도는 큰 소리로 물었다. "여러분은 이 사람에 대하여 어떠한 고소를 제기하는 것이오?" 그는 예수를 손가락으로 가리켰다.

대제사장은 그 질문에 흠칫 놀랐다. 가야바는 전날 밤, 여기에 와서 총독에게 사건을 이야기하고, 이 사건이 히브리법에 관계된 중대한 것이라고 그에게 설명한 바 있다. 게다가 습격부대를 지휘했던 고급장교가 돌아와서, 이 사건에 관한 모든 것을 빌라도에게 보고했음을 제사의 간부들은 알고 있었다. 그런데도 왜, 예수에 관해 모른 체하는 것일까?

제사들은 불안한 눈으로 서로 바라보았다. 이 말은, 잔혹한 압정자摩政者가 결국 자기 면전에서 예수를 심판하게 할 셈임을 뜻하는 것이다. 그리고 그럴 경우, 증거 불충분으로 그에 대한 죄상을 인정하지 않을는지도 모른다. 성 밖에서는 빌라도의 질문을 군중에게 알리기 위해 큰 소리로 외쳤으므로, 가야바는 대답하기 전에 잠시 기다리지 않으면 안 되었다.

대제사장은 예수의 등 뒤를 가리키면서 말했다. "만일, 이 자가 나쁜 짓을 하지 않았다면, 당신에게 인도하는 따위의 일은 하지 않았을 것이오." 이 말은 법률적인 빈정거림이었다. 그것은 죄상을 묻는 총독의 질문에 대한 대답이랄 수는 없었다. 지금 성전의 명예를 걸고, 가야바는 범죄자가 아닌 자를 당국자에게 인도하는 따위 일은 하지 않는다는, 가장 신심信心 깊은 제사의 표정을 짓고 있었다.

순간적인 기분으로 던진 말 때문에 그 사람을 실각시킬 수도 있는 인간 앞에서, 빈정대는 말을 하는 것은 위험한 배짱이라고 할 수 있다. 빌라도는 가야바의 대답에 대한 놀라움을 감췄다. 총독은 이 사건의 진상을 알고 있었다. 산헤드린이 서둘러 사형을 선고한 필사적인 입장도 이해하고 있었다. 예수의 온화한 가르침으로 말미암아 받은 성전 간부들의 위협의 강도도 알고 있었다. 더구나 이 사건의 진상에 대한 지식은 비공식적이며 확실치 않은 것이므로, 황제의 대리자로서는 죄상을 직접 듣고 확인하기 위해 청문회를 여는 것은 바람직하였다. 빌라도는 일어서서 퇴장할 자세를 취하면서 외쳤다.

"여러분은 그를 맡아서 당신들의 법대로 재판하는 것이 좋겠소!"

그는 물론 대산헤드린이 이 독신자를 재판하고 사형을 선고한 일을 알고 있었다. 그러나 총독의 싸늘한 노여움은, 말로 하는 이 결투에 있어서 적에게 치명적인 일격을 가하려고 결심하고 있었다. 대제사장을 상징적인 의미에서 무릎꿇게 하기 위해서는, 빌라도는 이 사건을 전혀 모른 체하고 퇴장하기만 하면 되었다.

몇 사람의 제사가 입에다 손나팔을 만들어 대고 외쳤다. "우리는 사형을 집행할 권한이 없습니다."

그들은 사람에게 사형을 선고할 권한이 없다고는 말하지 않았다. 그들은 그 판결을 집행할 수가 없다고만 말한 것이다. 독신죄는 국내법의 범죄로서, 팔레스타인은 이러한 범인을 재판할 권한은 있었다. 빌라도나 가야바도 이 일을 알고 있었다.

빌라도는 대답하지 않았다. 그는 제사들에게 등을 돌리고 돌계단을 오르기 시작했다. 사람들은 당혹했다. 마치 청문회가 끝난 듯이 보였다. 제사의 한 간부가 외쳤다. "대중에게 혁명을 교사敎唆하였으므로 우리는 이 사나이를 체포한 것이오. 그는 황제에 대한 세금 납부를 반대하고 스스로 메시아, 즉 왕이라고 말했소."

총독은 자기의 집무실로 향하는 계단을 반쯤 오른 지점에서 멈춰서서 뒤돌아보았다. 그는 긴 의복자락이 땅에 끌리지 않도록 쳐든 채, 지금 그 말을 생각하였다. 만약 이 말이 가야바에 의해서 취소되지 않는다면, 예수의 죄는 다른 것이 되게 될 것이라고 생각했다.

독신죄는 독신죄다. 미치광이라면 누구라도 자기를 하느님으로 생각할 것이고, 미치지 않은 사기꾼도 돈벌이하기 위해 마찬가지 일을 저지를 것이다. 그러나 시민에 대한 책임있는 사람들이 혁명,

세금, 황제 등의 말을 쓰고 있다는 것에 대해, 그들은 이 죄인을 티베리우스 황제와 제국에 대한 중대 범죄 사건으로서 고발하고 있는 것이다.

빌라도는 품위있는 제사들이 떼지어 있는 것을 바라보고, 감탄의 미소를 띠지 않을 수 없었다. 그들은 예수를 지방 문제의 범위를 넘어선, 제국의 안위를 해치는 자로서 빌라도 앞에 내던진 것이다. 총독에게 예수를 변호하는 일이 우선할 수는 없다. 그것은 그의 직분이 아니다. 그는 최고의 재판관이요, 또 국가기관의 최고 당사자이기도 했다. 그렇지만 아직 다소간 책략의 여지가 있다. 대단한 일은 할 수 없지만.

남서쪽 탑의 높은 곳에 있는 빌라도의 침실에서는 클라우디아 프로쿨라가 군중의 떠드는 소리에 잠을 깼다. 총독의 아내는 큰 청동 침대에 누운 채 머리 위의 하얀 그물 같은 휘장을 바라보고 있었다. 밖의 떠드는 소리는 파도소리 같았다. 클라우디아는 여종을 불러 지금 몇 시인가, 그리고 군중이 왜 떠들고 있는가 물었다. 여종은 아침 제3시(오전 여덟시)로, 총독은 뜰에 계시고, 예수라는 이름의 사나이에 대한 유대인의 고소를 조사하고 계시다고 대답했다. 그녀는 어젯밤 주인에게 가야바가 급한 용무로 총독에게 면회하러 왔던 사실을 기억해냈다. 그리고 그 영리한 제사가 돌아간 뒤, 빌라도는 예수의 사건을 아내가 잠자리에 들기 전에 이야기해 주었던 것이다.

이 여인은 전형적인 로마인이었다. 그녀는 많은 신神을 믿었으며 어느 신의 노여움도 사지 않으려고 힘쓰고 있었다. 남편의 부관 중 한 사람으로부터 예수라는 사나이의 이야기며, 그가 유대인들에게 행한 기적에 대한 이야기를 들은 적이 있었다. 이 사나이의 운명이 빌라도의 생각 여하에 따라 결정된다는 것은 바람직하지 않았으므로 그녀는 걱정이 되었다.

쉽게 초조해지는 이 민족의 신앙이나 선량함을 시험하기 위해서, 예수가 신으로부터 이 세상에 보내졌을 수도 있는 일이라고 그녀는 생각했다. 만일 그렇다면, 이 사건을 졸렬하게 처리한 로마인에게 신은 불쾌함을 느끼리라. 검은 머리를 흐트러뜨린 채 크로디아 프로크라는 양피지羊皮紙와 거위 깃털의 펜을 가져오게 했다. 여종이 그것을 가지고 오자, 어젯밤 예수라는 사나이의 꿈을 꾸었으므로 그에게 어떤 벌을 가하지 않도록 하는 것이 좋을 것이라는 내용의 메모를 썼다. "이 사나이와 엮이지 않도록" 하고 쪽지에 써서 그것을 빌라도에게 보냈다.

쪽지는 문 앞에서 총독이 군중에게 등을 돌리기 직전에 전달되었다. 그는 그것을 읽고 나서 얼굴을 찡그리며 구겨 쥐었다. 예수의 눈이 그의 마음속에 새겨져 사라지지 않았다. 훌륭한 옷차림을 한 빌라도는 그 자리를 떠나 발코니에서 집무실로 들어왔다.

빌라도는 하인을 뜰로 보내어 백부장 아베나달에게 예수를 데려오도록 분부했다. 동시에 부관을 아내의 방으로 보내, 사형 판결의 승인은 하지 않았으니 걱정하지 말라고 일렀다.

예수는 그의 처소로 연행되어 방 중앙에 세워졌다. 로마인, 시리아인 들은 비로소 그를 가까이서 바라보았다. 그들은 대제사들을 놀라게 한 그의 위대함을 보고자 생각하였다. 그러나 권위를 빼앗긴 가엾은 몰골의 인간으로밖에는 보이지 않았다. 빌라도는 부하를 뒤돌아보았다. 부하는 어깨를 움츠렸다.

총독은 예수의 곁으로 다가가 그의 바로 옆에 섰다. "그대는 유대인의 왕인가?" 빌라도는 물었다.

부어오른 입술이 움직이기 시작했다. "그대가 그렇게 묻는 것은 자신의 생각에서인가, 그렇지 않으면 다른 사람들이 내가 그렇다고 그대에게 전한 것인가?"

이 말로는 예수가 전하고자 한 의미가 잘 전달되지 않았다. 그 말은, 당신은 로마의 총독으로서 내가 유대인의 왕 행세를 하고 있다고 간주하는가, 그렇지 않으면 다른 자들이 당신에게 내가 영적靈的 세계의 왕이라고 말해 주었는가 하는 의미였다. 빌라도는 이 반문하는 대답을 이해하지 못한 채 메시아 앞에 섰다. "나는 유대인인가?" 이 말은 방에 있던 로마인들의 웃음을 자아냈다. "그대의 동족과 제사들이 그대를 나에게 인도한 것이다. 그대는 대체 무엇을 하였는가?" 그 말의 어조는 부드럽고 동정적이었다. 빌라도는 기대를 가지고 예수를 쳐다보았다. 그가 필요한 것은 예수의 부정하는 대답이었다. 예수가 현세에서 유대인의 왕 행세를 한 일이 없거니와 그런 야심도 없다는 것을 빌라도는 알고 있었다. 또 그의 첩자가 도처에 있었으므로, 황제의 초상을 새긴 화폐에 대한 이야기도 알고 있었다. 그는 자기 보존의 본능이 어떤 사람에게나 중요한 것임을 알고 있었으므로, 예수에게 제 명을 누릴 기회를 주려고 생각했다.

예수는 특히 조심성있게 가려서 말하려는 듯이 천천히 입을 열었다. "나의 나라란 이 세상의 것이 아니다." 그는 이 말에 대해 조리있게 증거를 들어 말했다. "만일 나의 나라가 이 세상의 것이라면, 나를 추종하고 있는 자들은 내가 유대인에게 인도되지 않도록 싸웠을 것이다. 그러나 사실 나의 나라는 현세의 것이 아니다."

빌라도는 신앙깊은 이 자의 어리석음에 대해 화가 났다. 그는, "그렇다면 그대는 왕이로구먼!" 하고 말했다. 그는 완전히 지친 듯한 몸짓으로 부하들을 바라보았다. 유대인의 완고한 종교적 열광은 그 깊이를 알 수가 없다.

예수는 총독의 계획을 더욱 무시하려는 듯이 말했다. "그대의 말대로 나는 왕이다. 나는 진리를 증거하기 위하여 태어났고, 그것을 위하여 이 세상에 왔다. 누구든지 진리에 선 사람은 내 소리에 귀를 기울인다."

빌라도는 자리에서 벌떡 일어섰다. 그가 버럭 소리높여 꾸짖을 때, 그의 입술은 비뚤어지고 모멸에 가득 차 있었다. "진리란 무엇인가?"

그는 병사에게 신호하여 예수를 밖으로 끌고 나가게 하였다. 병대와 많은 사람들은 앞서고, 빌라도와 사관들은 뒤따랐다. 성문의 군중들은 총독이 돌계단을 내려와서 뜰을 가로질러 대제사장 가까이로 오는 것을 긴장해서 바라보고 있었다. 하인이 그가 있는 곳에 고관용 의자를 가져와서 그의 뒤에 놓았다. 이것은 총독이 재결裁決을 내릴 때 앉는 코발트색 의자였다.

빌라도가 걸터앉는 것을 사람들은 숨박힐 듯한 심정으로 보고 있었다. 메시아는 그의 오른쪽에 서고 병사들은 칼을 뽑고 군중과 의자 사이에 섰다. 총독은 쓸데없이 시간을 낭비하지는 않았다.

"나는 이 사람에게서 아무런 죄도 찾아낼 수 없소." 그는 말했다. 일순간 어리둥절한 침묵이 계속되다가 이윽고 시끄러운 반항의 소리가 일어났다. 병사들은 방향을 바꾸어 군중과 마주섰다. 제사들은 거듭 손바닥으로 이마를 두들기며 무언의 호소라도 하는 듯이 뒤의 사람들을 바라보았다. 사람의 소리는 한층 커졌다. 비번이었던 병사들이 달려 들어가 갑옷이며 칼을 가지고 병영 뜰로 뛰어나왔다.

빌라도는 앉아 있었다. 그는 열광하는 사람들의 얼굴을 보면서 약간 미소 짓고 있었다. 빌라도가 이 사나이를 합법적인 근거에서가 아니라 가야바나 산헤드린 의원들을 골탕먹이기 위해 석방하는 것임을 사람들은 알고 있었다.

예수는 아치 아래에 있는 수백의 얼굴을 보았다. 모든 얼굴들에서는 증오의 눈이 빛나고 있었다. 그는 혼자였다. 병대들은 위협하는 듯한 태도를 취했다. 군중은 조용해졌다.

제사들은 빌라도에 접근하여 의례적으로 머리를 숙이고 말했다. "그는 국민에게 온 유대 나라 안에서 그의 가르침을 설하여 사람들을 선동하고 있습니다." 그리고 그들은 군중을 가리켰다.

"그는 갈릴리에서 행동을 개시하여 드디어는 이 예루살렘에까지 온 것입니다." 당황해하면서 듣고 있던 총독은 돌연 고관용 의자의 손잡이를 짚고 몸을 일으켰다. 갈릴리라고? 이 죄수가 산간지방 출신임을 까맣게 잊고 있었다. 빌라도는 즐거운 듯한 표정을 짓기 시작했다.

그는 이 죄수가 갈릴리 출신자인가고 물었다. 제사들은 그에 응답하여, 틀림없이 그러하며, 이 하느님을 조롱하는 자를 알고 있는 인간이라면, 누구나 그가 나사렛이라는 작은 동네 출생이라는 것쯤은 알고 있다, 실제로 그의 이름은 나사렛의 예수이며 목수 요셉의 아들이라고 대답했다.

그러자 빌라도가 말했다. "그렇다면, 이 사건은 처음부터 내가 재판할 일이 아니구려. 갈릴리 지방은 헤롯 왕의 통치하에 있는 줄로 알고 있소. 그를 헤롯에게로 데려가시오."

기원 30년 4월 7일
# 오전 아홉시 헤롯이 예수를 조롱하다


안토니아 성 문에서는 제사들이 빌라도에게 했어야 했던 말이며 실제로 했던 말 등에 대해서 얘기들을 하고 있었다. 문 밖에서는 성전의 고용인이 아닌 사람들이 이 소란으로 모여들었는데, 그 중에는 예수의 신자도 섞여 있었다. 두 시간 전까지는 조그마한 비밀사건이었지만, 이렇게까지 확대되자 대제사들은 걱정되었다. 바야흐로 이 일이 공공연한 사건으로 발전할 위험이 있고, 그들은 군중들이 이 일을 이러니저러니 논의하는 것을 내버려둘 수는 없었다. 예수가 죽어 버린다면 제사들은 이런 걱정을 하지 않아도 되었다. 왜냐하면, 일단 그렇게 되면 사건은 하루이틀 새로 어떻게든 마무리될 것이기 때문이다. 뿐만 아니라 예수가 죽으면 제자들도 조용해질 것이다. 인간에 의해서 사형이 집행되었다면 예수가 메시아라고 누가 말하겠는가.

이제 헤롯 왕에게로 가 볼 수 밖에는 없었다. 가야바는 사자를 먼저 보내어 영주에게 그 사정을 설명하고, 제사와 죄수는 서둘러 왕에게로 간다고 전했다. 백부장 아베나달의 부하 로마병들은 예수를 방형方形으로 에워싸고, 점점 늘어 가는 군중을 밀어제치면서 문을 나서서 서쪽으로 향하여 언덕을 내려갔다. 두로베온 골짜기 밑에서 그들은 커다란 상가商街를 지났다. 가게에 있던 수천이나 되는 많은 사람들은 발걸음을 멈추고 이 행렬을 바라보았다. 그 중의 어떤 사람들은 여러 가지를 질문했다. "그가 누구요?" "그는 무슨 죄를 지었소?" "왜, 대제사가 거기에 가담하고 있는 거요?" "어느 곳의 임금님이 행차한 것인가요?" 질문에 대답하는 사람은 아무도 없었다. 왜냐하면, 병대들은 이 이상 군중의 관심을 끌지 않도록, 또는 죄수의 이름을 말하지 않도록 미리 엄명을 받고 있었던 것이다.

서쪽 성벽 안으로 들어가자 이 부대는 왼쪽으로 꺾어 혜롯 왕의 궁전으로 향했다. 그들은 골고다의 언덕, 로마 형장으로 통하는 언덕마루에서 문을 빠져나갔다.

혜롯 왕과 그 조정 신하는 삼 일 전에 성전에 희생을 바치기 위해 갈릴리로부터 이곳에 왔었다. 그는 언제나처럼 예루살렘에 있을 때는 성전의 크시스투스 문에 가까운 하스모네안 궁전에서 지냈다.

전령의 보고를 듣자 그는 곧 마음이 흡족해졌으며, 이 기회에 자기와 빌라도와의 불화를 돌려 보려고 생각했다. 갈릴리인을 갈릴리 왕에게로 보내다니, 총독도 외교가로서 보통내기가 아니라고 그는 생각했다.

그렇다면 언젠가 자기를 가리켜 "저 여우가" 하던 그 사나이와 만나 보자고 생각했다.

혜롯 왕은 자기의 집무실에서 그 일행이 나타나기를 기다리고 있었다. 문지기에게는 이미 명령이 내려져 있어서 대제사와 죄수가 도착하는 대로 곧 왕 앞으로 데리고 오도록 되어 있었다.

혜롯 왕은 기다리고 있는 동안에 고문들과 이 문제에 대하여 자기가 이미 알고 있는 바를 주고받았다. 그는 상당한 지식을 가지고 있었다. 그는 자기가 이 사건을 심판할 정당한 이유를 들어 주장하지만 않는다면, 예수를 보기만 하고 빌라도에게 되돌려 보내서 최종적인 처치를 일임할 작정이라고 말했다. 그의 의견은 명확했고, 조리가 있었다. 갈릴리의 그의 영토에는 많은 예수의 신자가 있다. 이들의 비위를 건드릴 필요가 없다. 그의 죽음의 책임을 예루살렘의 대제사들과 빌라도에게 지우리라.

왕의 신하 중에서는 아무도 그의 말에 반대 의견을 내는 사람은 없었다. 예수의 사건이며, 그 증거는 예루살렘에서 이루어진 것이다. 경의의 표시로, 범인을 로마인으로부터 일단 왕 앞에 데리고 오게 했다가, 다시 빌라도에게로 돌려보내는 것이 좋을 것이다.

헤롯 왕은 배가 툭 튀어나오고 수염을 네모나게 자른 중간 키의 사나이였다. 그는 왕관이며 왕의 망토며 작위 따위 신분을 나타내는 물품을 항상 몸에 착용하고 있었다. 그리고 그의 부친이 자기가 죽인 처의 망령으로 말미암아 고민했듯이, 안디바에게도 또한 잊을 수 없는 인간이 있었다. 이것은 세례 요한으로서, 헤로디아의 딸 살로메가 춤을 춘 대가로서 요구하여 왕은 그의 목을 잘라 버렸었다. 왕은 그렇게 하고 싶지 않았다. 아니, 하고 싶지 않은 정도가 아니었다. 그러나 살로메에게 자기가 할 수 있는 일이면 무엇이든 해 주겠다고 약속했으며, 그녀는 요한의 목을 요구했던 것이다. 헤롯 안디바는 세례 요한의 목이 그녀에게 주어졌을 때의 그 잔인한 광경을 차마 잊을 수가 없다고 생각했다.

헤롯은 그의 견해로 볼 때에 세례 요한과 비슷한 사나이와 바야흐로 만나게 된다. 이 사나이의 목숨을 구함으로써, 요한에 대해서 저지른 일을 일부 보상할 수가 있다고 생각했다. 어쨌든 그는 마치 아이들이 불을 먹는 요술쟁이를 보고 싶어하듯 예수를 보고 싶었다.

대부대가 헤롯 왕 궁전의 문 앞에 도착했다. 하인들은 대제사들에게 대부분의 인원은 문 밖에 남아 있으라고 말했다. 제사와 예수와 로마병만 안으로 들어올 것을 허락했다. 메시아는 처음으로 궁전을 아주 가까이서 바라보았다. 시골뜨기에게는 숨이 막힐 정도로 아름다웠다. 어떤 사람의 말을 빌리면, 그것은 이제 막 땅에 내려앉으려는 흰 독수리가 날개를 벌리고 있는 것과 같은 형국이었다. 예수는 태연했다. 왕에 관한 지식은 똑똑히 그의 마음에 새겨져 있었다. 그는 나사렛의 종형 세례 요한을 살해한 장본인이었다. 왕은 겁쟁이로서 누구에게도 성실하지 못했다. 왕은 형의 아내를 빼앗은 간통자였다. 그는 이 사건을 이용해서 예수의 불가사의한 힘을 보여 달라고 말할 것이다.

그들은 궁전으로 들어왔고, 헤롯은 죄수를 손님으로서 맞이했다. 그는 모두에게 의자를 내놓았으나 예수는 서 있었다. 대제사들도 신경이 곤두서 있어 앉을 기분이 나지 않았다. 그들은 이러한 일은 모두 시간 낭비라고 생각했다. 제사들은 갈릴리에서의 독신죄의 증거를 들 수 없었으므로, 예수가 헤롯 영토에서도 신을 모독했다고 빌라도에게로 급히 돌아가 보고할 수 있도록, 왕으로부터 그를 벌하기 위한 어떤 도움을 얻었으면 하는 생각뿐이었다.

왕은 자리에 앉아 있었다. 그는 친절한 태도였다. 예수의 일은 여러 가지 듣고 있다고 말했으나, 예수는 아무 말이 없었다. 그는 왕을 보다가 곧 눈을 벽으로 돌려 버렸고, 이 이상 시선은 움직이지 않았고 입을 다문 채였다.

헤롯은 이것이 마음에 들지 않았으나 메시아의 힘에 대하여 여러 가지 이야기하여 예수의 태도를 좀 누그러뜨려 보려고 생각했다. 만일, 나사렛 예수가 정말 하느님으로부터 보내진 이라면 그 힘을 두세 가지만 간단히 보여 주었으면 좋겠다고 헤롯은 말했다. 예수는 이것을 실연實演할 기분이 있었을까? 반응이 없다. 간단한 요술이라면 몰라도 간단한 기적은? 이를테면 벽에서 물이 나오게 한다든가, 뇌성을 부른다든가 하는 따위 일을 할 수 있을까? 아무 반응이 없다. 예수가 자기에게 좀더 협력한다면 그에게 유리하게 될 것이라고 헤롯은 말했다.

제사들이 지껄이기 시작했다. 그들은 조용한 분위기를 깨뜨리고 예수가 범한 죄를 깡그리 열거하기 시작했다. 헤롯은 얼굴을 찡그리며 손을 저어 이를 제지했다. 죄상이나 법을 행하는 것이 나와 무슨 상관 있는 일이냐. 그는 친구와 신하들에게 그들이 아직 본 일도 없는 요술을 이 갈릴리 사나이에게 시켜 보이겠다고 약속하여 이방에 불러 모은 것이다. 이제 와서 예수는 왕을 위한 그 실연을 거부하고 있을 뿐 아니라, 지배권을 가진 그에게 대답조차 하지 않는 무례를 저지른 것이다.

헤롯은 다시 한번 시도해 보았다. 시간만 낭비할 뿐이다. 예수는 벽을 보고 서 있었다. 눈 아래에는 피로의 주름이 깊이 그어져 있었다. 헤롯의 말은 상냥하고 친절한 듯했다. 예수는 대답하지 않았다. 헤롯은 기다리고 있었다. 그는 예수에게 영주의 말이 들리느냐고 물었다. 역시 대답이 없었다.

왕은 노했다. 예수의 행동은 왕실의 권위를 모욕하는 것이었다.

제사는 이에 다시 힘을 얻어, 안식일에 병자를 고친 일이며, 인자라고 자칭하고 메시아인 체한 일 등을 늘어놓기 시작했다. 헤롯은 초조해져 큰 소리로 그들에게 조용히 하라고 소리쳤다. 그는 친구들에게 요술을 보여줄 것을 약속한 것이다. 그런데 요술쟁이는 그를 실망시키고 모욕하고 있다.

헤롯은 일어섰다. 예수를 큰 소리로 꾸짖었다. 보잘것없는 그의 머리통에서는 노여움으로 하여 상도를 벗어난 말밖에는 생각나지 않았다. 그는 욕설을 퍼부었다. 그는 예수를 욕하고 창피를 주었다. 왕은 그를 가리켜 영토도 신하도 없는 왕이라고 말했다. 영주는 죄수의 주위를 돌면서, 복장이 초라한 것이며, 상처투성이의 머리며, 더러운 옷이며, 더러운 발, 부어오른 눈 등을 비웃었다. 이것이 왕인 것이다. 대체 무슨 왕이란 말인가.

안디바는 어떤 일이 머리에 떠올랐다. 그는 신하를 한 사람 불러서 나지막한 목소리로 명령했다. 그러고서 그는 제사들에게 눈으로 신호했다. 모두들 묵묵히 기다리고 있었다. 이삼 분 지나자 신하가 한 벌의 아름다운 망토를 가지고 왔다. 그것은 유목민족의 임금님 아니면 입지 않을 듯한 현란한 빨간색의 망토였다. 그것은 임금님답다기보다는 광대처럼 보였다. 헤롯은 그것을 손에 들고 먼지를 떨었다. 그러고서 친근한 듯한 미소를 띠고, 그것을 예수의 어깨에 걸친 다음 깃을 빨간 끈으로 매었다.

그것은 희극적이었다. 대제사마저도 실소하지 않을 수 없었다. 예수는 아무도 본 일이 없는 듯한 우스꽝스러운 왕이 되었다.

헤롯 안디바는 죄인을 빌라도에게 되돌려 보내도록 명령했다. 예수는 쇠약해진 몸으로 비틀거리면서 떠나갔다. 그는 오랜 시간을 계속해서 서 있었던 것이다.

　젊은 제자 요한이 보람있는 일을 했다. 이 비보悲報를 널리 퍼뜨리기 위해서는, 주요한 두세 군데로 가서 그 사람들에게 이 소식을 널리 알려 달라고 부탁하는 것이 빠른 방법이라고 그는 생각했다. 그는 우선 마가의 아버지 집에 갔고, 다음에 베드로를 포함한 한두 명의 제자와 만나, 메시아에게 사형이 선고되었고, 그가 알고 있는 바로는 로마인들이 예수를 체포하였다고 말했다. 그러고 나서 베다니로 달려가 나사로, 마르다, 마리아에게 알렸고, 특히 예수의 어머니에게는 이 소식을 자상하게 털어놓았다.

　이것은 특별히 요한에게 주어진 직책이었다. 마리아는 아들의 입으로 자기 신상에 일어나리라는 일에 대해 미리 듣고 있었으나, 메시아의 예언도 어머니의 슬픈 마음을 억누를 수는 없었다. 요한은 베다니에서, 숨을 헐떡거리며 걸터앉아 띄엄띄엄 이어지는 말로 입을 열었다. 이윽고 예수가 죽음을 맞은 원인이 되는 사건을 자세히 말했다. 유월절 축연에서 일어난 일이며, 겟세마네에서 예수가 기도한 말 따위를 그는 소상히 말했다. 그는 습격, 체포, 재판의 경과도 얘기했다.

　듣는 이는 조용히 울고 있었다. 그러나 큰 소리로 한탄하지는 않았다. 그들은 귀를 기울이고 들으면서 눈물을 흘리고, 질문을 하고, 그리고 하느님의 뜻에 머리를 숙였다. 더욱이 성모는 너무 정에 흐르는 모습을 사람들에게 보여 하느님의 아들에게 고통을 주지 않으리라 결심했다. 그 말이 끝난 후 요한에게 더 들을 것이 없음을 알고, 마리아는 요한에게 함께 예루살렘으로 가자고 제의했다.

젊은 요한은 반대했다. 그는 예수에게 품은 만큼의 사랑과 존경을 바치게 된 이 단아한 부인이, 자기 자식에 가해질 난폭하고 잔혹한 장면에 부딪히게 되는 것을 바라지 않았다. 그는 그녀에게 마리아, 마르다 자매와 함께 여기 머물러 있을 것을 부탁했다. 그리고 안식일의 통행 제한이 시작되기 전에 되돌아와서 모든 것을 보고하겠다고 약속했다.

그러나 성모는 머리를 가로젓고 자기도 가겠노라고 단호한 어조로 말했다. 요한은 도움을 바라는 듯이 나사로를 바라보았다. 나사로는 외면했다. 아무리 공손하게 사리를 밝혀 말하여도 헛수고였다. 성모는 자식이 뱃속에서 나와 이 세상에서 처음 숨을 쉬기 시작하였을 때에도 함께 있었다. 그리고 그가 최후의 숨을 거둘 때에도 함께 있을 작정이라고 막무가내였다.

기원 30년 4월 7일

# 오전 열시 다시 빌라도에게로

해는 높이 솟아올랐으며, 따스한 남풍이 불어왔고, 하늘에는 구름 한 점 없는 쾌적한 날씨였다. 거리에는 신선한 들뜬 기분이 감돌았고, 뒤늦게 욥바나 갈릴리에서 온 카라반이 성가를 부르는 순례자들과 함께 문을 빠져나왔다.

예루살렘은 축제 기분에 싸여 있었다. 하느님에게 마음을 바치고 있었으므로 누구나 밝은 기분에 젖을 수 있는 시기였다.

두세 명의 장사꾼이 상점 문 앞에 서서, 곧 안식일이므로 모든 가게나 문을 닫을 거라며 지나가는 사람들을 큰 소리로 불러들이고 있었다. 아이들은 서편 언덕에서 실어 온 꽃을 가지고 거리를 달려 우선 그것을 성전에 바치러 갔다. 길게 굽슬거리는 머리며 듬성한 흰 수염을 기른 노인들은 둘씩 짝을 지어 성전 문으로 들어간다. 그들은 서로 가족이며, 추수며, 주변의 이야기로 꽃을 피우고, 때로는 젊은이들의 어리석음에 대하여 걱정스런 말을 주고받기도 했다.

이러한 가운데 예수는 안토니아 성으로 연행되어 되돌아왔다. 그가 심히 피로해 있다는 것을 파수병들도 분명히 느끼고 있었다. 그의 걸음걸이는 느려지고, 얼굴은 고통으로 창백했다. 숨을 편히 쉬려고 입을 내내 벌리고 있었고, 눈은 좌우로 움직이고 있었다.

대제사들은 진퇴양난이었다. 그들의 유일한 위안은 총독이 자기

오전 열시 **221**

들보다 더 곤혹에 빠져 있다는 사실이었다. 총독은 이 사건의 처리를 거부하여 예수를 갈릴리 왕에게로 보냈지만, 당장 사건은 그에게로 되돌아와 어떻게든 심판하지 않으면 안 될 입장이 되었다. 제자들은 이 죄수에 대해 행동을 개시한 이상 일을 성취시키지 않으면 안 된다는 생각에 곤혹스러움을 느꼈다. 그들의 사고방식에 따르면 간단한 독신죄瀆神罪로서 발단된 사건이 점차로 확대되고, 지금에 와서는 국가 안위에 관한 중대사로 발전되었다.

전날 밤, 체포를 방조했던 빌라도가 지방 행정부에다 지방 범죄의 심리를 허용한다는 로마인의 관습에 따라 그 죄를 인정했다면, 그는 제사들의 판결을 이러니저러니 말함 없이 그대로 승인했을 것이다. 그리고 죄수를 유대법에 따라서 돌로 쳐 죽이라고 제사에게 말하든지, 혹은 자기의 법에 따라 책형에 처했으리라. 그러나 총독은 안나스와 가야바에게 화가 나 있었으므로 모른 체하는 것이 좋다고 생각했다.

돌아오는 길에 사두개파의 간부들은 서로 상의했다. 열변이라도 토해서 빌라도를 설득하여 형을 확정시킨다는 것은 어려우리라. 그러나 그는 강력한 여론에는 굴복할는지도 모른다. 그들의 의견은 그것으로 낙착되었다. 이 사건을 사실 이상으로 확대하여 대제사들을 난처하게 만드는 데 성공하였다고 빌라도가 생각한다면, 이에 대결하기 위해서는 군중을 선동하여 큰 소리로 예수의 피를 구하게 함으로써 이 사건을 더욱 과장할 수 있다. 이렇게 하면 이번에는 그 딜레마를 다시 빌라도의 손에 던지는 결과를 가져오리라. 왜냐하면, 실은 사소한 사건에서 비롯된 내정문제를 두고 대중의 여론을 무시할 용기는 그에게 없을 것이기 때문이다. 그래서 입에서 입으로 명령은 전달되었고, 사람들은 대제사장의 신호를 기다렸다가 되도록 큰 소리로 죄수를 죽이라고 소리치게 되었다.

일행은 이중문 아래에 도착했다. 헤롯 왕은 죄수와 만났으나 갈릴리에서의 죄상은 없는 것으로 판정되었다는 전갈이 안으로 전달되었다. 잠시 후 빌라도는 부하를 거느리고 나와 다시 돌바닥 위의 고관용 의자에 걸터앉았다. 그는 움직이고 있는 사람들이 그 위치에 자리잡는 동안 어렴풋한 미소를 얼굴에 띠고 있었다. 그는 승리했다고 생각하였기 때문이다. 그는 한 번 예수를 용서했다. 헤롯도 똑같은 생각이었다. 이제 머리가 희어지기 시작한 이 작달만한 사나이는 적으로부터 작은 승리를 빼앗으려 하고 있다.

군중은 조용해졌다. 빌라도는 말을 꺼내려고 하다가 문득 죄수에게 시선을 주었다. 그는 곧 헤롯이 예수를 거짓 왕으로 꾸민 의도를 깨달았다. 그는 예수에게 빨간 상의를 입혀 보냄으로써 그를 조롱한 것이다. 총독은 이것을, 헤롯이 보기에는 예수는 우스꽝스런 인간이라는 의미로 생각했다. 왕 중의 광대인 것이다.

빌라도는 큰 소리로 말했다.

"그대들은 국민에게 혁명을 선동한 혐의로 이 사나이를 나의 재판소에 데려왔소. 자, 그 결과를 말하겠소. 그대들 앞에서 나는 스스로 청문을 행했소. 그러나 바로 얼마 전까지는 그대들이 예수에 관해 진술한 소인訴因에 대해서 죄를 인정할 수가 없었소." 사람들은 들으면서 벌써부터 불평을 늘어놓고 있었다. "또한, 헤롯 왕도 같은 의견이었소" 하고 외치고는, 다시 어조를 낮추어 말했다. "왜냐하면, 그는 이 사건을 우리에게로 되돌려 보내왔기 때문이오. 그렇다면 판결은 다음과 같소. 예수는 사형에 처해질 아무런 잘못도

하지 않았다." 군중은 제사의 신호에 좇아 복수를 부르짖기 시작했다. 빌라도는 높고 날카로운 소리로 외쳤다. "따라서 나는 그를 채찍질만 한 다음 놓아 줄 것이오."

제이의 판결 선고를 마치고서 빌라도는 그 자리에 서 있었다. 군중이 퍼붓는 욕설로 주위는 소란했다. 빌라도는 마음의 평정을 잃고 군중들 쪽을 보았다. 그때 그의 눈 표정은 분명히 그가 총독이 아니라 겁에 질린 한 인간임을 말해 주고 있었다. 함성 속에 섞여 들려오는 단편적인 말로써, 그는 일부 사람들이 '바라바'라는 죄수를 위하여 유월절 특사를 요구하고 있음을 알았다.

유월제가 시작될 때 한 사람의 죄인을 용서하는 것이 예년의 관습이었다. 빌라도는 이 일을 까맣게 잊고 있었다. 바라바의 석방을 요구하고 있는 것은 대제사장과 함께 온 사람들은 아니었다. 그들은 안토니아 성의 지하 감옥에 갇혀 있는 사나이의 정치적 동지들이었다. 바라바는 폭동을 선동한 반역자로서, 그 후의 난투 소동에서 한 사람을 죽였었다. 그는 두 사람의 도둑과 함께 그날 처형될 예정이었다.

빌라도는 유월의 특사를 내림으로써 예수의 사건을 마무리지을 결심을 했다. 그는 군중에게 물어 예수와 바라바 어느 쪽을 석방할 것인가를 택하게 하기로 했다. 즉 악명높은 살인자를 온화하기 그지없는 인간과 맞붙게 하면, 그들은 그리스도라고 불리고 있는 예수의 석방을 요구할 것이라고 빌라도는 확신하고 있었다.

이 로마인은 군중 쪽을 되돌아보았다. 그는 두 손을 번쩍 들어서 사람들을 진정시켰다. "바라바와 메시아라고 불리는 예수와 어느 편의 석방을 바라는가?" 이것은 졸렬한, 그리고 치명적인 질문이었다. 군중은 두 개의 무리로 나뉘어 있었다. 즉 성전에 근무하면서 예수에 반대하도록 되어 있는 바람잡이 한 패와, 정치적 동지 바라바의 석방운동을 하려고 한 시간쯤 전에 여기 온 한 패였다. 게다가 빌라도는 예수를 메시아, 즉 왕이라고 표현했다. 이 말은 성전에서 일하는 자들을 분노하게 만들었다.

"바라바!" 하고 그들은 거의 소리를 맞추어서 외쳤다. 이번에는 대제사들이 사람들을 선동할 필요도 없었다.

빌라도는 놀랐다. "그렇다면, 메시아라고 불리는 예수는 어찌하면 좋은가?" 하고 그는 호소하는 듯이 말했다.

"그를 십자가에 달아 매시오!" 그들은 외쳤다.

"그러면 이 사람은 대체 어떤 나쁜 짓을 했단 말인가?"

어떤 죄가 문제되어 있는지 모르는 군중은 외쳤다. "그를 십자가로 보내시오!"

가야바와 그 패거리들은 즐거운 표정을 감추지 못했다. 그들은 다시 이 완고한 이교도를 철저하게 때려눕힌 것이다. 빌라도는 군중의 마음을 어찌할 도리가 없다고 판단했다.

그는 군중이 성문에서 폭동을 일으키는 것을 바라지 않았고, 그 자신이 폭동의 선동자로 낙인찍히는 것도 분명 바라지 않았다. 그는 얼마 남지 않은 위엄을 가장하고 문에서 되돌아가면서, 곧 바라바를 석방하고 예수를 채찍질하도록 백부장에게 명령했다.

이러는 동안 예수는 군중을 뒤로 하고 총독 앞에 우스꽝스런 망토를 걸친 채 서 있었다. 한 병사가 그의 팔을 잡고 돌을 깐 뜰을 비스듬히 가로질러 작은 안뜰로 데리고 갔다. 벽에는 병사들이 쓰는 도구가 걸려 있었다. 중앙엔 세 개의 짧고 굵은 돌기둥이 서 있었다. 그것은 각각 일 미터의 높이로, 각 기둥마다 두 개의 큰 쇠고리가 끼워져 있었다. 병사들은 예수를 가까운 기둥으로 데리고 가서, 옷을 벗긴 다음 앞으로 구부리도록 했다. 그들은 손목을 기둥 반대쪽에 끌어내려서 그것을 고리에 묶었다. 사백 명 정도의 병사가 동원되었다. 그들은 뜰 둘레에 서서 구경하였다.

로마인의 채찍질은 사람을 초주검으로 만든다고 일러져 왔다. 죽기 직전에야 채찍질을 그치는 것으로 알려졌기 때문이다. 이것은 다른 형벌과 함께 시행하게 되어 있었다. 이날 사형에 처해질 두 명의 도둑은 채찍으로 맞지 않았다. 또 유대의 법률은 선고받은 죄인을 죽일 때 일부러 시간을 끌어 괴롭히는 것을 금했고, 채찍질의 모욕을 주어서 죽이는 것도 금하고 있었다.

예수는 짧은 기둥에 묶여서 몸을 앞으로 구부리고 서 있었다. 고급장교가 구경하는 부대에게, 이 죄수는 유대인의 왕이라고 자칭한 자라고 설명했다. 그러자 목쉰 웃음소리가 일어났다. 냉혹한 시리아인 병대는 그들의 왕인 티베리우스 이외에 유대의 왕은 없다고 생각하고 있었다. 황제의 지위를 빼앗으려 하는 따위 무례한 짓을 하는 것은 누구든간에 어리석은 놈일 뿐이다. 이러한 경우, 범인이 죽지 않을 정도까지 농락거리로 즐기는 것을 허용하는 관례가 있었다. 재미있는 착상이 떠오른 몇 사람이 영사營舍에 다녀오도록 허락을 줄 것을 고급장교에게 청하였다.

예수의 뒤쪽에서 아침 찬 바람이 불어와 그는 팔꿈치의 근육을 덜덜 떨었다. 채찍질을 할 병사는 그에게 다가와 호기심에 찬 눈으로 몸을 구부리고 희생자의 얼굴을 바라보았다. 그러고서 예수의 이 미터쯤 뒤에서 두 발을 벌렸다. 채찍은 크게 뒤로 휘둘러 올려져, 이윽고 휘익 소리를 내며 날아 가죽 끈이 등의 늑골을 후려쳤다. 둔탁한 북소리 같은 음향이 울렸다. 몸 오른쪽에서 뼈와 사슬이 비틀어져 가슴팍에 핏자국을 남겼다.

예수의 입에서는 신음소리가 새어 나왔고, 그는 쓰러질 듯 몸을 가누지 못했다. 무릎이 구부러졌으나 이윽고 간신히 몸을 세웠다. 형벌이 진행되기 전에 의식을 잃는 자를 몇 번이고 보아 왔기 때문에 병사들은 즐거운 듯이 중얼거렸다. 다시 채찍을 뒤로 휘둘러 올려, 이번에는 약간 낮은 데를 노려 예수의 피부와 살을 후볐다. 예수의 입술은 기도를 중얼거릴 때처럼 움직였다. 채찍은 이제는 느리고도 무거운 리듬으로 움직이고 있었다.

구경꾼들은 예수의 섬약함을 신랄한 욕설거리로 삼았다. "저 사내는 어쩌면 저리도 유대의 왕답지 못한가" 하면서 야유했다. 고급장교도 지켜보고 있었는데, 그에게는 지켜보는 특별한 이유가 있었다. 죄인의 회복이 어려울지도 모른다고 생각됐을 경우 형벌을 중지시켜야 할 책임이 있었다. 그는 채찍질을 중지시키고 예수의 신체 상태를 조사하기 위해 다가갔다.

고급장교는 예수의 몸에 손을 대지 않았다. 몸이 앞으로 구부러진 예수에게 어느 정도의 생기가 남아 있는가를 검사했다. 장교는, 고문을 받아서 상처투성이가 된 얼굴로는 판별이 되지 않았으므로, 가슴의 호흡을 보고 일단 안심하기로 했다. 그러나 숨은 빠르고 가빴으므로 채찍질을 중지하도록 명령했다.

채찍질은 사 분 이상 걸리지 않았다. 채찍질이 끝나자 장교는 두 병사에게 수건과 물을 가져오라 일렀다. 어린 양의 목에 고리를 걸어서 죽이는 제사가 양에게 아무 동정도 갖지 않는 것과도 같이, 죄수에게 연민을 갖지 않는 처형자는 태연히 손목의 밧줄을 풀었다. 그 순간 예수는 쓰러지면서 포석에 등을 대고 나동그라졌다. 의식을 잃은 것이다.

몸을 씻어 주는 것은 인정을 베풀기 위한 것이라기보다, 죄수의 의식을 회복시키기 위함이었다. 장교는 병사에게 명령하여 메시아가 일어서는 것을 돕도록 했다. 그는 겨드랑이 아래를 손으로 부축해 주지 않으면 서 있을 수가 없었다. 그는 이런 자세로 서 있는 동안에 힘이 얼마간 회복되어 오는 것을 느꼈다.

그리고 나서 그는 돌기둥에 걸터앉아도 좋다고 말했다. 조금씩 몸 전체가 쑥쑥 쑤시고 아파 오기 시작했다. 그 통증은 고동鼓動에 맞추어 은근히 몸의 힘을 앗아가는 듯이 시작해서 점차 온몸이 고통에 들볶일 정도로 쑤셨다.

아무도 그를 가엾이 여기지는 않았다. 이런 위인은 병사들의 생각으로는 바보가 아니면 파락호破落戶로서, 설사 그들에게 가엾게 여기는 마음이 있다손 치더라도, 자기들이 그 지방 사람으로부터 받는 푸대접을 생각하고는 그에게는 동정을 느끼지 않았다. 예수의 생명을 노리는 것이 하느님을 위해 싸우는 일이라고 대제사들이 진심으로 생각했던 것과 마찬가지로, 병사들은 그를 쳐서 초주검이 되게 함으로써 자기의 의무를 다하고 있다고 확신하고 있었다.

앞서 영사에 다녀올 허락을 받았던 두세 명의 병사가 대기하고 있었다. 그들은 예수를 보고 삐죽거리며 웃고 있었다. 그들은 낡은 빨간 망토와 긴 갈대와 가시관을 가지고 있었다. 장교는 그들의 농담을 알아차리고 턱을 만지작거리며 빙그레 웃었다. 예수는 왕이라고 자칭했으므로, 병사들은 그를 어릿광대 왕으로 분장시키려는 것이다. 그것은 헤롯의 장난과도 비슷한 것이었지만, 그보다는 규모가 컸다.

그들이 준비하고 있는 동안에 희생자는 돌기둥에 걸터앉아 있었다. 여위고 수염은 자랐으며 온몸을 떨고 있었다. 그 떨림은 경련처럼 일어나 온몸을 덜덜 흔들었고, 이가 떨리다가 얼마 후에 멈추었다. 예수는 태양을 쳐다보았다. 그의 얼굴에는 고뇌의 표정이 어려 있었다.

몸은 다시 떨리기 시작했다. 병사는 예수를 끌어다 세워 빨간 망토를 그의 맨 등 위에 걸치고 망토의 주름을 바로잡았다. 가시관을 만든 병사는 그것을 만들 때 손가락을 조금 다쳤다. 그 관은 솜씨있게 만들어져 있었다. 그것은 보통 관 모양으로 엮지 않고, 필레우스라고 하는 펠트로 만드는 난형卵形의 로마 모자 모양으로 만들어졌다. 그것은 머리에 딱 맞았다. 마른 가시나무는 뜰 주변의 통 속에 쌓여 있었고, 땔감으로 쓰이고 있었다.

가시관은 예수의 머리 위에 가볍게 놓여졌고, 병사는 약간 뒤로 물러서서 그것이 바로 놓였나 살폈다. 긴 갈대의 홀笏은 메시아의 손에 들려졌다. 병사들은 그의 앞에 무릎을 꿇고 머리를 조아리며 큰 소리로 외쳤다. "유대인의 왕, 만세!" 그들은 예수를 조롱하여 찬양하는 체하고, 다가서서는 그의 얼굴에 침을 뱉거나 때리거나 했다. 그는 아무 말도 없이 병사들의 장난을 바라보고 있었다.

한 병사는 예수를 찬양하는 대목이 너무 많아서 별로는 부족하다고 생각했다. 그는 긴 갈대를 예수의 손에서 잡아당겨 빼앗아서는 그것으로 그를 후려쳤다. 밖에서는 제사들이 언제쯤이나 병사들의 장난이 그칠지 걱정하고 있었다. 태양은 사정없이 높아지고 있었기 때문이었다. 적어도 일부 사람에게는 걱정거리였다.

병사들은 장난질을 멈췄다. 그들은 예수를 세워 놓고 그의 허리에 무명을 감아서 옷차림을 고쳐 주었다. 이것은 유대인의 쓸데없는 조심성에 대한 배려요, 사소하게는 로마인이 인정많다는 증거라고 하며, 이를 예수가 알아 주었으면 좋겠다고 그들은 말했다. 예수는 대답하지 않았다. 그는 오랫동안 한 마디도 말하지 않았다. 인간으로서 지나친 긴장을 견뎌내는 동안에, 그는 심리적인 충격을 받아서 멍청해져 있었다. 이것은 상상에 불과하지만 사실이었다고 생각된다.

기원 30년 4월 7일
# 오전 열한시 골고다로 가는 길

안토니아 성문 앞의 군중들은 줄어들었다. 성전의 용인傭人들도 그 날을 무의미하게 보내기에는 너무나도 날이 청명하고 아름다웠다. 기다리고 있기는 심심했고 성전에는 할 일이 남아 있었다. 바라바의 추종자들은 석방된 살인자를 데리고 승리를 뽐내며 돌아갔다. 간부 제사들은 문 앞에 서 있었는데, 그 높은 모자와 복장으로 인해 당당해 보였다. 그들은 팔짱을 끼고 있었다.

문 아래의 군중들은 그런대로 함성을 올리기에는 아직 충분했다. 빌라도가 뭐라 하든 그들은 예수의 피를 구하며 부르짖도록 충동질되어 왔다. 그들이 이 일을 이야기하고 있을 때, 빌라도는 아베나달과 도열한 병사를 비켜서게 하고 돌계단을 세 걸음 내려왔다. 낮은 목소리로 이야기하고 있던 많은 사람의 와글거리는 소리는 곧 잠잠해졌다.

다시 총독은 의자에 걸터앉았으나 이번에는 초조한 듯 보였다. 그는 군중을 성난 듯이 바라보면서 오른손을 높이 쳐들고 말했다. "나는 이 사람을 여러분 앞에 끌어냈소. 그것은 이 사람에게서 아무 죄도 찾아볼 수 없었다는 것을 여러분에게 알리기 위해서요."

제사의 부하들에게서 불평의 소리가 새어 나왔다. 가야바는 빌라도를 바라보면서, 적은 엔간히 기가 죽었구나 생각했다. 좀더 반대의 함성을 올리기만 하면 빌라도는 쑥 들어가 버리리라. 그가

오전 열한시 231

'돌의 뜰' 왼편을 바라보니, 백부장과 병사들이 예수를 데리고 오는 것이 보였다. 예수 앞에 두 병사가 막아서 있어 죄수는 보이지 않았으나 걸음걸이가 느린 것으로 보아 죄수가 심히 당한 것을 알 수 있었다.

그 일행은 문 옆의 총독 곁으로 갔고 병사들은 뒤로 물러섰다. 예수는 양쪽에 서서 그를 부축하는 두 병사와 함께 서 있었다.

군중들은 그를 보고 깜짝 놀랐다. 이 사나이는 소름이 오싹 끼칠 정도로 처참한 몰골이었다. 가시관 아래의 머리카락은 젖어서 빛깔이 변한 듯 보였고, 머리는 상처투성이였으므로 눈코의 모양도 분명치 않았다. 망토 아래의 옷은 더러워져 있었고, 몸은 조금 뒤쪽으로 기울어 있었다. 병사들은 그를 세워서 정면을 향하게 하기 위해 더욱 예수 곁으로 다가붙었다.

빌라도는 죄수 쪽을 본 다음 다시 군중 쪽으로 시선을 돌렸다. 그리고, 괴로워하고 있는 자에 대한 민중의 어쩔 수 없는 연민을 보았다. 그들의 눈에는 공포가 어렸고, 어떤 자는 외면하여 바로 보기를 피했다. 순간 빌라도는 이 급격한 변화와 연민을 이용하려고 계산했다. 그는 일어서서 예수 곁으로 다가가 그의 손을 잡고 높이 들었다.

"보라, 이 사람을." 군중을 향해 크게 소리쳤다.

대제사와 군중은 소리를 맞추어서 외쳤다. "십자가에 매달아라!"

빌라도는 놀라서 죄수의 손을 놓았다. 군중이 이 인간의 처참스런 몰골을 눈앞에 보고도 이렇게 태연할 수가 있을까. 믿어지지 않았다.

빌라도는 군중들을 노려보면서 두세 번 무언가 말을 꺼내려다가 말았다. 그러나 드디어 그는 괴로운 듯 말했다. "당신들은 이 사람을 데리고 가서 십자가에 매달든지 맘대로 하오. 나는 그에게서 아무 죄도 찾아낼 수 없었소." 가야바도 빌라도도, 그리고 거기에 있는 자는 누구나, 유대인에게는 사람을 십자가에 달 권한이 없음을 알고 있다.

　"우리에게는 율법이 있소" 하고, 장로 가운데 한 사람이 나섰다. "그 율법에 의하면, 그는 스스로 하느님의 아들이라 하였으니, 이는 죄에 해당합니다."

　총독은 이제 어찌할 도리가 없었다. 그는 이제까지 예수가 히브리의 예언자 행세를 하였다고 생각하고 있었다. 그러나 하느님의 아들이라고 말하고 있었다는 사실은 금시초문이었다. 아내 프로쿨라가 이 사나이에 관해서는 아무것도 관여하지 말아 달라는 부탁, 곧 꿈속에서 예수의 일로 그녀가 심히 고통을 겪었다는 말을 상기했다. 그는 하느님도 꿈도 아무것도 믿지는 않았지만, 이상할 정도로 괴로워하고 있었다. 그는 금 샌들을 신고 집무실로 들어가 아베나달에게 명하여 죄수를 데려오도록 했다.

　내심 괴로워하는 듯 보이는 것은 빌라도였다. 원래 예수를 석방시킴으로써 가야바와 안나스를 곤경에 몰아넣으려고 기도한 것이었다. 지금에 이르러서는 싸늘한 공포가 그를 사로잡았고 그는 무엇 때문에 두려운지조차 알 수가 없었다. 그는 제정신으로 돌아와, 눈앞에 서 있는 사나이에게 조용히 물었다.

　"그대는 본래 어디로부터 왔는가?"

　빌라도는 어디서 태어났느냐라든가 출생지는 어디냐라든가 하고 묻지는 않았다. 어디로부터 왔느냐고 묻는 것에는 좀더 깊은 뜻이 있었다. 예수는 힘을 겨우 되찾은 듯했다. 충분치는 않았으나 어쨌든 혼자 힘으로 서 있을 수가 있었다. 그는 로마인을 바라보고는 머리를 숙이고 대답하지 않았다.

빌라도는 비참한 실의에 빠져 주위의 종자從者들을 바라보았다. 이 밝은 날의 오전 중 세 시간 만에 그는 명령하던 자리에서 애원하는 처지로 바뀌어 버렸다. 그는 자신의 목숨을 건지고자 하는 일에 무관심한 한 인간을 구하려고 하고 있었다. 빌라도는 악문 이빨 사이로 밀어내듯 말했다. "나에게는 그대를 용서할 힘도 있고, 십자가에 달 권한도 있다는 사실을 모르는가?"

상처입은 마른 입술이 움직였다. 예수는 목쉰 소리로 대답했다. "위에서 그 힘을 주시지 않는 한, 그대는 나에 대하여 아무 권한도 없다. 그러므로 나를 그대에게 넘긴 자의 죄가 더 크다."

이것은 극히 중요한 말이었다. 아버지인 하느님이 예수의 죽음을 바라지 않는다면, 빌라도를 포함하여 어떤 사람일지라도 메시아를 죽일 힘을 갖고 있지 않다.

총독은 예수를 아직 기다리고 있는 군중 앞에 데리고 나왔다. 그리고 자신도 의자에 걸터앉았다. 대제사나 그 밖의 사람들은 큰 소리로 외쳤다. "만일, 이 사람을 용서한다면 당신은 황제의 편이 아니오! 스스로 왕이라고 하는 자는 모두 황제에게 거역하는 자이기 때문이오!"

이것은 빌라도에 대한 노골적인 협박이었다. 빌라도는 티베리우스의 의심많은 성격을 익히 알고 있었다. 유대인이 가져온 비난의 소리는 무엇이든, 특히 그것이 가야바와 같은 책임있는 자의 소리라면 황제는 귀가 솔깃해했다.

　빌라도가 손을 들자 소란은 점차 가라앉았다. 그는 야유하듯 말했다. "보라, 이자가 여러분의 왕이다!" 사람들은 소리쳤다. "죽여라! 죽여라! 십자가에 달아라!"

　빌라도는 놀라는 체했다. "여러분의 왕을 내 손으로 십자가에 매달란 말인가?"

　이 말을 듣고 대제사나 사람들은 성을 내며 와글거렸고, 그 소란 속에서 빌라도는 "우리에게 황제 이외에 왕은 없소" 하는 말을 들었다.

　백부장 아베나달은 예수의 망토를 벗기라고 명했다. 빌라도는 천천히 자기 방으로 들어갔다. 만일 그가 뒤돌아보았다면, 그것은 그가 온힘을 기울여, 더욱이 어리석게도 싸워 구하려 했던 기묘한 죄수를 보기 위해서였으리라. 아내 프로쿨라가 이 일에 대해서 묻는다면 빌라도는 정직하게 털어놓았을 것이다. "나는 이 사나이를 벌할 작정은 아니었소. 그의 죄는 종교적인 것이기에 그를 가야바에게 맡겼다오."

　문득 생각난 듯이, 총독은 아베나달을 불렀다. 무거운 널빤지로 표지판을 만들어 십자가 위에 못박아 고정시킨 다음 예수의 죄상을 히브리어, 라틴어, 아랍어 등 삼 개국어로 차례로 써 붙이도록 명령했다.

　형벌은 항상 본보기로 징계하는 것이 주목적이었다. 그래서 많은 사람이 볼 수 있는 공공 장소에서 처형되었다. 그럼으로써 사람들이 처형자의 죄상을 알 필요가 있었던 것이다. 빌라도는 그 표지판에 "유대인의 왕 나사렛의 예수"라고 쓰라고 말했다.

그것이 그의 이름이자 죄명이었다.

유대인이 처벌될 때는, 대개의 경우 빌라도가 죄인에게 무언가 몸에 걸치도록 허용하였으므로, 아베나달은 죄수의 옷에 대해 물었다. 총독은 백부장에게 관습대로 하도록 명령했다. 십자가 위에서 예수는 누더기 천을 걸치도록 허용된 것이다.

세 사람의 죄수에 관한 표지판이 서둘러 만들어졌다. 예수의 표지판에 '유대인의 왕'이라고 씌어 있는 것을 대제사들이 알게 되자, 그들은 흥분하고 격분하여 곧 빌라도를 뵙겠다고 나섰다.

안으로 안내된 그들은, 마지막 청으로 표지판 내용을 바꿨으면 싶다고 말했다. 예수가 '유대인의 왕'이라고 씌어 있는 것을 대중들에게 보이는 것을 그들은 원치 않았다. 예수는 유대인의 왕도 아니고 그런 행세를 한 일도 없었다. 그러나 그들은 이 말을 할 용기가 없었다. 예수는 독신죄로 판결되었으므로 당연히 '나사렛의 예수, 하느님을 모독한 자'라고 씌어져야 한다고 지적하고 싶었을지 모른다. 그러나 그들은 현명하게도 이렇게 말하면 어떠한 결과가 올지 알고 있었다. 예수가 왕위를 넘봐 인심을 황제로부터 이반離反시키려 했다는 사실이 오해였다면, 빌라도는 이를 구실로 재판을 다시 열게 할는지도 모른다.

그래서 그들은 되도록 정중한 말로 "'유대인의 왕'이라고 쓰지 말고 '이 사람은 유대인의 왕을 자칭하고 있었다'라고 썼으면 좋겠다"고 부탁했다. 이에 대하여 총독은 어두운 미소를 띠고 "내가 쓴 것은 그대로 두어라"고 잘라 말했다.

이는 총독이 한 말로는 가장 강력한 말로서, 그가 완고한 인간임을 보여준 첫번째 언사였다. 이 잔혹하고도 무능한 사나이는 예수를 십자가에 다는 일에 관계한 세 명의 나약한 인간 가운데 세번째 사나이였다. 유다는 돈에 팔려 예수를 배반했고, 가야바는 적어도 그의 장인을 기쁘게 하기 위해 예수를 심문에 붙였다. 빌라도는 예수를 정쟁政爭의 도구로서 삼았고, 그런 가운데 그는 예수가 왕을 자칭했다는 사실을 부정할 수 없는 입장에까지 떨어졌다.

그 표지판은 빌라도의 고집대로 만들어졌다. 성의 노무자가 세로 삼십 센티미터, 가로 육십 센티미터 정도의 얇은 판자를 다듬어 만들었다. 여기에 납鉛인지 석고 같은 새하얀 것을 발라 놓았다. 그 위에 그는 검은 물감으로 글자를 썼다. 이것을 사슬로 죄인의 목에 걸든가, 또는 예수의 경우와 같이 병사가 들게 하고 그 앞을 걸어가게 하든가였다. 처형장에서는 누구나 볼 수 있게 십자가 맨 위에 붙인다.

아베나달은 능숙한 군인이었다. 그는 필요한 것이면, 병사부터 안장, 표지에 이르기까지 환히 알고 있어서, 미리 준비하고 있었다. 그는 한 작은 부대에 명하여 지하 감옥에서 두 명의 도둑을 끌고 나오게 하여 예수 뒤에 한 줄로 세웠다. 그는 또 기마병에 명하여 행렬 선두에 서게 했다. 또 이 작은 부대를 방형方形으로 세워서 죄수를 둘러싸게 했다. 병사들은 창으로 무장되어 있었다. 세 사람의 위병이 각각 세 죄인 앞에 늘어섰다. 이들 병사들은 각 죄수의 이름에다가 죄명을 쓸 표지판을 들고 있었다.

백부장은 창고에서 나무를 가져오도록 명령하고, 세 병사는 그것을 가지러 대열을 떠났다. 두 죄수는, 술이랑 물로 목을 축이고 지껄이거나 장난질하고 있는 병사들을 부러운 듯이 바라보았다. 죄수에게는 아무것도 주어지지 않았다. 두 명의 도둑 가운데 하나가 마실 것을 조르다가 거절당했다. 아베나달은 자질구레한 용무로 뜰을 돌아다녔다. 그는 처형 집행자와 간단한 의논을 했다. 그는 로마에서 사형집행을 목적으로 훈련된 병사로서 정식 절차를 잘 터득하고 있었다. 아베나달은 십자가 아래서 입초立哨할 병사들을 위한 식료품을 마련했다.

모든 준비가 끝나자 나무토막은 세 죄인의 오른편 어깨에 메였다. 이것은 십자목十字木의 가로대로서, 세로대는 형장에 세워져 있어, 처형이 집행될 때마다 몇 번이고 사용되는 것이 관례였다. 가로대는 사삼絲杉 재목으로 된, 팔 센티미터와 십삼 센티미터 두께, 이 미터 길이의 크기였다. 무게는 아마 십사 킬로그램 가량이었으리라. 그리고 이것은 처형자가 자신의 도끼로 조잡하게 만든 것이었다. 가로대의 중간 아래쪽에는 가늘고 긴 홈이 파여 세로대에 엇갈려 들어맞도록 되어 있었다. 표지판은 여기에다 고정시키고 가로대와 세로대는 큰 못으로 박는다.

백부장은 예수의 일을 걱정하고 있었다. 도둑은 채찍으로 맞지 않았으므로 아직 든든했다. 그러나 예수는 십사 킬로그램의 나무토막을 메기는 고사하고 혼자 서 있는 것조차 어려운 상태임을 아베나달은 알고 있었다.

대열이 정돈되자, 백부장은 앞에서 뒤까지 걸으면서 대열을 점검하고 이상없다고 생각하자 출발 구령을 내렸다. 작은 행렬은 성문을 나섰다. 예수가 무거운 짐을 메고 비틀거리면서 출발하여, 바로 앞에 가고 있는 병사의 등뒤를 주시하고 있는 것을, 대제사들은 곁에서 바라보고 있었다. 제사가 바라는 대로 일은 성취되었다. 그러나 그들은 무지한 시골뜨기 민중에게 이 표지판의 내용이 미치는 영향을 두려워하고 있었다. 두세 장로들은 행렬 뒤에서 따라가기로 했다. 만일 이 표지가 사람들에게 강한 인상을 끼친다면 이것은 예수에 대한 총독의 야유라고 설명하여 우스갯거리로 넘겨 버릴 수가 있다.

민중이 죄를 범하기 전에 그만두도록, 죄인을 사람들에게 보이면서 조리돌리는(이리저리 끌고다니는) 규칙이 있었으므로, 보통 경우라면 아베나달은 번화가로 죄인을 끌고 돌았을는지도 모른다. 그러나 안식일은 눈앞에 다가와 있고, 빌라도는 훨씬 전에 시리아 대사로부터 내정문제에서 사람들의 종교적 관습을 깨지 말라는 주의를 받고 있었다. 그래서 골고다로 가는 길은 지름길을 잡도록 했다. 예수는 비탈진 언덕길을 따라 서쪽으로 향했다. 그는 무거운 짐 밑에서 앞으로 옆으로 비틀거렸다. 상가 가게에서 구경하고 있던 유대인들은 그를 가엾게 생각하여 동정어린 말을 하거나, "중지하라, 중지하라"고 큰 소리를 질렀다. 고귀한 부인들은 손으로 얼굴을 가리고 보지 않으려 했다. 언덕 기슭에서 아베나달은 대열의 선두를 왼쪽으로 꺾게 했다. 이곳은 예루살렘의 큰 시장 근처로, 병사들이며 방형方形의 집창執槍 행렬 안쪽에서 세 개의 나무토막이 드러나 있는 것을 보고 사람들은 달려왔다. 예수는 앞 사람을 따라 방향을 바꾸었으나, 그는 의식이 몽롱해 있었으므로 아베나달은 몇 번이고 뒤로 되돌아와 그에게 빨리 걷도록 재촉하지 않으면 안 되었다.

예수는 간신히 한쪽 발을 앞으로 내 놓았으나 다시 한 걸음도 내디딜 것 같지 않았다. 그는 이제 발로는 걷고 있지 않으면서 몸만은 앞으로 가려고 비틀거렸다. 큰 나무토막이 흔들흔들 움직였다. 사람들이 보고 있음을 눈치챈 아베나달이 그에게 전진하라고 소리쳤다. 갑자기 한 걸음 더 옮겨 놓으려고 하는 순간 몸뚱이가 균형을 잃고 앞으로 기울어졌다. 메시아는 자기가 쓰러지고 있는 것을 느꼈으나, 묶여 있는 손을 나무에서 뗄 수가 없었으므로 다음 순간에 그는 나동그라지고 말았다.

백부장은 모든 일을 정연히 진행하고 싶었기 때문에 이것이 마음에 들지 않았다. 예수의 흙투성이 얼굴이며 머리 오른쪽 가시관 언저리에서 새로운 피가 흐르는 것을 보고는, 군중 앞에서 이 사나이에게 다시 일어서서 나무토막을 메라고 명령해도 소용없다고 생각했다.

그는 차선책을 생각했다. 그는 손을 허리에 대고 조급한 듯한 표정으로 군중을 휘둘러보고는, 목적지까지 가로대를 메고 갈 만한 장정을 찾았다. 대장은 갈색 피부의 어깨 근육이 불끈 솟은 한 농부를 찾아냈다. 그는 머리털이 없고 검은 수염을 기른 남자였다. 아베나달은 그를 손짓해 불러내 가로대를 주워 올려서 나르라고 명령했다.

농부는 잠시 불평을 털어놓았으나, 호기심에서 군중을 헤치고 앞으로 나왔다. 그는 자기 농장에서 거리로 나오는 길이었는데, 이름은 시레네의 시몬이라 했다. 그는 유대인이 아니고 이교도로서 돈도 있어서, 아무리 부득이한 사정이 있어도 로마나 유대인 문제에는 관여하고 싶지 않다고 생각하고 있었다.

시레네의 시몬은 백부장이 이르는 대로 했다. 그는 가로대를 모래먼지 속에서 주워 올려 얼굴을 찌푸리면서 둘러메고, 한 손으로는 옷을 당겨 올렸다. 그는 걸을 준비가 되었지만 예수는 헐떡이면서 오른쪽을 밑으로 해 모로 쓰러져 있었다. 아베나달은 그의 팔을 잡아 끌어올렸다. 그는 약간 초조한 어조로, 이제 나무를 멜 필요는 없다, 튼튼한 농부가 그를 대신하여 이 명예를 짊어질 것이다라고 메시아에게 말했다.

기병騎兵은 되도록 느린 걸음으로 나아가기 시작했다. 시몬은 예수 뒤를 따라가고 있었으나 예수가 금시 기진맥진해 쓰러질 상태에 있음을 알아차렸다. 그는 아무것도 메고 있지 않았음에도 걸음 걸이가 위태로웠기 때문이다. 이 비참한 행렬은 남으로 가다가 오른쪽으로 구부러졌다.

앞에는 제나도 문으로 향하는 험한 언덕이 있었다. 이제 그 십자로에 이르는 길의 절반을 조금 지났다.

이 부근은 주택지였으므로 구경꾼은 적었다. 표지를 읽고 난 많은 사람들은 깊이 슬퍼하는 마음에서, 당신은 어쩌다 이런 일을 했냐고 물었으나 예수는 대답이 없었고 도적들도 대답하지 않았다.

죄인에게 동정하는 것은 법률로써 금지되어 있었다. 벌을 받는 자에 대한 동정은 허용되지 않았다. 그러나 예루살렘에는 자선활동을 하는 부녀단체가 있어서, 할례나 결혼에 축의품을 보내고, 가난한 집에 초상이 났을 때는 조의금도 내고 동정의 눈물을 흘렸다. 예수가 긴 언덕길을 발을 질질 끌면서 올라갈 때, 그는 심히 고통스러워서 구경꾼의 귀에까지 그의 숨소리가 들렸다. 이들 가운데 인정 많은 여인들이 있었다. 그들 중 마음에 충격을 받은 한 사람이 울음을 터뜨리자, 다들 흐느껴 울기 시작했다. 많은 사람들은 이제 차마 예수를 바로 쳐다볼 수가 없었다.

메시아는 걸음을 멈추었다. 그의 가슴은 괴로운 듯이 뛰었고 눈은 바르르 떨렸다. 그는 여인들을 한 사람씩 바라보며, 그 눈물들이 자신의 죽음을 슬퍼하는 최초의 눈물임을 알았다. 그는 두 손을 잠시 동안 서로 굳게 쥐었다. 그도 그녀들과 함께 울려는 듯하였다. 그러나 그는 소리를 가다듬고, 이 거리에 파괴가 절박해 오고 있음을 여인들에게 선언하듯 말했다.

"예루살렘의 딸들이여!" 그는 침착하게 매우 힘을 들여서 말했다. "나를 위해 울지 마라. 도리어 그대들과 그대의 아들들을 위해 울라. '수태 못하는 이와, 애를 낳지 못하는 배와, 먹인 일이 없는 젖에 복이 있다'고 할 날이 반드시 온다. 그때 사람들은 산을 향해 '우리 위에 무너져 내려오라' 할 것이며, 언덕을 향해 '우리를 가리워 달라'고 할 것이다."

예수는 최후의 예언을 하였다. 일면식도 없으며 거의 숨넘어갈 듯한 쇠약한 사람에게 상냥한 마음에서 동정을 보내는 부인들을 위해, 그는 최후의 경고를 남겨 둔 것이다.

"그렇다!" 그는 천천히 고개를 끄덕이면서 말했다. "만일 푸른 나무조차 그렇게 된다면 마른 나무는 어떻게 되겠는가?" (푸른 나무는 예수다. 죄인은 마른 나무다. 만일에 그가 이런 경우에 처하게 된다면 지쳐 버린 냉혹한 인간들을 어떻게 될 것인가. 사십 년 후에 이 여인들 중 살아남은 이와 그의 아이들은, 예루살렘 포위전包圍戰에서 이루 말할 수 없는 공포를 맛보게 된다.)

아베나달은 뛰어 되돌아와서, 대열이 전진을 계속하도록 독려했다. 여인들은 눈물이 마르기 시작한 눈으로 예수를 바라보았다. 그들은 예수의 그 말은 들었으나 그 뜻을 알지 못했다. 행렬은 다시 나아가기 시작하여, 예수는 한 발을 들어서 앞으로 내놓고 땅 위를 꽉 밟았다. 그러고서 기계적으로 반대편 발을 쳐들어 앞으로 나아 가려고 안간힘을 썼다.

예수는 선두 기마병 저쪽으로 제나도 문을 볼 수가 있었다. 백부 장은 대열의 선두로 가서 문 밖에 게시문을 내붙였다. 거기에는 티 베리우스 황제를 위해 그날 처형될 자의 이름과 죄상이 씌어 있었 다. 예수에게는 길고 쓰라린 길이었다. 그리고 앞으로 오십 보면 그의 약속된 언덕 위에서 온 인류를 위해 죽을 기회에 도달할 것을 깨닫고는, 안도에 가까운 심정을 맛보았다.

# 기원 30년 4월 7일
## 정오 예수, 십자가에 달리다

사람의 물결이 제나도 문에 밀어닥쳤다. 말에 타고 있던 병사는 큰 문짝 사이를 가로막고 서서 사람들에게 옆으로 물러서라고 소리쳤다. 순례자들은 중얼거렸다. 그들은 대개 멀리서 온 사람들이었다. 이곳은 욥바 – 예루살렘 가도와 남북 사마리아 – 예루살렘 가도의 합류점이었다. 그들은 머뭇거리고 싶지 않았다. 왜냐하면, 안식일 전에 성도聖都에 늦지 않게 들어가려고 밤길을 마다 않고 길을 재촉해 온 사람들이었다. 게다가 그들은 이 여행을 즐거워해 왔다. 그런데 막상 유대인을 죽이려고 하는 로마인을 보자 마음이 아팠다.

사람들은 불평을 털어놓으면서 옆으로 물러서고, 아이들은 나무토막을 메고 가는 세 사나이에 관해서 이것저것 질문했다. "어떤 짓을 했기에 이 사람들은 죽어야 하나요?" "죽음이란 무엇인가요?" "그것은 아픈가요?" 하고 묻는 아이도 있었다. 병사의 다리 사이로 예수의 피에 물든 모습을 보고는 아이들조차 마음 아파했다. 그들은 어버이에게 꽉 달라붙어서, 왜 저 사람은 피를 흘리고 있는가 하고 물었다. 어버이들은 표지판을 바라보고는 아무도 질문에 대답하지 않았다.

문 밖에는 작은 행렬이 삼십 미터 가량 줄지어 있었다. 백부장은 골고다에서 정지명령을 내렸다. 이곳은 오 미터쯤 되는 높이의 바위산으로, 두 가도의 합류점 바로 앞이었다. 언덕 저편의 작은 비탈에는 뜰이 있고, 때마침 핑크와 붉은 색 들꽃이 난만하게 피어 있었다. 또 북서쪽 삼십 미터쯤 되는 곳에는 아리마대의 요셉이 새로 마련해 놓은 가족 매장터가 있었다.

모르는 사람이라도 여기가 형장이라는 것쯤은 금방 알 수 있었다. 세 개의 말뚝이 공중에 우뚝 서 있었기 때문이다. 말뚝의 수는 세 개 이상인 때도 있었으나 그 이하인 때는 없었다. 그 말뚝의 재료는 죄인이 떠메고 오는 것과 같은 보통 사삼나무로서, 다만 가로대의 홈이 꽉 들어맞도록 맨 윗면이 평평하게 되어 있었다.

예수는 피곤한 눈으로 그것을 바라보았다. 그리고 더 저쪽에 펼쳐진 아름답고 밝은 하늘을 바라보았다. 그는 거의 구제된 듯한 기분이 들었다. 그의 몸은 약간 앞으로 굽어 있고, 그렇게 하고 있는 것이 신체를 지탱하기 쉬워서인지 두 발은 벌리고 있었다. 군중이 모여들었다. 모여든 군중 앞쪽에 의식용 모자를 쓴 지위 높은 제사가 보였다. 병사들은 가도의 합류점에서 포위 대형을 취하고 몇몇 사람만을 골고다에 오도록 허용했다. 예수는 그 군중 가운데에 어머니의 모습을 알아보고 억지로 미소져 보이려고 애썼다.

몇 번씩이나 어머니에게, 자기는 사람의 손으로 죽임을 당할 것이라고 말하지 않았더라면, 예수는 그 자리에 어머니가 있는 것을 원치 않았으리라. 그러나 예수는 그녀에게, 이 순간의 죽음이 패배와는 다른 영원의 영광임을 이해시켰고, 그렇게 함으로써 어머니로서의 공포심이 아닌 각오를 굳혀 놓았다. 그녀는 의자매인 마리아(젊은 야고보의 모친), 제베데오의 아내 살로메와 막달라 마리아, 그리고 귀여워하던 제자 요한을 거느리고 예수가 있는 데로 와 있었다. 그녀는 입을 열려고 하였으나 얼굴이 일그러지고 눈물이 마구 흘렀다. 그녀는 말없이 그에게 두 손을 내밀었다.

예수는 그녀를 껴안으려 하였으나, 옷은 피로 더럽혀져 있었다. 다른 여자들은 성모聖母의 눈물을 보고 흐느껴 울기 시작했다. 메시아는 자기가 이를 위해 이땅에 온 것이요, 이것이 아버지 하느님의 뜻이라는 것을 그들에게 말해 주지 않으면 안 되었다. 그들은 그의 말뜻을 이해했다. 그리고 그는 삼 일 후에 그들의 곁으로 되돌아올 것을 약속했다. 그러나 그들은 예수를 바로 보기가 매우 괴로웠다. 그는 완전히 짜부라져 있고, 이제부터 손목과 발에 못이 박힐 것이다.

메시아는 요한을 향해 여인들을 위로해 달라고 부탁하고 싶었으나, 사랑하는 이 젊은이 역시 눈물을 닦고 있는 것을 보고 정감이 북받쳤다. 예수에게는 자기가 지금부터 받으려는 고난에 대한 각오가 되어 있었다. 그러나 자기가 사랑하는 사람들의 슬픔만큼 그의 마음을 움직이는 것은 없었다. 그는 그들 쪽을 향하여 말을 하려고 헛기침을 했다.

그는 슬퍼하지 말도록 사람들에게 부탁하고, 요한을 향해 뚫어질 듯 바라보았다. 그 시선은, 미래에 가로놓인 모든 고난으로부터 성모를 보호해 달라는 신신당부였다. 요한은 눈물로 흐려진 눈으로 끄덕였다. 마리아는 오직 하나뿐인 아들 곁에 있었으나, 요한은 그녀를 다른 사람과 함께 몇 미터 떨어진 곳으로 데리고 갔다. 이후 예수가 죽기까지 백팔십 분간의 시간 동안 요한은 마리아를 보호하여, 신성神性을 갖춘 그녀의 아들이 죽는 무서운 광경을 보이지 않으려고 애쓴다.

백부장은 형집행인과 상의하여, 우선 예수를 십자가에 매달 것을 명령했다. 도적의 한 사람은 큰 소리로, 자기는 도적이 아니라 정치가라고 주장하고 있었다. 병사들은 킬킬 웃으며, 그 중 한 사람은, 이 도적은 왕이신 예수를 향해 지껄이고 있다고 말했다. 또 한 사람의 도적은 무서워하고 있었다. 군중 가운데는 그의 친구도 친척도 없고, 그는 손을 모아 기도하고 있었다. 군중은 그를 야유했다.

아베나달은 시레네의 시몬에게 예수 뒤쪽에 가로대를 놓도록 명했다. 이 이교도는 연민의 눈으로 예수를 바라보았다. 무언가 동정 어린 말을 건네고 싶다는 것은 그의 표정이 분명하게 말하고 있었다. 그는 그렇게 하려고 했으나 체념하고 고개를 갸우뚱거리며 군중 속으로 걸어갔다. 백부장은 표지판을 들고 있었다. 세 사람의 병사에게 형집행인을 돕도록 하고, 십자가 아래서 입초를 서도록 일렀다. 그는 세 사람에게 이 일을 시킬 작정이었다.

십자가를 최초로 고안해낸 것은 페니키아 사람이다. 그들은 사형을 집행하는 방법으로, 창으로 찌르고, 기름으로 졸이고, 말뚝에 끼우고, 돌로 치고, 목을 조르고, 물에 빠뜨리고, 불에 태우는 등 여러 가지를 시도했다. 그러나 모두 죄인이 너무 빨리 죽는 것을 알았다. 그들은 죄인을 천천히 참혹하게 벌하는 방법을 연구했다. 그 결과 십자가가 만들어졌다. 이 방법은 매우 이상적이었다. 왜냐하면 죽기까지 오래 걸리면서 고통스럽고(내리쬐는 불볕 아래서 이틀 이상 생존하는 수가 있었다), 동시에 죄인은 대중 앞에서 충분히 창피를 당할 수가 있기 때문이다.

로마인은 십자가를 죄의 예방수단으로서 채용했다. 그들은 그 효과를 믿고 있었다. 얼마 안 가서 로마인들은 일정한 규칙을 만들어 명백하게 질서화했다. 로마 병사들은 이 방면의 훈련을 충분히 받았다. 스팔타커스의 반란이 진압되었을 때, 하루에 육천 명의 사람이 카푸아와 로마 사이에서 십자가에 매달려 처형되었다. 이런 형태의 처형 초기에는 죄인의 두 발에 못을 치고, 손을 가로대에 동여맸다. 그러나 이래서는 죄인이 좀체로 탈진하지 않으므로, 십자가 아래에 파수병을 며칠이고 세워 두어야 함을 로마인들은 알았다. 얼마 후에 그들은 못이나 밧줄을 쓰지 않고 큰 못을 사용했다. 그렇게 하면, 죄인이 굉장한 에너지의 소유자가 아닌 이상, 대개 두세 시간이면 죽어 버린다.

군중은 아주 조용해졌다. 아베나달은 도적 한 사람에게 병사 네 사람씩을 할당하고 있었으므로 그들은 신호를 기다리고 있었다. 병사는 검은 바위 위에 서 있었는데, 그 바위는 십자로 위에 모자 모양으로 우뚝 서 있었다. 골고다는 사람으로 가득 차 있었다. 사람들이 병사 곁에 다가가서 이상스러운 듯 중얼거리는 소리며, 내려가 있으라는 병사의 외치는 소리, 여인들의 흐느낌 등으로 상당한 소음을 빚고 있었다. 이윽고 병사의 경계망을 뚫고 물병과 잔을 가진 예루살렘 자선단체의 여인들이 다가왔다.

그들은 처형될 모든 사람에게 약을 조금 넣은 포도주를 건네주기 위해 왔다. 그것은 로마인이 허락한 자선행위였다. 아베나달은 여인들의 일이 끝나기를 참을성있게 기다리고 있었다. 그들은 도적 한 사람에게 다가갔다. 이 도적은 여기까지 오는 도중 한마디 말도 하지 않았다. 그녀들은 병의 포도주를 잔에 따랐다. 보통 이 포도주 속에는 적은 양의 향이 들어 있어서, 감각을 마비시키는 효력을 낸다고들 하였다.

실제 그 효능은 없었지만, 죄인들은 그렇게 믿고 일시적인 마음의 평정을 주었다. 말수가 적은 도적은 제몫을 마시고, 울고 있는 여인들을 한동안 바라보았다. 그는 멍청해 있는 듯했다. 그의 목숨은 이제 마지막을 향해 가고 있는데 눈물은 흐르지 않았다. 마땅히 살아남아 있을 그녀들이 알지도 못하는 사람을 위해 울고 있었다.

여인들은 바위를 가로질러 예수 쪽으로 가서, 새로운 잔에 술을 부었다. 그는 포도주와 여인을 바라보며 고개를 저었다. 그는 마시지 않았다. 그는 고통을 충분히 맛보지 않으면 안 되었다.

여인들은 다른 도적 쪽으로 옮겨 갔다. 겨우 삼십 분 전에 이상한 말을 했으며 포도주를 사양한 자를 뒤돌아보는 여인도 있었다. 세 번째 사나이는 술잔을 받아 꿀꺽 마시고, 큰 소리로 정적政敵을 십자가에 매다는 일은 잘못된 일이라고 지껄이기 시작했다. 증인들은 자기를 도적이라고 했지만 잘못된 일이다, 자신은 실은 예루살렘 정치권력의 반대자여서, 물건을 훔쳤다 하더라도 그것은 정책의 문제이지 개인의 이해를 위한 것은 아니었다, 하고 떠들어댔다.

그는 여인들이 바위를 떠날 때도 계속해서 지껄이고 있었다.

아베나달은 신호를 했다. 네 사람의 병사는 죄인 곁으로 다가가 옷을 벗기기 시작했다. 아래 있는 사람들로부터 소곤거리는 소리가 일어났다. 처형이 시작된 것이다.

죄수가 알몸이 되자 허리에서 넓적다리까지 천이 감기고, 그 끝부분은 등에 끼워 넣어졌다.

그들의 옷이며 샌들이 각자의 앞에 아무렇게나 쌓아 놓여졌다.

시각은 열두 시를 조금 지났다. 태양은 높고 따뜻했다. 그 아래에서는 풀싹 하나 돋아 있지 않은 큰 바위며 올리브 잎이며 들풀들이

미풍을 받으며 빛나고 있었다. 작은 새의 무리가 바위를 스쳐 날아가 아래뜰에 내려앉아서는 먹이를 찾으며 주의깊게 사람들의 눈치를 살폈다. 군중 쪽에 와글거리는 소리가 들리자 곧 새들은 날아올랐다.

형집행인은 예수 뒤에 가로대를 놓고서 팔을 붙잡아 뒤로 끌고는 그를 재빠르게 땅 위에 밀어 쓰러뜨렸다. 예수가 쓰러지자 곧 가로대를 그의 목덜미에 꽉 맞추고 양쪽 병사가 그 팔뚝 안쪽을 무릎으로 눌렀다. 예수는 순순히 하는 대로 내맡기고 아무말도 하지 않았으나, 다만 쓰러질 때 머리를 부딪쳐 가시가 상처난 머리를 다시 찔렀을 때, 신음소리를 내었다.

일단 시작된 작업은 재빨리 능률적으로 진행되었다. 집행인은 포켓이 있는 에이프런을 입고 있었다. 그는 삼 센티미터의 못 두 개를 입에 물고 손에 쇠망치를 들고서 오른팔 곁에 무릎을 꿇었다. 무릎으로 팔뚝을 누르고 있는 병사는 상박부上膊部를 판자에 꽉 눌렀다. 처형인은 오른손으로 예수의 손목을 더듬어, 뼈가 없는 작은 부분을 찾아냈다. (못은 손바닥에 박아 넣은 것이 아니다.) 그 부분을 찾아내자 입에 물고 있던 네모진 쇠못 하나를 쥐고 거기에 맞추었다. 대개 생명선의 말단은 그 바로 앞에 이르고 있다고 전해지고 있다. 그러고서 그는 쇠망치를 쳐들고 힘껏 못대가리를 내리쳤다. 언덕, 기슭에서 요한은 마리아의 머리를 옷으로 꼭 껴안고 있었다. 그녀를 위로하기 위해서요, 또 보이지 않게 하기 위해서였다. 보고 있던 이 중에서 대부분의 사람들은 얼굴을 돌려 외면하고, 어떤 사람은 울었다. 큰 소리로 위로하는 이도 있었고, 제나도 문 쪽으로 가 버리는 자도 있었다.

처형인은 예수의 몸을 뛰어넘어 반대편 손목으로 자리를 옮겼다.

죄인이 몸부림칠지라도 못에서 떨어져 십자가 앞으로 쓰러지지 않으리라 확인한 다음 두 손을 번쩍 들었다. 이것은 가로대를 올리라는 신호였다.

두 병사는 가로대의 양쪽 끝을 잡아 끌고가기 시작했다. 예수의 몸은 손목에 매달린 채 질질 끌렸다. 숨쉴 때마다 그는 신음하고 있었다. 기둥에 닿자 병사 넷이서 가로대를 들어올려 예수의 발이 지면에서부터 떠나 위로 들렸다. 온몸은 고통으로 견디기 어려울 지경이었으리라.

네 병사가 점차 높이 밀어올려서 가로대를 끼워 맞추는 부분에 얹힐 정도까지 되었다. 구경하고 있던 두 도적은 눈을 돌려 외면했다. 말수 적은 자는 또 소리를 내어 중얼중얼 기도하기 시작했다. 또 한 자는 울며 소란을 피우면서, 둘레의 네 파수병에게 자기에게 관한 이것은 잘못된 재판의 결과라고 울부짖었다. 한 사람의 지위 높은 제사는 동료를 보고 "이는 참 단정치 못한 메시아로군. 한창 시절은 참 좋은 기회도 있었는데" 하고 말했다.

가로대가 꽉 들어맞자 처형인은 죄인의 이름과 죄명을 쓴 널조각을 위에다 붙였다. 그리고 그는 십자가 앞에 꿇어앉았다. 두 병사가 거들어 주려고 달려왔다. 각기 한쪽 발의 종아리를 꽉 잡았다. 못을 칠 때의 정해진 방식은 왼발 위에 오른발을 겹치게 얹는 것인데, 이 작업이 가장 어려웠다. 만일 발을 끌어내려서 십자가 아래쪽에서 못을 치면, 죄인은 이내 죽어 버린다. 훨씬 전부터 로마인들은, 십자가 위쪽으로 발을 밀어올려야 한다는 것을 알고 있었다.

그렇게 하면 죄인은 못에다 체중을 의지하고 몸은 꼿꼿이 펼 수가 있었다.

예수는 드디어 십자가에 달렸다. 그는 마지막으로 성도를 마주 바라보았다. 처형인은 딴 사람 쪽으로 옮겨가서 두 사람에게 똑같은 절차로 작업했다.

앞에서 죽음을 지켜보고 있는 사람들에게는, 죽음은 피로疲勞라는 말을 타고 느릿느릿 다가오고 있는 것처럼 생각되었다. 네 군데의 상처는 그 자체로서는 치명적인 것이 아니다. 그러나 끊임없는 통증이, 그 고통 때문에 움찔거리게 하면서 인간을 서서히 죽음으로 몰아가고 있었다.

구경꾼들은 예수를 이윽이 지켜보고 있었다.

왜냐하면, 예수는 거짓 메시아로서, 그 죄의 일부는 성전이 파괴되더라도 사흘이면 다시 세울 수 있다고 선언한 데에 있다고 대제사들이 사람들에게 말을 퍼뜨려 왔기 때문이다. 알지 못하는 사람에게는 예수는 그들이 지금까지 보아 온 어느 죄인과도 같이 고통에 괴로워하고 있는 죄인으로밖에 달리 보이지 않았다. 아무 생각 없이 보고 있는 사람에게는 어느 모로 보아도 예수가 다른 사람과 별다른 것으로 보이지 않았다.

다른 사람처럼 그도 가끔 턱을 가슴에 대고 머리를 숙여 급격한 고통의 발작 때문에 고개를 좌우로 흔들며, 입술을 움직이면서 태양을 쳐다보았다. 몸이 지쳐 축 늘어지면 체중이 손목의 못에 걸려 무릎이 앞으로 솟아나온다.

팔은 이제 완전히 V자형으로 되었다. 예수는 참기 어려운 두 가지를 의식했다. 첫째는 손목의 고통을 견딜 수 없이 되어, 근육의 경련이 팔이나 어깨에 엄습해 오는 일이다. 둘째는 두 가슴의 근육이 순간적으로 마비되는 일이었다. 그 때문에 예수는 들이마신 숨을 내쉴 수 없게 되었다.

예수는 곧 피가 흐르고 있는 발에 체중을 걸었다. 그의 체중이 발등에 걸리자 한 개의 못이 상처 윗부분에 깊이 먹어들어 왔다. 천천히 조금씩 그는 몸을 들어올려서, 드디어 일순간 머리가 죄상을 기록한 표지판을 가리게까지 되었다. 어깨가 손과 수평이 되자 숨은 가빴으나 편안해졌다. 다른 두 사람과 마찬가지로 몇 분 간 가쁜 숨을 쉬기 위해 그는 발의 고통과 싸웠다. 이윽고 발이며 정강이에 경련이 일어나 아무리 억센 사람이라도 신음소리를 내지 않을 수 없는 하반신의 고통에 겨워, 몸은 점차 미끄러져 내려 처지고 무릎은 잠시 동안 앞으로 솟아나오고, 깊은 한숨과 함께 그는 자기의 몸이 손목에 매달려 있음을 느꼈다. 그리고 이러한 과정은 몇 번이고 반복되지 않으면 안 되었다.

장로들은 이 고통을 비웃지 않을 수 없었다. 입에 손나팔을 해 대고서, 그 중의 한 사람이 예수를 향해 소리쳤다. "성전을 허물고서 사흘 안에 세우는 자여!" 예수의 몸은 녹초가 될 때마다 두 번 다시 쳐들어질 것 같지도 않았으므로, 이러한 야만적인 야유의 말은 적절하였다.

또 다른 자가 외쳤다. "만일, 하느님의 아들이라면 그대 자신을 구해 보라. 그리고 십자가에서 내려와 보라!"

십자가에서는 대답이 없었다. 가야바는 조롱조로 외쳤다. "다른 사람은 구원했지만 제 자신을 구하지 못하는가!" 간부 제사들의 작은 무리가 함께 소리쳤다.

"저 사람이 유대의 왕이다. 이제 십자가에서 내려와 보라. 그렇게 하면 믿으리라!" (주여, 우리에게 표시를 내려 주옵소서!)

"그는 하느님에게 의지하고 있는데, 하느님의 뜻이 계시다면 이 기회에 구원을 받아봄 직하지 않은가? 스스로 하느님의 아들이라고 말하지 않았는가?"

주사위놀이를 하고 있던 병사 중 한 사람이 함께 빈정댔다. 그는 십자가 앞으로 걸어가 손을 허리에 대고서 예수의 괴로워하고 있는 얼굴을 바라보았다. "당신이 유대의 왕이라면 자신을 구해 보시지 그래."

한 여인이 남편을 향해 주위가 점점 어두워오고 있다고 말했다. 그는 하늘을 쳐다보았고 다른 사람들도 따라 쳐다보았다. 하늘에는 구름 한 점 없다. 그러나 하늘의 푸른빛이 점차로 짙어졌다. 그리고 계속해서 점점 어두워지고 있었다. 갑작스럽게 변해 가는 것은 아니었지만, 하늘빛은 로빈(지빠귀과의 작은 새—역자) 알과 같은 푸른빛이 되고, 더욱 어두워졌다.

사람들은 잠시 동안 십자가의 세 사람에 대해서 잊고 있었다. 군중 가운데 많은 사람들이 하늘을 손가락질했다. 폭풍이 몰아칠 것이라고 말하는 사람도 있었다. 군중은 흩어지기 시작하여 많은 사람들이 성문 쪽으로 걸음을 재촉하였다. 여인들은 숄을 머리부터 뒤집어쓰고 아이들과 함께 폭풍이 몰아치기 전에 피할 곳을 찾으려고 달렸다. 천둥소리 하나 나지 않았다. 번개도 치지 않았다. 구름도 없었다. 하늘은 어두워지고, 태양은 육안으로 볼 수 있게 되었다. 하늘은 어스름 같은 어둠이 모든 것을 휩싸 버릴 때까지 계속 짙은 청색으로 변했다.

사람들은 무서워했다. 많은 사람들이 어찌된 일이냐고 물었다. 그리고 비교적 침착한 몇 사람은 몇백만 톤의 모래를 태양과 땅 사이에 불어올린 커다란 폭풍사暴風砂 탓임이 틀림없다고 말했다. 그러자 다른 사람이, 가장 나이 많은 유대인조차도 온 예루살렘을 뒤덮는 폭풍사 따위는 본 일이 없었다고 말했다. (이때 짙은 선글라스를 쓰고 보는 듯한 어둠이 세계를 뒤덮지 않았나 생각된다. 플레곤은, 올림피아력 제202년기紀의 제4년에 전 유럽에 미증유의 암흑이 있었다고 기록하고 있다. 그에 따르면 한낮에 별이 보였다 한다. 같은 때에 니케아에서는 지진 때문에 큰 피해가 있었다. 테르툴리안은 얼마 후에 로마의 기록에서, 제국의 정치가들도 설명할 수 없었던 세계를 뒤덮는 암흑이 있었다는 내용을 찾아냈다고 말했다. 분명히 예루살렘 사람들은 기후의 격변에는 익숙해 있었던 것 같다. 그렇지 않으면 놀라움이나 두려운 생각이 많은 사람을 사로잡았을 것이다.)

그 어둠은 일몰까지 계속되었다.

기원 30년 4월 7일

# 오후 한시 아버지여, 저들을 용서하소서

두 가도에 통행인은 점점 줄어들고 있었다. 카라반 한두 무리가 북으로부터 와서는 멈춰서서 묻거나, 십자가의 세 사람을 향해 손짓으로 말을 걸었다. 욥바의 배편과 연락하기 위해 서쪽으로 향하는 이교도 외에는 아무도 거리에 나오지 않았다. 낙타를 타고 있던 페르시아인 한 사람이 흔들흔들 성문을 나와서, 나빠진 날씨에도 아랑곳하지 않고 거리를 출발하여, 바위 언덕 위에서 괴로워하고 있는 사람들을 모멸하는 듯이 바라보았다.

예루살렘에서는 사람이 죽는다는 것은 그리 보기 드문 일은 아니었다. 그것은 나그네처럼 찾아와서는 가고, 또 찾아들곤 했다. 그러나 어느 집에도 오래 머무는 일은 없었다. 길가에 죽어 넘어져 있는 거지를 보고도 많은 사람들은 발을 멈추는 일이 없었다. 아이들은 여러 가지 질병에 걸리기 쉬웠고, 이를테면 네 아들 모두 튼튼히 키워서 하나도 죽이지 않은 그런 어머니는 진귀하고도 행운이었다. 그들의 평균 수명은 이십오 세에서 삼십 세 사이였다.

십자가에 달린 지 한 시간쯤 지나자 예수의 운명에 관심을 갖는 사람은 적었다. 간부 제사 두셋만이 남고, 다른 자들은 서둘러 성전으로 돌아갔다. 한낮에 돌연히 어두워진 것이 걱정도 되고, 그것을 이상하게 생각한 사람들은 태반 돌아가고 말았다. 작은 새들조차도 조용해졌고 바람 한 점 없었다. 작은 올리브 나무나 들꽃들도 흔들리지 않았다.

들리는 것이라곤 오직, 죽어가고 있는 자의 목구멍에서 쥐어짜 듯이 새어나오는 깊은 고통의 신음소리였다. 각기 오랜 시간 괴로워해 왔지만, 이제부터의 괴로움도 길었다. 가끔 두세 구경꾼들이 세 사람 중의 누군가를 가리키며 말했다. "저자는 죽었다. 이제는 움직이지 않는구나."

이들 중에는 몇 번이고 실신하는 자가 있었던 듯하다. 그러나 그것은 오래는 계속되지 않았다. 왜냐하면, 의식을 잃고 있는 편안한 동안에는 호흡이 되지 않았기 때문이다. 의식을 잃기 직전, 구경꾼이며 예루살렘의 성벽이 빙글빙글 돌기 시작하여 어둠과 귀울림 속에 잠겨 들어가는 때보다도, 의식을 되찾은 때가 훨씬 고통스러웠다. 그러나 다시 깨어나는 일이 없을 때만은 별문제였다.

십자가 뒤쪽에서는 병사들이 바위 비탈에서 주사위를 굴리며 큰 소리로 농지거리를 하고 있었다.

법률에 따라 죄인의 재산은 국가에서 몰수하도록 되어 있었다. 이 특별한 임무를 담당함으로써 생기는 부수입의 하나로, 각 죄인에게 할당된 네 사람의 병사는 죄수들의 옷을 나누어 갖는 일이 허락되어 있었다.

예수의 십자가 뒤에 있던 네 사람 중의 하나는 아베나달이었다. 그는 자기의 계급을 내세워, 옷을 나눌 때에 부하의 불평을 무마시킬 수가 있었으리라.

그러나 그는 우선 점심을 먹도록 일렀다. 식사가 끝나고 그들은 싸구려 술을 마셨는데, 예수에게도 건배잔을 올린 다음, 자기들에게도 답례의 건배를 올리라고 그에게 요구했다. 그들은 예수에게 기분은 어떤지, 몸의 상태는 어떤지 등을 물었다.

그들은 상당량의 포도주를 마시고, 주사위 놀이를 하면서 서로 욕지거리를 주고받았다. 아베나달은 십자가 주위를 걷다가 예수의 옷을 집어들었다. 한 사람에게 그 낡아빠진 샌들을, 다른 사람에게는 피투성이가 된 망토를, 세번째 사람에게는 머리에 두르고 있던 폭이 넓은 흰 띠를 던져 주었다. 그는 자기 몫으로는 벨트를 골라 두었다. 그러고서 그는 다른 병사들에게 도적의 옷을 나누어 가져도 좋다고 고갯짓으로 신호했다. 그들은 기다렸다는 듯이 뛰어오르며 가엾은 부수입물을 마구 그러모았다.

예수의 옷가지가 나뉜 뒤에도 그의 옷이 한 가지 남았다. 그것은 긴 페티코트 같은 일종의 속옷이었다. 거기에는 구세주의 피가 짙게 물들어 있었으나, 아베나달은 거기에 솔기가 없는 것 같아 보여 흥미를 느꼈다. 그는 바위 위에 서서 손가락을 깃 쪽에 대고 몇 번이고 뒤집어서 솔기를 찾으려 하였으나 끝내 찾지 못했다.

백부장은 잘못 본 것이 아니었다. 그는 그 옷이 탐났다. 빨기만 하면 다른 옷보다는 쓸모가 있으리라. 그는 부하들과 함께 술을 더 마시고서, 주사위로 이 옷의 임자를 결정하자고 제의했다. 병사들은 그것을 차례로 돌려 가며 솔기를 찾으려 했으나 눈에 띄지 않았다.

그들이 그 옷을 두고 내기를 시작하였을 때, 예수는 하늘을 보고 큰 소리로 말했다. "아버지여, 저들을 용서해 주옵소서. 저들은 자신이 무엇을 하고 있는지 모르고 있습니다!" 이 뜻밖의 말 때문에 병사들은 잠시 내기를 중지했다. 취기가 돌고는 있었으나 이 불가사의한 말을, 그들은 문득 이상하게 생각했을 것이다. 울고 있던 마리아는 갑자기 울음을 그치고, 요한을 뒤돌아보며 아들을 쳐다보았다.

예수가 한 말은, 냉혹하게 그를 십자가에 달고 옷을 나눠 먹은 병사들의 잘못을 위해 용서를 비는 기도였다. 그러나 '그들'이라는 말을 할 때, 그것은 '병사들'만이 아닌 그 이상의 의미가 있었다.

그것은 대제사며, 바리새파며, 사두개파며, 인류며, 세계를 위해, 그 외침은 용서를 빌고 있었다. 그 가운데에는 미쳐서 하룻새에 두 사람씩이나 죽게 한 가롯 유다까지도 포함되어 있었다. 사랑, 그가 가르치는 사랑이란 이러한 것이었다.

구경꾼들은 세 사람이 죽어가고 있음을 알았다. 병사들 중에는 하늘을 쳐다보며, 폭풍이 몰아오지 않는 것은 무슨 까닭인가 생각하고 있는 자도 있었다. 다른 사람은 술을 많이 퍼 먹어서, 헬멧을 벗어던진 채 큰 바위 위에서 졸고 있었다. 일 분이라는 시간이 십자가 위의 사람들에게는 천천히 육십 보를 걸어가는 시간과 마찬가지로 느껴졌다. 일 초마다 아픔은 점점 강렬해 왔다.

그러나 죽음은 아직 오지 않는다. 팔도, 발도, 몸뚱이도 고통으로 찢어지는 듯했다. 그리고 신경은 바이올린 줄 모양으로 팽팽히 켕겨 있었고, 신경의 말초는 점차 심하게 조여졌다.

예수의 왼편에 매달린 정치적인 도적은 그를 쏘아보았다. 마치 자기와 함께 죽어가고 있는 낯선 사나이에게 불평이라도 가지고 있는 듯했다. 그는 끊임없이 오른쪽 어깨 너머로 쏘아보며 드디어 노기를 폭발시켰다.

"당신은 메시아가 아닌가?" 하고 그는 소리쳤다. "그렇다면, 자신을 구하고, 또한 우리도 구해 줄 수 없는가?"

예수는 아픔에 지친 이 사나이를 바라보았다. 그는 아무 말도 하지 않았다. 말수 적은 사나이는 피투성이가 된 발로 몸을 위로 올리고 예수 쪽을 바라보면서 정치적 도적을 꾸짖었다. "너는 같은 형을 받고 있으면서 하느님이 무섭지 않은가?" 왼편의 도적은 십자가 아래쪽에 늘어져서, 이제는 몸을 들 기력이 없었다.

"게다가," 하고 말수 적은 자가 말했다. "서로 자기의 한 일에 대한 응보를 받고 있으므로 이렇게 된 것은 당연하다. 그러나, 이분은 아무 나쁜 짓을 하신 것도 아니잖은가."

아무 대답이 없었다. 그 도적은 괴로워 신음하고 있었다. 말수 적은 자는 축 늘어지기 전에 깊은 숨을 들이쉬고, 겸손하고도 절망적인 어조로 말했다.

"예수여, 당신의 나라에 들어갈 때, 저를 기억해 주십시오."

메시아는 몸을 조금씩 끌어올리며 괴로운 듯이 숨을 쉬며 대답했다. "그대는 오늘 나와 함께 천국에 있을 것이다."

인간으로서 죽어가고, 또 인간의 육체적인 조건에 따라 죽어가고 있는 메시아는 고통이 더욱더욱 격렬해지는 것을 느꼈다. 천천히, 그러나 착실하게, 마치 두 손으로 떡 잡힌 것과 같이 숨이 막히기 시작했다.

출혈은 치명적인 것이 아니었다. 상처에서 상당한 피가 흐르기는 했으나, 손목이나 발의 동맥은 상처를 입지 않았다. 로마식 책형에서의 사인死因은 결코 출혈 때문이 아니라, 거의 언제나 질식사였다.

도적들도 쇠약해져 있었다. 책형의 목적이 고통을 증가시키면서 점차로 쇠약하게 만드는 일이었다. 그러나 예수는 채찍으로 맞고,

게다가 전날 밤 열한시부터 거의 열 시간 동안 음식물이 주어지지 않았기 때문에, 그의 쇠약 상태는 다른 두 사람보다 심했다. 죄인의 입과 목구멍은 물을 갈구했다. 죄인의 고통이 심해지면 심해질수록 더욱 수분을 잃게 되고, 더욱더 피골이 상접했다. 예수의 죽음은 도적들보다 먼저 다가오고 있었다.

# 오후 두시 어머니의 뒷일을 위하여

예수는 십자가 위에서 최후의 한 시간을 맞이했다. 제나도 문의 왕
래는 거의 끊어졌다. 거지들이 휘파람을 불자, 동료들이 와서 그들
을 데리고 갔다. 병사들은 검은 바위 위에서 잠들고 있었다. 골고
다 주변의 사람의 무리는, 예수를 사랑하는 자와 그를 미워하는 자
몇몇 이외에는 거의 없었다. 하늘은 검은 베일에 싸여 있는 그대로
여서 일식 현상이 틀림없다는 자도 있었다. 그러나 학식있는 자는
그렇지 않음을 알고 있었다. 왜냐하면, 해는 이제 막 서쪽으로 기
울기 시작했고, 달은 곧 동쪽에서 떠오를 것이므로 일식 현상은 일
어날 수 없는 까닭이었다.

그 어스름 속에서도 성문 안의 거리는 축제 기분이었다. 성전에
모이는 신앙 깊은 사람들은 살벌한 분위기와는 거리가 멀게 화기和
氣에 넘쳐 있었다. 외원外園에는 수많은 사람들이 오후의 희생을 알
리는 소리를 기다리느라고 모여 있었다.

예수의 운명을 아는 사람은 적었다. 이 시각에 유다와 요한 이외
에 제자들이 어디에 있었는지는 잘 모른다. 어쨌든, 그들은 부끄러
워하고 있었다. 그리고 조용히 자기들의 수치에 대하여 고민하고
있었다. 사제들도 그 일에 대해서 입을 다물고 있었다. 그들은 많
은 예수의 신자들에게 이 처형이 알려지지 않기를 바라고 있었던
것이다. 성전 입구에는 그날 오후, 수십 명의 사람들이 서로 이야

기하고 있었다.

"하느님의 이름으로 우리에게 가르침을 주는 저 위대한 예수는 어디에 있는가?" "죽은 자를 다시 살아나게 하고, 눈먼 자의 눈을 뜨게 한 갈릴리 사람은 어디에 있는가?" "예수의 소문은 많이 들었지만, 그는 지금 어디에 있는 것인가?" 아무도 이에 대해 알지 못했고, 설사 알고 있더라도 말하려고 하지 않았다.

십자가 위의 그를 보고, 머리 위에 걸린 표지판으로 예수인 줄을 안 몇몇 사람들도 그 일을 말하려 들지 않았다. 같은 나라 사람이 로마인의 형틀 위에 달려 있는 것을 생각하면, 축제가 엉망이 되고 말겠기 때문이다. 게다가, 옛날부터 약속되어 있던 메시아일 것이라고 생각하고 있었는데, 오늘 이 축제일에 그가 서쪽 성벽 밖에서 노예처럼 죽어가고 있다고 인정하는 것은 누구에게도 수치스러운 일이었다. 만일 예수를 믿고 있는 수많은 사람이 그의 비참한 상태를 본다면, 그를 죽이려고 한 유다와 가야바의 음모에 대하여 분노하고 슬퍼할 것이다. 그러나 반면에, 그들이 골고다에서 본 예수는 자기들이 가지고 있던 메시아의 이미지와는 일치하지 않음을 인정하지 않을 수 없었으리라.

그 누구보다도 예수는 자기의 죽음이 절박해 있음을 알고 있었다. 그러나 그는 철저하게 괴로워함으로써, 자기의 인류에 대한 사랑을 보이고 싶었다. 그런데 고난의 극한까지는 아직 도달하지 못하였다. 극심하고도 끊임없는 고통 가운데서 죽지 않으려고 한다면 굳센 의지가 필요하였다.

예수는 겨우 팔 미터 앞에 서 있는 자기의 사랑하는 사람들을 바라보았다. 요한의 팔은 예수의 어머니를 감싸듯이 껴안고 있었다.

요한의 반대편에는 성모의 자매가 있었다. 또 예수가 일찍이 일곱 악귀로부터 구해낸 막달라 마리아가 있었다. 그리고 그녀는 신심 깊은 살로메의 곁에 서 있었다.

메시아는 십자가에서 요한을 향하여 눈짓을 했다. 요한은 그 신호를 눈물어린 흐릿한 눈으로 보았다. 그리고 저 혼자 거기에 갈 것인가, 메시아의 어머니와 함께 살 것인가, 얼른 판단이 가지 않았다. 부인들과 작은 목소리로 말을 주고받고 나서, 그는 마리아와 함께 가기로 결정했다.

병사들은 그들이 접근하는 것을 보고 집창하고 일어섰으나, 백부장이 소란을 피우지 말라고 병사에게 명했다. 그들은 검은 바위에 걸터앉아서 보고 있었다. 마리아와 요한은 천천히 바위로 올라 거의 예수의 정면에 섰다. 그들은 예수의 눈 아래, 겨우 삼십 센티미터 거리에 서 있었다. 그러나 예수의 몰골을 본 마리아는 흐느끼며 고개를 떨구었다.

예수는 그들로 하여금 연민의 정을 일으키고 싶지는 않았다. 그는 두 사람에게 알릴 것이 있었다. 그의 의부 요셉은 훨씬 전에 죽었고, 오직 하나뿐인 아들인 자신이 이제 이렇게 죽어가고 있으므로, 마리아의 만년晩年을 지켜보고 돌보아 줄 사람이 없게 된다. 많은 친척들이 마리아를 어려운 지경에 빠지게 버려두지는 않을 것이다. 그러나 예수는 친척들이 아무리 친절히 대해 준다 해도 자기의 모친이 이 친척 저 친척 차례로 돌림이 되는 것을 원하지 않았다.

그는 말을 할 수 있도록 십자가 위로 몸을 조금씩 끌어올렸다. 무릎을 펴서 숨을 쉴 수 있게 되기까지 그는 이를 악물고 고통을 견디었다. 그러고서 그는 말을 아끼는 듯이 말했다. "어머니여, 보십시오. 당신의 아들입니다." 마리아는 요한을 보았다. 예수는 이번에는 요한을 뚫어지게 바라보면서 말했다. "아들이여, 보아라. 그대의 어머니이시다." 제자 요한은 그의 팔로 마리아를 더욱 굳게 껴안았다. 그는 메시아의 눈을 쳐다보며 끄덕였다. 그는 그의 말뜻을 알아들은 것이다.

그는 뒤를 돌아 다른 사람들이 있는 곳으로 되돌아왔다. 이것은 인자人子에게 슬픈 시간이었다. 예수는 모친의 뒷모습을 바라보았다. 그녀의 머리는 허리까지 이르는 모가 난 베일에 싸여 있었다. 자기가 껴안고 싶었던 그녀의 몸이 요한에게 부축을 받으며 멀어져 갈 때, 예수의 눈은 흐려지고, 일순간 더 큰 고통 때문에 죽음의 고통은 덜해진 듯했다.

그것은 충분한 작별인사는 아니었다. 그는 하고 싶은 말이 더 있었다. 아들로서의 애정을 웅변적인 말로 나타내지 않으려는 마음을 열어 보일 수도 있었다. 그녀를 얼마나 사랑하고 있는지, 그녀의 가르침은 그에게 어떠한 뜻이었는지, 또 그가 사명을 다하고 있는 사이에 그녀의 고민을 어느만큼 이해하고 있었는지, 이 무서운 시기에 그녀의 슬픔 때문에 자기는 얼마나 괴로운 생각을 하고 있는지 따위를 그녀에게 알릴 수 있었을는지도 모른다. 그러나 그는 그렇게는 하지 않았다.

이와 같은 말은 그녀의 한을 진정시키기는커녕 도리어 그것을 조장하고 슬픔 위에 살아가는 쓰라림을 주게 될 것임을 예수는 잘 알고 있었다. 오히려 몇 마디의 중요한 말로써 그것을 나타내는 편이 나았다. 그러나 슬픔의 밑바닥에서, 그녀는 자식의 궁극의 승리를 깊이 감득하고 있었는지도 모른다.

시간은 흘러갔다. 대제사들은 걱정하고 있었다. 오후 세 시에 가까워지고 있었는데, 예수나 도적은 이제 오래 견디기 어려워 보였다. 제사들은 시간에 무관심할 수는 없었다. 앞으로 세 시간이면 안식일이 찾아든다. 그래서 잠시 의논한 다음, 서둘러 사자使者를 보내어, 세 사람을 속히 처리하여 일몰 전에 매장하도록 명령을 내려 달라고 빌라도에게 청원했다.

예수는 죽어 가고 있었다. 잠시 동안 그는 힘없이 늘어져 있었고, 그의 눈에는 사랑하는 사람들도 성벽도 대제사들도 흐릿하여 잘 보이지 않았다. 눈앞이 점점 어두워지고, 예수는 죽음이 임박한 증거로 섬뜩한 충격을 느꼈다. 그는 애써 한 번 더 숨을 쉬고, 손목 쪽으로 몸을 조금 끌어올려 세상이 몽롱해지는 것을 막으려 했다. 몸이 위로 오르자, 그는 가쁜 숨을 쉬며 다시 이 세상을 볼 수가 있었다. 그는 큰 소리로 외쳤다.

"엘리, 엘리, 라마 사박다니?"(내 하느님이시여, 내 하느님이시여, 왜 나를 버리시나이까?) 그 소리는 매우 컸으므로 구경꾼 중의 어떤 자는 그가 예언자 엘리야를 부르는 것이라고 생각했다.

"저것은 엘리야를 부르고 있는 것이다." 한 사람이 이상한 듯이 말했다. 다른 자가 "엘리야가 그를 구하러 오는가 어떤가 어디 보자" 하고 말했다. 그러나 예수는 예언자를 부른 것이 아니었다. 아버지를 부른 것이다. 그는 괴로워하면서—그 괴로움은 인간으로서의 육체적 고통이 견딜 수 없어서 의식을 잃을 정도는 아니었다—이 기도의 말을 올린 것이다.

의식이 또렷해졌다. 그는 주위를 둘러 보았다. 눈앞의 세상은 다시 분명해졌다.

그는 친근한 사람들의 고뇌를 보았다. 또 승리를 뽐내는 제사를 보았다. 제사들은 그가 너무 고통스러워 그저 예언자에게 구원을 청하고 있다면, 그가 하느님의 아들일 까닭이 없다고 생각했다.

"목이 마르다!" 예수가 말했다. 그 소리는 빈정거리는 것같이 작은 언덕에 공허하게 울렸다. 누가 그를 도울 것인가. 그가 거기 있는 것은 죽기 위해서이지 마시기 위해서가 아니다. 그가 몸을 위로 끌어올리려 하자 팔의 근육이 경련을 일으켰다. 뒤쪽의 한 병사가 그 말을 들었다. 그는 일어서서 어두운 하늘을 쳐다보았다.

그는 창을 잡고, 거기에다 스폰지를 찔러서 포스카를 담은 병에 창끝을 넣었다. 포스카는 군대의 보통 음료로, 시큼한 포도주와 물과 달걀을 혼합해 만든 것이었다. 창끝에서 즙을 방울방울 흘리고 있는 스폰지는 메시아의 입술에 내밀어졌다. 그러나 그는 먹으려 하지 않았다. 시큼한 음료는 그의 터진 입술 위에서 반짝이면서 수염을 따라 흘러 떨어졌다. 병사는 어깨를 움츠렸다. 그는 스폰지를 창끝에서 떨어버리고 십자가 뒤에 걸터앉았다.

# 오후 세시 다 이루었다

예수는 또 몸을 조금씩 위로 끌어올렸다. 그는 다시 외쳤다. "아버지여, 내 영혼을 아버지 손에 맡기나이다." 한 병사가 십자가 앞을 향해 다시 한 번 바라보았다. 그러고는 되돌아와 바위 위에 옆으로 누웠다.

예수의 폐부에서는 마지막 말이 흘러나왔다. "다 이루었다." 예수의 몸은 십자가 위에 축 늘어졌다. 예수는 스스로의 의지로 죽은 것이었다.

땅 밑으로 한떼의 동물이 폭주하고 있는 듯한 음향이 울렸다. 새로운 미풍이 들꽃에 잠시 불어 왔다.

대지는 흔들렸다. 작은 균열이 서에서 동으로 갈라져 달리고, 처형장의 큰 바위를 가르고, 길을 가로질러, 예루살렘의 성문을 지나, 거리와 성전을 꿰뚫어, 성전 본전에 있는 베일을 위에서 아래까지 찢고, 다시 동으로 향하여 큰 성벽을 흔들고, 성 밖 묘지의 무덤을 헤치고, 기드론 내를 마구 흔들어대면서, 사해死海에까지 이르렀다. 그 결과 흙이며, 바위며, 산에 균열을 남겨 놓았다. (당시 사람들에게 대지가 갈라진 현상은 흔히들 말하는 보통의 이변이라고 생각되었을 것이다. 그들은 분명 그때까지 지진을 경험한 적이 있었을 테고, 성전의 베일이 찢어졌다는 사실은 민중에게는 알려지지 않았으리라.)

백부장과 병사의 일부는 깜짝 놀라 펄쩍 뛰었다. 그들은 십자가가 있는 곳으로 와서, 예수와 어두운 하늘과, 큰 바위의 균열을 바라보았다. 백부장은 머리를 숙이고 다른 사람을 향해 말했다. "참으로 저이는 하느님의 아들이었다." 그는 고민하고 있었다. 그리고 예수의 친지들 쪽을 아마 무슨 질문이라도 하려는 듯 뒤돌아 보았으나, 그들이 이미 메시아의 모친을 인도하여 성문 옆 십자로를 향하고 있음을 알았다.

그들은 다들 울고 있는 것 같았다. 백부장은 부유한 차림의 한 사나이가 잰 걸음으로 성문을 향하고 있음을 발견했다. 아베나달은 이 사나이를 알지 못했으나, 그가 한 시간쯤 전에 다른 사람들과는 동떨어져서 오직 혼자 예수의 얼굴을 딱한 듯이 바라보고 있는 것을 무심히 보았었다. 그는 아리마대의 요셉이었다. 그리고 백부장은 빌라도의 한 파수병이 대제사들과 이야기하고 있는 것을 알아차렸다. 그는 수상쩍게 생각하면서 자기 담당 장소로 다시 돌아왔다.

병사들은 바위 위를 걸어와서, 대제사들이 빌라도를 만나러 갔다고 대장에게 알렸다. 만약 일몰까지도 죄인이 죽지 않는다면 골고다의 언덕은 더럽혀질 것이고, 유대인은 이후부터 여기에 발을 들여놓을 수 없게 된다고 빌라도에게 알린 것이다. 빌라도는 예수의 사건을 마무리짓고 싶은 심정이었다. 그는 두 병사를 불러, 제사와 함께 골고다로 되돌아가서 즉시 죄인의 발을 꺾어 버리도록 명했다.

아베나달은 세 십자가 쪽을 조용히 턱짓하여 파수병에게 작업을 시작하라고 명했다. 한 사람은 창을 들었고, 또 한 사람은 두께 삼 센티미터, 세로 팔 센티미터, 가로 일 미터쯤 되는 널조각을 들고 있었다. 두 병사는 상의한 다음 왼쪽에서부터, 즉 말수 적은 자부터 시작하기로 했다.

그는 병사들이 다가오는 것을 보고, 그들이 자신의 발을 꺾어 죽음을 빨리하려 한다는 것을 알아차렸다.

도적이 십자가에 늘어져내려 몸을 다시 끌어올릴 기색이 없어지자, 둘은 예수쪽으로 걸음을 옮겼다.

창을 든 사나이가, 이 사람은 이미 죽었다고 말했다. 그는 동료 한 사람을 비켜 서게 하고 자기는 한 걸음 물러서서 창 자루 가운데쯤을 잡고 뒤로 당겼다가 메시아의 가슴 오른쪽을 겨누었다.

이 사나이가 죽은 체하고 있지 않은가를 확인하려고 했다. 창은 앞으로 날아, 다섯번째와 여섯번째의 늑골 사이에 꽂혔다. 그것은 늑막을 꿰뚫고 허파의 일부를 찢고는 심포心包에서 멈추었다. 시체는 보통, 피를 흘리지 않는다. 그러나, 심장의 우심실右心室은 죽은 뒤에도 혈액을 남기고 있어, 외낭外囊에는 심낭수心囊水라고 불리는 액이 있다. 병사가 창을 빼자 피와 물이 나와서 몸을 따라 내리흘렀다.

두 사람은 정치적 도적 쪽으로 걸음을 옮겼다. 그는 불평하기에도 지쳐서, 널조각을 가진 사나이가 자기 곁에서 작업태세를 취하는 것을 잠자코 무서운 듯이 바라보고만 있었다. 빌라도의 두 파수병은 십자가 앞에 서서 죄인에게 숨이 남아 있는가 어떤가를 확인하려고 둘러보았다. 말수 적은 사나이, 메시아, 그리고 정치상의 도적, 세 사람은 조용히 십자가에 늘어져 있었다. 파수병들은 안토니아성으로 돌아갈 허락을 백부장으로부터 받았다. 아베나달은 도구를 챙기고 나서 부대를 인솔해 돌아가자고 말했다.

그날 오후 아리마대의 요셉이 한 일은, 상당한 용기와 사내다움을 요하는 일이었다. 그는 안토니아 성으로 가서 빌라도에게 면회를 신청하여 허락되자, 곧 나사렛 예수를 매장할 허가를 청원했다.

빌라도는 놀랐다. 그는 예수가 이미 죽은 줄을 아직 모르고 있었다. 요셉은 자기 눈으로 그의 죽음을 확인했다고 말했다. 이 문제를 해결하기 위해 빌라도는 한 기병에게 명하여, 곧 골고다로 가서 아베나달의 보고를 가지고 오도록 말했다. 요셉은 기다리고 있었다. 이것은 그에게 계제가 좋지 않은 회견이었다. 왜냐하면 시체의 매장을 청원함으로써, 대산헤드린의 일원이자 유명한 사두개파 문벌의 가장인 그가, 예수의 비밀 제자였다는 사실이 알려지기 때문이었다.

그는 기다리고 있었다. 예수라는 사나이가, 널조각을 가진 병사가 발을 꺾는 작업에 착수하기 전에 죽었다는 보고가 도착되었다. 빌라도는 어깨를 으쓱하며 즐거운 듯이 머리를 숙이고, 요셉에게 유대 관습에 따라 시체를 내려서 안식일 전에 매장할 것을 허락했다.

이 유대인 원로의 한 사람은 그에게 감사하다는 인사를 한 다음 이중 아치문을 급히 빠져 나와 예루살렘 거리에 나섰다. 거기서 그는 우연히도, 한밤중에 예수를 방문했던 일이 있는 바리새파의 니고데모와 마주쳤다. 요셉은 얼마 전 골고다 뜰에 매장터를 설치해 놓았으므로 거기에다 예수의 시체를 매장할 작정이라고 말했다. 니고데모는 조금도 서슴지 않고 말했다. "나도 저분의 말씀이나 행동에 이상할 정도로 감동되었으므로, 예수가 명예있는 인간으로서 매장되도록 장례를 돕고 싶습니다."

예수가 죽었을 때, 그 매장 일에 나선 사람은 베드로나 요한이나 혹은 어젯밤 식사 때 가슴을 치면서, 누가 가장 예수를 사랑하고 있는가고 큰소리 치던 사람들이 아니라, 한 사람의 사두개파, 한 사람의 바리새파, 그리고 한 사람의 이교도에 의해서 준비되었던 것은 거의 통속소설에나 있음직한 아이러니였다. 로마인의 관습으로는, 시체를 십자가에 단 채로, 썩은 고기를 먹는 새나 개나 그 밖의 작은 동물에게 내맡겨, 벌레가 뼈만을 남길 때까지 방치해 두는 것이었다. 그 관례를 깨고, 죽음이 확인된 자를 내려서 안식일 전에 매장하는 것을 유대인에게 허용한 것은 아우구스투스 황제였다.

요셉과 니고데모가 골고다에 간즉, 두세 제자들은 아직 거기에 남아 있었으므로 이 나라에서 존경받는 사람이 두 사람씩이나 대중이 보는 앞에서 독신자를 매장한 사실을 안다면 스캔들감이 될 것이다. 그렇게 되리라는 것을 요셉도 니고데모도 알고 있었다. 이와같이 그들은 메시아의 생전에는 자기들의 신앙을 숨기고 있었지만, 그가 죽은 이제에 와서, 일생 동안 자기들에게 돌아올 비난을 감수할 것을 결심했다. 예루살렘을 대표하는 권력자는 십자가에 달린 죄인을 도운 이 두 사람을 용서하지 않을 것이다.

하인을 집에 보내어, 사십오 킬로그램의 향료(몰약沒藥과 침향沈香을 혼합한 것으로, 시체에 마지막으로 바르는 기름으로 쓰였다)를 가지러 보낸 것은 니고데모였다. 요셉은 휘장으로 쓸 폭넓은 고급 리넨을 샀다. 그는 또다른 약품이나 깃털을 샀다.

그들은 골고다에 도착하자, 예수의 친지들이 있는 데로 갔다. 그리고 요셉은 요한에게 시체 매장 허가를 로마인으로부터 얻었다고 알렸다. 안식일을 더럽히지 않기 위해 서둘러 할 필요가 있다고 그들은 말을 주고받으면서, 요셉은 최근에 바위를 뚫어 만든 가까운 매장터를 가리켰다.

요한은 시체를 내리는 일만을 거들겠다고 제의했다. 의로운 두 사람은, 이제 로마인도 없으니까 그런 일은 자기들이 맡겠다고 말하면서, 요한더러는 성모 곁에 있어 달라고 당부했다. 구경하고 있던 지위 높은 두세 제사는 가까이 다가와서 그들의 말을 듣고서, 유대인의 위대한 성전 지도자 두 사람씩이나 독신자의 친척들과 함께 있는 것을 보고는 놀라 잠시 어안이 벙벙했다. 그리고 예수가 요셉의 매장터에 묻힌다는 사실을 알고는, 두 사람에 대해 불평을 털어놓고, 안나스에게 보고하러 예루살렘으로 돌아갔다.

요한은 메시아에 대한 마지막 애정을 보이는 일을 자신이 하겠다고 고집하며, 성모는 여인네들에게 부탁하면 좋은 것이라고 말했다. 요한은 다른 제자들이 그 자리에 있지 않는 것을 부끄러워하고 있었다. 주가 예언한 바와 같이, 양치기가 습격당했을 때 그들은 양떼처럼 산산이 흩어지고 말았다. 사랑하는 예수가 최후의 이때까지도 아직 제자 아닌 다른 사람 손에 있다고 생각하니, 요한은 슬펐다.

요한은 자기도 두 사람의 일을 거들겠다고 말하며 막무가내였다. 시체에 애정이 깃든 손을 얹을 자로서, 고인의 모친을 위탁받은 자기보다 더 마땅한 자가 또 있겠는가?

여인들의 작은 한 무리가 문 곁에 있을 뿐, 그 밖에 다른 사람은 없었다. 세 사람의 마리아는 값비싼 향유를 사러 누군가를 거리로 보내야 하지 않을지 말을 주고받았다. 이것은 여자들이 할 일이었다. 남자들도 그렇게 하는 것이 좋으리라고는 생각했으나, 그럴 수 없었다. 시간이 촉박했으므로 황급히 장례를 치르지 않으면 안 되었다. 그들은 니고데모가 향료를 사 왔다고 설명했으나, 여인들은 거기에 별로 감동하는 빛을 보이지 않았다. 그들은 눈물 이외에 아무것도 바친 것이 없다고 생각했으므로. 그들도 마지막 사랑의 흔적으로 뭔가 하고 싶었다. 요한은, 내일이나 일요일에 여인들이 향료를 가지고 오면 좋겠다고 제안했다. 그는 여인들의 얼굴에서 슬픈 듯한 절망의 빛을 보았다. 아리마대의 요셉은 리넨 천에 향료를 먹이는 작업을 여인들이 하면 어떠냐고 말했다. 그녀들은 마음을 돌려먹고, 얼굴을 약간 쳐들었다. 요셉은 중년남자로서, 젊은 요한보다는 여자의 심리를 잘 파악하고 있었다.

남자들은 십자가로 가까이 다가갔다.

그것은 생각보다 간단한 작업은 아니었으나, 그들은 애써서 못을 흔들어 헐겁게 했다. 예수의 몸뚱이가 못으로부터 떨어져 나오자, 세 사람은 그를 들어올려서 몸을 씻기 위해 평평한 바위로 옮겨갔다.

여인들이 접근해 오는 것을 그들은 보았다. 알페우스의 마리아와 막달라 마리아가, 울면서 오고 있는 성모를 만류하고 있는 것이 멀리서도 보였다. 요한은 시체를 떠나서 성모 곁으로 급히 달려갔다. 조용한 목소리로 간청하듯이, 예수의 죽음은 패배가 아니라 영광스런 승리요, 이 희생을 치르기 위해서 이 땅에 왔으므로, 어머니가 슬퍼한다면 자기도 마음이 아플 것이라고 말한 예수의 말씀을 상기시켰다. 열심히 말을 하면서도, 요한 자신도 울음을 터뜨리고 말았다.

그녀를 설득시켜 돌아가게 할 수는 없었다. 기어코 그녀는 아들의 시체 곁으로 왔다. 아직도 십자가에 달린 것처럼 그는 바위에 뉘여 있었다. 아리마대의 요셉은 예수의 머리 맡에 무릎을 꿇고, 젖은 수건으로 얼굴을 조심스레 닦았다. 또한 엄지손가락으로 그의 눈을 감겼다. 목이며 어깨를 씻고 나서, 그는 마른 리넨 천으로 머리를 단단히 감은 다음 입을 봉했다.

마리아는 아들이 누운 바위에 걸터앉아 있었다. 남자들은 일을 서두르면서도 가끔 그녀를 보았다. 그들은 측은한 마음에서, 그녀가 가 주었으면 하고 생각하고 있었다. 그녀의 흐느낌을 듣지 않고서도 이 작업은 괴로운 일이었다. 한 사람이 피로 물든 등의 머리에서 발꿈치까지 씻기고 있는 동안에, 다른 두 사람은 시체를 모로 들추지 않으면 안 되었다. 마리아는 아들이 있는 바위에 앉아 있었다.

다른 두 여인은 성모의 손을 가볍게 두드리며 용기를 내라고 격려하면서 그녀의 앞에 서 있었다. 니고데모는 리넨의 천을 풀어서 시체 옆에 펼쳐 놓았다. 세 사람은 예수를 들어올려 천 위에 내려놓았다. 몸의 일부에는 향료가 발라져 있었다. 이것이 끝나면 팔을 아래로 펴고 발을 꼿꼿이 해야 한다는 것을 남자들은 알고 있었다. 그들은 성모의 면전에서 이 작업을 계속하고 싶지 않았다.

요셉이 이 문제를 해결했다. 남자들끼리 시체를 무덤 어귀까지 옮겨가서, 거기서 장례의 나머지 작업을 진행하면 어떻겠느냐고 말을 꺼냈다. 여인들은 반대하지 않았다. 세 사람은 리넨 천에 얹힌 시체를 들어올려서, 북북서 방향으로 삼십칠 미터쯤 떨어진 낮은 곳으로 조심조심 옮겨갔다. 매장터 입구쯤에서 시체는 널조각 같은 돌 위에 놓였다. 요한은 리넨 여러 필ᵖ을 여인들한테로 가지고 가서, 그것에 향료를 먹이도록 부탁했다. 그들은 부탁을 쾌히 받아들여, 구세주를 위해 봉사 함으로써 자신들의 슬픔을 위로했다.

묘는 호화로운 것은 아니었다. 가족용 매장터를 만들 수 있는 사람의 기준으로 보면 그것은 보통 정도였다. 그것은 제나도 문을 바라보고 있는 사 미터 높이의 언덕 중턱에 만들어져 있었고, 입구에서부터의 길이는 오 미터 정도 되었다. 바닥에서 천장까지는 이 미터이고, 벽과 벽 사이는 일 미터 오십 센티미터였다. 아리마대 요셉은 그것을 자기가 쓰려고 만들었고, 아들이나 손자가 쓰고 싶다면 더 확장할 작정이었었다.

묘 앞에는 넓게 트인 안마당이 있었다. 입구의 높이는 일 미터 오십 센티미터도 안 되었고, 직경 일 미터 오십 센티미터, 두께 십오 센티미터 정도의 맷돌 같은 돌로 닫혀 있었다. 이 돌은 한 사람의 힘으로는 도저히 움직일 수 없을 정도의 무게였다. 그것은 중앙이 우묵한 문지방에 꼭 끼여 있어서, 돌을 치우려면 둘 이상의 사람이 그것을 입구에서 움직이는 동시에, 다른 한 사람이 무거운 고임돌을 가지고 구부리고서 대기하고 있지 않으면 안 되었다. 돌을 입구의 좌우 어느 쪽으로 움직여도 문지방의 홈에 걸려 있도록 되어 있었다. 그러므로 돌 자체의 무게로 항상 무덤 정면은 막혀 있었다.

그 돌 안쪽은 현관으로 되어 있고, 안 길이는 이 미터쯤으로, 굴의 다른 부분과 같이 석회암을 도려 파낸 것이었다. 천장은 조잡하게 손질되어 있었다. 매장터와 현관은 약간 불거져 나온 바위의 돌

출부로써 구획되어 있었다. 그 사이의 경계는 일 미터 정도의 높이로, 성묘하는 사람들이 들어올 때에는 몸을 많이 구부리지 않으면 안 되었다.

입구의 오른쪽에는 평평한 석판이 있어서, 성묘하는 사람들이 앉도록 되어 있었다. 세 사람이 서둘러 예수에게 마지막 도유塗油를 한 것은 이 옹색한 돌 위에서였다. 그들은 양초를 켜서 벽에 세웠다. 니고데모는 이런 일에 익숙해져 있었다. 그래서 예수의 시체가 안치되자, 운명했음을 확인하기에 필요한 시간 동안, 즉 약 십오륙 분 간 시체 코 밑에 깃털을 갖다 댄 것도 니고데모였다. 깃털이 이 시간 동안에 움직이지 않으면 혼은 육체를 떠난 것이 된다.

깃털은 움직이지 않았다.

성전 주위에는 수천의 램프가 이미 점등되었고, 일부 사람들은 앞으로 두 시간 후로 임박한 안식일을 두 가지 의미로서 기대하고 있었다. 그날의 최후의 희생은 대체로 끝나고, 어린 양을 멘 남자들은 폭포수같이 무리지어 호화로운 대리석 계단을 내려오고 있었다. 이 시각, 깊숙한 방 안에서는 예수라는 사나이의 죽음을 목격한 대제사들과 안나스가 비공식 회의를 열고 있었다.

안나스는 늙은 나이로 현명하였다. 그리고 대제사들이 요셉과 니고데모가 예수의 제자 행세를 하고 있던 사실을 두려운 듯이 말하고 있는 것을 그는 듣고 있었다. 이 노인은 거의 놀라지 않았다. 대산헤드린 의원들의 이단적인 행위는 오랜 세월에 걸쳐 몇 번이고 보아 온 일이었다. 안나스는 몇 개의 종교적인 학파가 새로 일어나서 유행하다가는 쇠퇴하여 사라져 가는 것을 이제까지 보아 왔다. 또 군중이 새로운 종교적 철인이 나올 때마다, 그 앞에 달려가 그 사람이 하느님으로부터 보내진 이라고 생각하고 그를 예배하는 것을 보아 왔다.

이것은 그리 중요한 일은 아니었다. 니고데모나 요셉도 회개하고 성전으로 되돌아오든가, 대산헤드린의 공식 집회에서 대결이 불가피하다면, 이단의 설을 받아들인 것으로 비난받게 되리라. 그들은 그 이단을 인정하고 떠나가든가, 혹은 그것을 부정하고 다른 명예로운 동지들과 함께 의원직을 계속해 나가리라.

다만, 안나스가 걱정한 것은 사기꾼 예수의 설교 가운데서, 사흘 만에 그가 다시 살아나리라고 한 말이었다. 그가 죽은 지금, 또 한 가지의 일이 남아 있었다. 아침이 되면 신분 높은 제사를 빌라도에게 보내어 아리마대 요셉의 매장터 앞에 파수병을 두도록 부탁하고, 그 사나이의 교활한 신자들이 시체를 훔쳐내어, 얼마 후에 그가 죽은 사람 가운데서 되살아났다고 우기지 못하도록 하지 않으면 안 된다.

그래서 사위 가야바며 그 밖의 사람들이, 부끄럽게도 무서워하는 이야기가 끝나자, 안나스는 늙은 입술을 혀끝으로 연방 핥으며, 예수가 한 부활의 약속에 대해 더욱 신경을 쓰도록 충고했다.

대제사들은 거기까지는 생각이 미치지 못하였으므로, 갑자기 와글와글 떠들어대기 시작했다. 안나스는 그들에게 말이 새어 나가지 않도록 하고, 대표를 임명하여 안토니아의 이교도 빌라도의 처소로 보내어, 될 수 있으면 며칠 동안만이라도 로마의 파수병을 그곳에 배치해 주도록 부탁했다.

이 일의 의의는 두 가지가 있었다. 첫째는, 겟세마네에서 처음 습격할 때 로마인을 한패로서 끌어들였던 것과 같은 효과가 있기 때문이다. 일단, 한패가 된 이상, 로마인은 시체를 도난당하지 않도록 하여, 자기들의 권익을 지키지 않으면 안 된다. 둘째는, 로마인의 말은 당시 예루살렘의 민중에 대하여 영향력을 가지고 있었다. 예수가 무덤에서 되살아나지 않았다고 제사가 말한다고 해도, 갈릴리인의 수천 신자들은, 그를 십자가에 단 흑막을 숨기기 위해서 제사가 거짓말을 하고 있다고 말할 것이다. 그러나 로마인이 그렇게 말한다면, 이교도는 이 문제에 아무 이해관계가 없는 것이라 생각하여 그들의 말을 신용하리라. (다음날 아침 위원들이 빌라도를 방문하였으나 총독은 그 계획에 가담할 것을 거절했고, 대제사장이 자기의 파수꾼에게 시체를 감시하도록 명했다. 그들은 분부대로 예수가 묻힌 묘에 봉인을 하였다. 예수가 일요일 아침 부활하자, 대제사들은 파수꾼이 잠든 사이에 시체를 도둑 맞은 것이라고 우겼다.)

가야바는 장인을 위대한 지혜의 소유자라고 극구 칭찬했다.

# 오후 네시 예수의 사명

깃털은 치워졌다. 요한은 다른 여인들이 있는 데로 가서 그들이 향료를 먹인 리넨 천을 모아 왔다. 남자들은 소리도 내지 않고 작업을 서둘렀다. 한 사람은 엄지손가락으로 시체에 향유를 문질러 배어들어 가게 했다. 또 한 사람은 천을 잘게 째어 좁고 긴 끈을 만들었고 세번째 사람이 그것을 발이며 팔에 꼭 감았다.

커다란 흰 천은 몸을 덮는 데에 쓰이는데, 세 사람은 발톱 끝 즈음에서 육칠 센티미터 남기고 잘라냈다. 좁고 긴 끈은 목과 허리와 두 발목을 묶는 데 쓰였다. 수의 위쪽은 머리쪽으로 가게끔 되어 있고, 누구의 시체인지 확인하기 위해 목 둘레에 감긴 끈은 언제든지 얼굴을 들춰 볼 수 있도록 되어 있었다. 매장 후 한두 주일 동안은 머리 부분의 수의를 접어 내려 머리가 노출되도록 해 놓는다. 허리 부분을 묶는 끈은 팔이 몸뚱이에서 떨어져 흔들리지 않도록 하기 위한 것이고, 셋째 것은 두 발목이 서로 분리되지 않도록 하기 위한 것이었다.

이것이 끝나자 세 사람은 예수의 시체를 끼고서 안으로 향하여 몸을 구부리고 입구를 빠져 들어갔다. 그들은 오른쪽 돌 선반에 예수를 안치했다. 시체는 예루살렘 쪽을 향했고, 머리의 밑 부분은 선반의 다른 부분보다도 조금 높게 되어 있었다.

그들은 서둘러서 시체가 똑바르게 안치되도록 했다. 흰 천은 얼굴에서 벗겨졌다. 향료의 냄새가 매장터 동굴 안에 짙게 떠돌았다. 요한은 세 사람의 마리아를 데려오려고 급히 밖으로 나왔다. 돌아오는 길에 그는 여인들에게, 오늘은 서둘러 한 작업이라 예수의 시체는 적절한 도유塗油가 되지 못했지만, 내일이든 일요일에 다시 막달라 마리아와 알페우스 마리아가 향유를 사 가지고 와서 주에게 참배하는 것이 좋겠다고 말했다.

안은 어둡고, 꺼져 가는 촛불의 깜박이는 그림자와 누르스름한 빛이 있을 뿐이었다. 매장터 안은 극히 비좁았으므로, 여인들을 들이기 위해 남자들은 밖으로 나오지 않으면 안 되었다. 성모는 몸을 굽히고 맨 먼저 들어갔다. 긴 베일을 걸친 그녀의 그림자는, 신성神性을 갖춘 자식을 내려다볼 때 시체 위에 검게 뻗어 있었다. 이젠 울 수도 없다고 그녀는 생각했다. 그녀의 뒤에는 다른 두 마리아가 서 있었다. 그녀들은 이 죽음이야말로 예수가 바라고 있던 일임을 상기했지만, 인간에게는 슬픈 때임을 생각하고 있었다.

이삼 분 그러고 있다가 떠나려고 몸을 굽히면서, 메시아를 찬양하기 위해 다시 이곳에 오자고 그들은 낮은 소리로 말을 주고받았다. 막달라는 곧 그곳을 나와서, 거리로 향수를 사러 가고 싶어했다. 그러나 니고데모는 안식일이 절박해 있다고 그녀에게 일깨웠다. 내일이라도 늦지는 않다고 말했다.

요한은 안으로 되돌아가서 촛불을 하나씩 껐다. 점차로 예수의 시체가 보이지 않게 되다가, 드디어 동굴 안의 어둠 속으로 사라져 버리고 말았다. 그는 밖으로 나와 아리마대의 요셉과 니고데모에게 새삼 감사의 말을 하려 했으나, 그들은 들으려 하지 않았다. 둘은, 요한이 알지 못하는 여러 가지 사정이 있다고 말했다.

세 사람은 우선 돌문을 입구에서 멀리 밀어올렸다. 그렇게 하면 고임돌을 치우기 쉽게 되기 때문이었다. 그리고 미련이 남은 심정으로, 휘어진 문지방으로 천천히 돌을 굴리자 이윽고 돌은 입구를 딱 막았다.

니고데모는 빈 향료 상자와 리넨 천 조각을 들고, 성모의 얼굴을 오랫동안 뚫어질 듯이 바라보고 있었다. 그러고는 작별의 인사도 없이 돌아서서 그곳을 떠나갔다. 요셉은 부인들에게 머리를 숙여 인사하고 니고데모의 뒤를 따랐다. 젊은 요한은 커다란 둥근 돌문을 쓸쓸히 바라보며, 예수의 어머니 마리아에게 이제는 돌아갈 시간이라고 말했다. 마리아는 가볍게 끄덕이고, 새 아들 요한을 바라보며 살짝 웃어 보였다. 그는 마리아의 손을 잡고, 들꽃이 피어 있는 뜰을 빠져나와 세 개의 나무기둥이 서 있는 바위 둔덕을 올라, 길을 가로질러 성도의 문을 통과했다.

알페우스의 마리아는 돌아가고 싶지 않다고 하며 큰 바위 앞에 앉아, 회갈색의 도틀도틀한 바위면에 등을 기대었다. 막달라 마리아는 그 곁에 앉았다. 둘 다 돌에 기대고 있었다.

매우 긴 하루였다. 기억할 만한 일이 많이 있는 날이었다. 사람에 따라 그날은 여러 가지로 기억되었다. 처형, 그것이 공공연히 진행되었음에 반해서, 사건의 대부분은 비밀리에 진행되었다. 갈릴리의 작은 동네나 동쪽 여리고의 개척지에 이 소식이 닿기까지는 몇 주일이나 걸릴 것이다.

예수 신자들의 슬픔은, 맹렬한 불꽃을 내며 타는 휘발성의 연료와도 같이 급속히 타 없어질 것이다. 그들에게는 예수의 진심은 이해되지 않았다. 극히 짧은 동안이기 했지만, 그들은 몰랐다. 그들의 생각으로는 이 사건은 슬픈 패배였다. 그러나 실은 그렇지 않다.

그것은 그들의 상상을 넘은 승리였다. 예수는 죽기 위해 이 땅에 왔다. 이제 막, 그는 죽었다. 그는 그 새로운 약속을 가르치기 위해 와서, 이제 그 임무를 끝마친 것이다. 영원한 생명으로 통하는 길은 바로 사랑, 즉 사람들이 서로를, 모두가 예수를, 예수가 모두를 사랑하는 일이며, 그는 이를 모든 사람들에게 알리기 위해 왔다. 그리고 그는 사람들을 위해 연속된 고문 가운데에 자신의 몸을 둠으로써, 이것을 입증했다.

그는 유대인 혹은 이교도 등 특정한 자를 위해 죽은 것이 아니었다. 그는 인간, 아니 전 인류를 위해 죽었다. 그와 그의 아버지는 구약에 불만이었기 때문에, 신약의 기초를 놓기 위해 팔레스타인에 왔다. 아버지는 로마인, 그리스인, 이집트인에게 약속한 일은 없었다. 그는 모세를 통하여 유대인과 약속했다. 그러나 유대의 지도자들은 수세기 동안에 그 약속을 깼고, 드디어 신앙은 형식적인 것이 되었으며, 마음 가운데의 사랑이 메마르게 된 것이었다.

만약 구약에 대신해서 신약이 만들어지는 것이라면, 그것은 같은 민족을 상대로 하여 이루어져야 할 것이다. 그 때문에 그는 팔레스타인에서 죽고, 그 때문에 팔레스타인의 많은 도시 중에서도 성도聖都 예루살렘, 즉 그의 아버지의 거리에서 죽지 않으면 안 되었다. 대제사들은 그의 가르침을 받아들이지 않고 그를 속여 죄를 씌워서는 모함하여 죽였다. 그러나 민중은 그렇지 않았다. 민중은 메시아를 마음속으로부터 갈망하여 구하고 있었다. 그리고 예수는 민중이 그리는 영광을 몸에 지닌, 빛나는 메시아의 개념과는 일치하지 않았다고는 하지만, 그들은 자진하여 그의 말에 귀를 기울였다.

그들은 그의 가르침을 듣고, 많은 자는 세속의 재산을 버리고 그를 따랐다. 민중은 선량한 마음을 가지고 있었다.

이런 뜻으로 보아 지금, 매장터 안에 누워 있는 예수는 죽어 있는 것이 아니었다. 만약 그가 죽어 있다면 전 인류도 죽어 있다. 그들은 돌아올 길 없는 어둠을 향해 손으로 더듬더듬 더듬어 나아가고 있는 셈이다. 그러나 사실은 그렇지 않다. 그렇지 않음을 보여주는 많은 일이 있다.

이 년 삼 개월 동안 예수는 사람들에게 나아갈 길을 보여줬다. 만일 다정했던 그가 인정에만 따랐다면, 그는 오로지 병자를 고치는 데 그쳤을 것이다. 어떤 의미에서 그가 행했던 기적은 그가 사명을 달성하는 데 방해가 되었다. 그의 사명이란 다름이 아니라 복음을 가르치고 죽는 일이었다. 그의 육체는 찢겨지고, 그 기능은 그쳐버렸다. 이 희생으로 해서 그의 영혼에는 영광이 주어졌고, 또한 그는 이 희생으로써 인간에게 길을 제시한 것이다.

두 사람의 마리아는 돌에 등을 기대고 앉아 있었다. 지금 그들은 그를 사랑하고 있고, 그 사랑에 빠져서 위대한 승리, 신약, 복음 등을 생각할 경황이 없었다.

그들은 벌써 해가 빛나고 있는 줄도 모르고 앉아 있었다.

284 기원 삼십년 사월 칠일

# 참고문헌

Barbet, Pierre, M. D. *A Doctor at Calvary.*

Baroni. *Political History of the Jews.*

Bouquet, A. C. *Everyday Life in New Testament Times.*

Burrows, Millar. *The Dead Sea Scrolls.*

Danby, Herbert, D. D., translator. *The Mishnah.*

Dawson, W. J. *The Threshold of Manhood.*

Durant, Will. *Caesar and Christ.*

Edersheim, Alfred. *The Life and Times of Jesus the Messiah* (2 vols.).

*Encyclopaedia Britannica,* 1956.

Fillion, L. C., S. S. *The Life of Christ* (3 vols.).

*The Good News, the New Testament,* American Bible Society.

Goodier, Archbishop Alban. *The Passion and Death of Our Lord Jesus Christ.*

Ginzberg, L. *Religion of the Jews in the Time of Jesus.*

Gorman, Ralph, C. P. *Notes on the Passion.*

Greenstone, Julius H. *Jewish Feasts and Fasts.*

Hoade, Eugene, O. F. M. *Guide to the Holy Land.*

Hoenig, Sidney B. *Illustrated Haggadah.*

_____. *The Great Sandhedrin.*

Homan, Helen Walker. *By Post to the Apostles.*

*Jewish Encyclopedia,* vol. II.

Josephus, Flavius. *Works* (4 vols., Woodward, 1825).

Kleist, James A., S. J., and Lilly, Joseph L., C. M., translators. *The New Testament.*

Kugelman, Richard, C. P. *Political History of the New Testament Era.*

Lagrange, Père M. J. *The Gospel of Jesus Christ.*

Lebreton, Jules, S. J. *The Life and Teaching of Jesus Christ, Our Lord.*

Morgenstern, Julian. *Hebrew Union College Annual,* XVII, XVIII.

Morison, Frank. *Who Moved the Stone?*

Morton, H. V. *In the Steps of the Master.*

McDonnel, Kilian, O. S. B. "Peter, the Apostle," *The Sign,* 1955.

Notre Dame de Sion, *The Lithostrotos.*

_____. *The Morning of Good Friday at the Lithostrotos.*

Poelzl, F. X., S. T. D. *The Passion and Glory of Christ.*

Prat, Ferdinand, S. J. *Jesus Christ, His Life, His Teaching and His Work* (2 vols.).

Ricciotti, Giuselle. *The Life of Christ.*

Richmond, Ernest Tatham. *The Site of the Crucifixion and the Resurrection.*

*Saint Andrew's Daily Missal.*

Sayers, Dorothy. *The Man Born to Be King.*

Schuerer, Emil. *A History of the Jewish People in the Time of Jesus.*

Spencer, F. A., translator. *Gospels of Matthew, Mark, Luke and John.*

Stalker, J. *The Trial and Death of Jesus Christ.*

*The Talmud.*

Thompson, *The Harmony of the Gospels.*

William, Franz Michel. *The Life of Jesus Christ in the Land of Israel and Among Its People.*

Wingo, Earl L. *A Lawyer Reviews the Illegal Trial of Jesus.*

"The World's Great Religions," *Life Magazine,* 1955.

Zeitlin, Solomon. *Who Crucified Jesus?*

# 책을 다시 펴내며

예수는 신인가 인간인가. 이 질문은 그 중 어느 하나로 예수를 이해하는 게 과연 가능한가 (혹은 올바른가) 하는 또 다른 의문을 낳는다. 저널리스트 짐 비숍의 『예수 최후의 날』은 예수의 마지막 이틀간의 행적을 수사관적 문체로 낱낱이 서술함으로써, 그 모두가 예수의 전체임을 객관적으로 보여준다. 예수는 신에 의해 이 세상에 보내진 존재이지만, 인간과 똑같은 조건에서 고통받고 갈등했다. 그러한 가운데 인간의 불의와 허위의식을 꾸짖었으며, 동시에 상처를 치유하고 이끌었다. 예수를 신성하고 권위있는 존재가 아닌 우리와 함께 호흡했던 '인간'으로 바라볼 때, 비로소 그가 남긴 메시지가 더욱 가치있게 될 것이며, 바로 여기에 이 책을 다시 세상에 내놓는 이유가 있다.

삼십여 년 전 한완상(韓完相) 선생의 제안으로 처음 출간되었던 이 책은, 현재 저작권법이 보호하는 '회복저작물'에 해당하며, 옛 번역을 오늘의 맞춤법과 표현에 맞게 다듬고 디자인을 새롭게 했다. 원고를 손질하던 중, 원서의 일부가 생략 번역된 것을 발견했으나, 내용의 흐름에 방해가 되지 않는 선에서 이루어진 번역자 박근용(朴根用) 목사의 의도가 읽혔기에 그대로 존중했다.

2009년 12월

편집자

짐 비숍(Jim Bishop, 1907-1987)은 미국의 저널리스트이자 작가로,
뉴저지에서 경찰관의 아들로 태어났다. 『뉴욕 데일리 뉴스(New York
Daily News)』 『뉴욕 데일리 미러(New York Daily Mirror)』를 거쳐
『콜리어스(Collier's)』 『리버티(Liberty)』 등의 잡지에서 편집자로 일했다.
저서로는 『링컨이 저격당한 날(The Day Lincoln Was Shot)』
『예수가 태어나던 날(The Day Christ Was Born)』 『케네디가 저격당한
날(The Day Kennedy Was Shot)』 등이 있으며, 위대한 역사적 사건들을
생동감있게 서술하는 작업에 열중했다.

옮긴이 박근용(朴根用, 1925-2008)은 평북 강계 출신으로,
숭실대학교 철학과와 장로회신학대학교를 졸업한 후, 성지 예루살렘과 미국을
여러 차례 방문하며 유학했다. 정신여고 교목(校牧), 인천 숭덕여중과
의정부 경민여중 교장을 역임했고, 1982년부터 숭실대학교 교목실장,
1987년부터 1995년까지 서울장신대학교 학장으로 재직했다.
'매튜 헨리(Matthew Henry) 성서 주석 시리즈'와 '윌리엄 바클레이(William
Barclay) 성서 주석 시리즈' 등과 같은 기독교 관련 책을 주로 번역하였다.

# 예수 최후의 날
## 기원 삼십년 사월 육일과 칠일의 기록
짐 비숍 | 박근용 옮김

| | |
|---|---|
| **초판1쇄 발행** | 2009년 12월 25일 |
| **발행인** | 李起雄 |
| **발행처** | 悅話堂 |
| | 경기도 파주시 교하읍 문발리 520-10 파주출판도시 |
| | 전화 031-955-7000 팩스 031-955-7010 |
| | www.youlhwadang.co.kr yhdp@youlhwadang.co.kr |
| **등록번호** | 제10-74호 |
| **등록일자** | 1971년 7월 2일 |
| **편집위원** | 백태남 |
| **편집** | 이수정 |
| **북디자인** | 공미경 |
| **인쇄 제책** | (주)상지사피앤비 |

＊값은 뒤표지에 있습니다.

ISBN 978-89-301-0364-0

이 도서의 국립중앙도서관 출판시도서목록(CIP)은 e-CIP 홈페이지
(http://www.nl.go.kr/ecip)에서 이용하실 수 있습니다.(CIP제어번호 : CIP2009004056)